आशा, विश्वास और प्रत्याशा

ब्रिगेडियर की कैंसर से जंग

ब्रिगेडियर ओ. ए. जेम्स (सेवानिवृत्त)

INDIA • SINGAPORE • MALAYSIA

ISBN
Paperback 979-8-89673-445-1
Hardcase 979-8-89699-411-4

पुस्तक की प्रशंसा

अपने पुराने साथी जिमी के साहित्यिक प्रयासों के बारे में सुनकर, मैंने उत्सुकता से उनकी आत्मकथा, **आशा, विश्वास और प्रत्याशा** का अध्ययन किया। यह पुस्तक भावनाओं, आध्यात्मिकता और नेतृत्व के बारे में अंतर्दृष्टि से भरी कहानियों का एक ताना-बाना है। सहज गद्य पाठक को दिल से जुड़े अनुभवों के एक वर्णक्रम में खींचता है जिससे वह पुस्तक को अंतिम शब्द तक पढ़े बिना नहीं छोड़ना चाहता।

ये अध्याय लेखक की अडिग भावना और दृढ़ता को दर्शाते हैं जिनके बलबूते उन्होंने सियाचिन ब्रिगेड वर्कशॉप की कठोर जलवायु से लेकर पूर्वी सिक्किम की ऊंची चोटियों और अरुणाचल प्रदेश की ऊबड़-खाबड़ पगडंडियों तक विभिन्न इलाकों में सराहनीय काम किया। पंजाब में कमांडिंग ऑफिसर और इलाहाबाद में आर्मी बेस वर्कशॉप में कमांडेंट के रूप में उनके अनुकरणीय कार्यकाल को 'उत्कृष्टता की खोज' के आदर्श वाक्य के साथ वर्णित किया गया है।

एक मार्मिक खंड ब्रिगेडियर ओ.ए. जेम्स का वैश्विक महामारी के दौरान कैंसर से संघर्ष का वर्णन करता है। यह उनके लचीलेपन की एक आकर्षक तस्वीर पेश करता है जो कई लोगों को प्रेरित कर सकती है। यह कैंसर के निदान, उपचार और आध्यात्मिक सांत्वना के माध्यम से उस पर विजय पाने की एक ईमानदार और रोमांचक यात्रा का विवरण प्रस्तुत करता है। यह पुस्तक एक प्रिय पुस्तक है जो कठिन परिस्थितियों के बीच आत्मनिरीक्षण और साहस को प्रेरित करती है।

यह किताब बहुत ही खूबसूरती से लिखी गई है और निसंदेह यह दिल से लिखी गई कहानी है। एक व्यक्ति और एक सैन्य अधिकारी के रूप में वे सीधे, साफ-सुथरे, मुखर, निश्छल और बिना किसी बनावट के रहे हैं।

मुझे यह पुस्तक पढ़कर बहुत आनंद आया और जिस तरह से उन्होंने जीवन की अनिश्चितताओं को समझाया है, मैं उसकी सराहना करता हूँ।

जय हिंद

- लेफ्टिनेंट जनरल प्रो. (डॉ.) राजेश कोचर,

AVSM एवं Bar, SM, VSM (सेवानिवृत्त)

वरिष्ठ निदेशक, जिंदल इंस्टीट्यूट ऑफ लीडरशिप डेवलपमेंट एंड

एग्जीक्यूटिव एजुकेशन (JILDEE) और जिंदल स्कूल ऑफ इंटरनेशनल अफेयर्स (JSIA), ओपी जिंदल ग्लोबल यूनिवर्सिटी,

में Professor of Practice.

पूर्व चीफ ऑफ स्टाफ, आर्मी ट्रेनिंग कमांड (ARTRAC).

*****

मुझे यह जानकर खुशी हुई कि ब्रिगेडियर जेम्स अपनी आत्मकथा लिख रहे हैं। एक इंटरवेंशनल रेडियोलॉजिस्ट के रूप में, जिसने डॉ. एमसी उथप्पा के साथ मिलकर 2019 में उन पर Microwave Ablation और TACE प्रक्रिया की थी, मेरा उनकी कहानी से व्यक्तिगत संबंध है।

उनकी किताब पढ़ने के बाद, मैं उनके चिकित्सा उपचार के बारे में उनके बारीकी और ईमानदारी से प्रस्तुत विवरण से बहुत प्रभावित हुआ। यह नियमित स्वास्थ्य जांच के महत्व को रेखांकित करता है जिससे उनकी बीमारी का शुरुआती चरण में ही निदान हो सका। उनकी कहानी उनके अनुशासन से मेल खाती है, जो उन्होंने सेना में बिताए वर्षों में सीखा है। जिस तरह उन्होंने अपने पेशेवर जीवन में कई चुनौतियों का सामना दृढ़ता और साहस के साथ किया, वही सराहनीय गुण उन्होंने कैंसर के खिलाफ अपनी लड़ाई में भी दिखाए।

उनकी आत्मकथा सिर्फ़ उनके जीवन का वर्णन नहीं है बल्कि प्रेरणा का स्रोत भी है। यह सच्ची भावनाओं, किस्सों और सीखों से भरी एक रोमांचक कहानी है जो पाठकों को प्रभावित करेगी। मैं तहे दिल से उनका शुक्रिया अदा करता हूँ मैं विश्व भर के पाठकों को इस पुस्तक की अनुशंसा करता हूँ और ब्रिगेडियर जेम्स के दीर्घ एवं सफल जीवन की कामना करता हूँ।

- डॉ. रोहित मधुरकर

लीड इंटरवेंशनल रेडियोलॉजिस्ट

अपोलो अस्पताल, बेंगलुरु,

संस्थापक एवं सलाहकार

एमआईसी की पिनहोल टीएम क्लिनिक इकाई।

*****

मुझे ब्रिगेडियर जेम्स के लिए बीटा रीडर होने का सौभाग्य मिला और आम जनता के लिए रिलीज़ होने से पहले ही मुझे पुस्तक के दो अध्यायों में वर्णित उनके काम को पढ़ने का मौका मिला जिसके लिए मैं सदैव आभारी रहूंगी। पुस्तक में न केवल उनके अपने शब्द जीवंत हो एक आकर्षक और रोमांचक कहानी चित्रित करते हैं जिसे पूरी पढ़े बिना छोड़ना मुश्किल है, बल्कि उनकी पत्नी **मैरी** के प्रति उनके प्यार की कहानी भी काफी प्रभावित करती है।

एक अमेरिकी पाठक के लिए, एक सफल अरेंज मैरिज की अवधारणा अविश्वसनीय रूप से दिलचस्प है और यह दूसरी संस्कृति के बारे में जानकारी देगी। यह कहानी आपकी आँखें खोल देगी और आपको अरेंज मैरिज की खूबसूरती को उस तरह से देखने में मदद करेगी, जिसके बारे में आपने कभी सोचा भी नहीं होगा। मुझे जेम्स की नज़र से **मैरी** को समझने का अनुभव पाकर खुशी हुई।

इस प्रतिष्ठित एक-सितारा जनरल के काम की एक और विशेषता उनकी सच्ची विनम्रता, पारदर्शिता और ईमानदारी है। इसी से स्पष्ट होता है कि वह अपने सैनिकों के क्यों एक प्रभावी नेता रहे हैं। दुनिया भर के सभी उम्र के पाठकों को उनके पारिवारिक समर्पण, दृढ़ विश्वास, कैंसर से जूझने तथा महामारी और व्यक्तिगत स्वास्थ्य संबंधी चुनौतियों के बीच अपने जीवन को

आगे बढ़ाने के उनके दृढ़ संकल्प की कहानियों से बहुमूल्य प्रेरणा मिलेगी। मैं वास्तव में इस पुस्तक को उन सभी के लिए प्रेरणादायक और मनोरंजक मानती हूँ जो एक आकर्षक संस्मरण पढ़ना पसंद करते हैं।

- सुश्री स्कारलेट क्रॉफोर्ड,

डेनवर, संयुक्त राज्य अमेरिका, 17 अक्टूबर 2023

*****

स्कारलेट क्रॉफोर्ड ने ग्लोबल सेल्स के अंतर्राष्ट्रीय उपाध्यक्ष के रूप में कई भूमिकाएँ निभाई हैं। उनके पास उभरते बाजारों पर ध्यान केंद्रित करने वाला द्विभाषी ग्लोबल एम.बी.ए. है। वह अपने पति और चार बच्चों के साथ डेनवर, कोलोराडो में रहती हैं, और अपनी मूल भाषा के अलावा, अंग्रेजी, स्पेनिश और ब्राजीलियाई पुर्तगाली में भी दक्ष हैं।

*****

एक प्रेरणादायक लेख..

"आशा, विश्वास और प्रत्याशा" लेखक के साहस की एक रोचक कहानी है, जो उनके बचपन से लेकर लीवर कैंसर के खतरनाक हमले पर सफलतापूर्वक विजय पाने तक का मार्मिक वृतांत प्रस्तुत करती है। यह केरल में उनके गृहनगर में ~~बिताए गए उनके~~ बीते बचपन और उनकी अपने धर्म में प्रारंभिक आस्था को दर्शाता है जो उनके बाद के जीवन में भी उनके साथ खड़ी रही।

एक परिचित से संयोगवश हुई मुलाकात ने उन्हें भारतीय सैन्य अकादमी में शामिल होने के लिए प्रेरित किया। सैन्य जीवन की कठिनाइयों के साथ एक साधारण बालक से सैन्य अधिकारी बनने की तैयारी का बहुत ही रोचक ढंग से वर्णिन किया है । साथी जेंटलमैन कैडेटों के साथ एकजुटता का बंधन उनके जीवन की पटकथा में चलता है। उन्हें इलेक्ट्रॉनिक और मैकेनिकल इंजीनियरिंग कोर में कमीशन किया गया था। लेखक रैंक के प्रत्येक सोपान पर चुनौतीपूर्ण कार्यों को पूरा करने के लिए आवश्यक दृढ़ निश्चय को दर्शाता है। एक थागा जो उनके सेना जीवन में बहता है वह है उनकी पेशेवर और व्यक्तिगत ईमानदारी। सेवानिवृत्ति के बाद उन्होंने अपने समुदाय के उत्थान के लिए स्वयं को समर्पित करके अपने लिए एक स्थान बनाया, जिसके लिए उन्हें उचित मान्यता भी मिली।

जब कोविड ने पूरे देश को अपनी चपेट में लिये था तभी उन्हें अपने लिवर कैंसर का पता चला। ईश्वर में उनके दृढ़ विश्वास और उनकी सदा सहयोगी पत्नी **मैरी** की सहायता से वे अपनी बीमारी से उबर पाए। वास्तव में, यह व्यक्तिगत साहस और आस्था की कहानी है। एक प्रेरणादायक लेख।

- मेजर जनरल विनय भटनागर,

AVSM, VSM (सेवानिवृत्त), भारतीय सेना, MMS, MSC.

psc, cdm.ndc सलाहकार - होमलैंड सुरक्षा और

हानि निवारण निदेशक, डाइवइंडिया स्कूबा एंड रिसॉर्ट्स (प्राइवेट) लिमिटेड।

संस्थापक, अंडमान एंकरेज, पोर्ट ब्लेयर,

अंडमान और निकोबार द्वीप समूह, भारत।

*****

घटनाओं का सच्चा वर्णन

मैं, मेजर जनरल सुबोध प्रसाद चौधरी, भारतीय सेना का वयोवृद्ध सैनिक अपने सहयोगी ब्रिगेडियर ओ.ए. जेम्स द्वारा लिखित पुस्तक आशा, विश्वास और प्रेम पर अपने विचार व्यक्त करना चाहता हूँ। उन्होंने अपने जीवन में घटित घटनाओं का खुलकर वर्णन किया है जिसमें बारीकी, स्पष्टता और सरलता पर जोर दिया गया है।

सौभाग्य से ईश्वरीय संरक्षण उनकी यात्रा में साथ रहा। उनकी संवेदनशील पत्नी **मैरी** ने उनके जीवन की कहानी में महत्वपूर्ण योगदान दिया और ब्रिगेडियर जेम्स को उत्कृष्ट सहायता प्रदान की। घातक बीमारी कैंसर से जूझने के दौरान उन्होंने अनुकरणीय साहस, लचीलापन और हंसमुख व्यवहार का प्रदर्शन किया। उनका आत्म-चित्रण प्रतिभाशाली है और उनके चरित्र की वास्तविक भावना प्रस्तुत करता है।

- मेजर जनरल सुबोध प्रसाद चौधरी

भारतीय सेना के वयोवृद्ध सैन्य अधिकारी।

*****

एक जन्मजात लेखक की उचित कद्र नहीं

पुस्तक की भाषा का प्रवाह इतना स्पष्ट है कि वह सबसे कठिन परिस्थितियों को भी बेहतरीन तरीके से दर्शाता है। यह पाठक को एक ही बार में पढ़ने के लिए मजबूर करता है।

रीना (मेरी पत्नी) मेरे साथ मिलकर उनके लिए और अधिक शक्ति, इच्छा और लिखने की क्षमता की कामना करती हैं, क्योंकि उनमें अपनी मातृभाषा में भी लिखने की जन्मजात प्रतिभा है। मैं वास्तव में आपके बहुमूल्य योगदान की सराहना करता हूँ। सेना में, हम कहते हैं, 'एक बड़ा सलाम'।

- ब्रिगेडियर (डॉ) VD अब्राहम, सेना पदक (वीरता)

ओरिएण्टल विश्वविद्यालय के पूर्व कुलपति,
इंदौर, मध्य प्रदेश और SV विश्वविद्यालय, उत्तर प्रदेश

*****

ब्रिगेडियर ओ.ए. जेम्स को हार्दिक सलाम

ब्रिगेडियर ओ.ए. जेम्स की आत्मकथा, **आशा, विश्वास और प्रत्याशा** की बिक्री में वृद्धि हो रही है और पाठकों से प्रशंसा मिल रही है। जुनून से भरी यह किताब ब्रिगेडियर की जीवन यात्रा, जिसमें हाल ही में एक जानलेवा बीमारी पर उनकी जीत भी सम्मलित है, का वर्णन करती है। पूरी कहानी में, एक सुसंगत विषय उभर कर आता है, जो उनकी समुत्थानशक्ति, अनुकूलनशीलता और जीतने के लिए लगातार संघर्ष को उजागर करता है।

मैं ब्रिगेडियर ओ.ए. जेम्स को उनकी अटूट दृढ़ता, सूझबूझ और विजय प्राप्ति की अदम्य उत्साह के लिए सलाम करता हूँ।

- डॉ स्टीफन मैथ्यूज

पूर्वः प्रिंसिपल,सेंट बर्कमन्स कॉलेज, चंगनाचेरी
निदेशक, XIME, बैंगलोर
डीन, MBA, नैपुन्न्या, अंगमाली
निदेशक, बर्कमन्स इंस्टीट्यूट ऑफ मैनेजमेंट स्टडीज, चंगनाचेरी।

*****

आशा, विश्वास और प्रत्याशा... ब्रिगेडियर ओ.ए. जेम्स (सेवानिवृत्त) द्वारा आत्मकथा

यह एक ऐसी जीवनी है जिसे युवा पीढ़ी को अवश्य पढ़ना चाहिए... क्योंकि इसमें उनके सैन्य जीवन और कैंसर के खिलाफ लड़ाई के बेहतरीन वर्णन से आपके व्यक्तिगत जीवन में अपनाने के लिए बहुत कुछ है। बधाई हो...।

- जोसेफ पुथुचेरिल

इंजीनियर (सेवानिवृत्त), जल एवं विद्युत विभाग, अबू धाबी

*****

एक सैनिक के चुनौतीपूर्ण समय की कहानी

पुस्तक आशा, विश्वास और प्रत्याशा, ब्रिगेडियर ओ.ए. जेम्स (सेवानिवृत्त) द्वारा लिखी गई एक आत्मकथा है, जो एक सैनिक की सैन्य सेवा के दौरान हुई घटनाओं का संस्मरण है और सेवानिवृत्ति के बाद की गतिविधियों का किस्सा बताती है जिसमें कैंसर से उनकी लड़ाई भी शामिल है। उनका सुझाव है कि साथियों के प्रति संवेदनशीलता और सर्वशक्तिमान ईश्वर पर अटूट भरोसा जीवन में किसी भी चुनौती और दुख को दूर करने की शक्ति देगा। सैन्य वर्दी पहनने वाले और जीवन के कष्टों और परेशानियों का सामना करने वाले पुरुषों के लिए अवश्य ही यह एक पठनीय पुस्तक है। लेखक का मानना है कि सैन्य सेवा कोई मज़ाक नहीं है, बल्कि एक चुनौतीपूर्ण पेशा है जिसके लिए सतत अनुकूलनशीलता, दृढ़ता और चतुरता की आवश्यकता होती है।

- कर्नल जगजीव जी

भारतीय सेना के दिग्गज

*****

एक साधारण व्यक्ति की असाधारण आत्मकथा!

आशा, विश्वास और प्रत्याशा एक साधारण व्यक्ति की रोमांचक कहानी है, जिसका जीवन साहस, धैर्य, लचीलापन, आशा और विश्वास के गुणों से भरी एक असाधारण यात्रा में बदल जाता है। इस पुस्तक को उसके जीवन के

विभिन्न चरणों को परिभाषित करने वाले अर्थपूर्ण अध्यायों में सावधानीपूर्वक तैयार किया गया है, जिससे पाठक को लेखक के जीवन की एक अच्छी झलक मिलती है और समझ में आता है कि कैसे विभिन्न घटनाएँ उसे युद्धभूमि पर और कैंसर के खिलाफ उसकी लड़ाई में एक जुझारू सैनिक बना देती हैं।

चंगनाचेरी, केरल के एक छोटे शहर में बीते बचपन, एक सैनिक के रूप में उसके विकास और उसकी आध्यात्मिक यात्रा के बारे में विस्तृत विवरण, जो हास्य और साहसिक किस्सों से भरे हुए हैं, बहुत रोचक है। यह पुस्तक हमें याद दिलाते हैं कि जीवन की यात्रा में जो रास्ते हम चुनते हैं वे शुरुआत में कठिन हो सकते हैं, लेकिन ईश्वर के आशीर्वाद से वे हमेशा हमें हमारे उद्देश्य की ओर ले जाते हैं। कुल मिलाकर, यह एक शानदार पुस्तक है जो सभी पाठकों को प्रेरित, प्रभावित, मनोरंजित और शिक्षित करेगी।

- **आइवान जोस** ह्यूस्टन, अमेरिका

*****

श्री शशि थरूर लेखक, ब्रिगेडियर जेम्स,
से पुस्तक प्राप्त करते हुए।

श्री थरूर भारतीय राष्ट्रीय कांग्रेस के केंद्रीय कार्य समिति (CWC) के सदस्य हैं। वर्तमान में, वे थिरुवनंतपुरम के सांसद हैं। वे 25 किताबों के लेखक भी हैं, प्रोफेसर कांग्रेस (@ProfCong) के संस्थापक, भारत सरकार के पूर्व राज्य मंत्री और संयुक्त राष्ट्र के पूर्व उप महासचिव रह चुके हैं।

*****

श्री मुथैया मुरलीधरन, लेखक,
ब्रिगेडियर जेम्स से पुस्तक प्राप्त करते हुए।

श्री मुरलीधरन एक श्रीलंकाई क्रिकेट कोच, व्यवसायी और पूर्व पेशेवर क्रिकेट खिलाड़ी हैं। टेस्ट मैचों में प्रति मैच औसतन छह से अधिक विकेट लेने के लिए उन्हें खेल के इतिहास के सबसे महान गेंदबाजों में से एक माना जाता है। वे 800 टेस्ट विकेट और 530 से अधिक वनडे इंटरनेशनल (ODI) विकेट लेने वाले एकमात्र गेंदबाज हैं। सितंबर 2023 तक, उन्होंने अंतर्राष्ट्रीय क्रिकेट में किसी भी अन्य गेंदबाज की तुलना में अधिक विकेट लिए हैं। मुरलीधरन श्रीलंकाई टीम का हिस्सा थे जिसने 1996 क्रिकेट विश्व कप जीता था। मुरलीधरन को 2002 में 'विज़्डन के क्रिकेटर्स' अल्मनैक द्वारा सबसे महान टेस्ट मैच गेंदबाज के रूप में रेट किया गया था और 2017 में वे ICC क्रिकेट हॉल ऑफ फेम में शामिल होने वाले पहले श्रीलंकाई क्रिकेटर बने।

*****

मेरे पिता को, जो एक अनसुने नायक हैं और जिनका प्रेम और त्याग

वे पंख बन गए जिनके सहारे मैं ऊँचा उड़ सका।

मेरी कहानी उनकी चिरस्थायी विरासत का प्रमाण है।

मेरे 70वें जन्मदिन का जश्न मनाने एकत्र हुए, मेरी पत्नी, बच्चे, उनके जीवनसाथी और पोते-पोतियाँ

अनुक्रमणिका

ARCHEPARCHY OF CHANGANACHERRY

THOMAS THARAYIL
ARCHBISHOP
CHANGANACHERRY

ARCHBISHOP HOUSE
CHANGANACHERRY 686101
KERALA INDIA

भूमिका

(यह प्रस्तावना अंग्रेजी में प्रकाशित आत्मकथा "रैंक्स एंड रोज़रीज़" में प्रकाशित हुई है।)

सोरेन कीर्केगार्ड ने एक बार कहा था, "आप जीवन को आगे की ओर देखते हुए जीते हैं, और आप जीवन को पीछे की ओर देखते हुए समझते हैं"। अपनी पुस्तक, आशा, विश्वास और प्रेम में, ब्रिगेडियर ओ.ए. जेम्स अपने जीवन को खुशी और कृतज्ञता से भरे हृदय से देखते हैं और हमें जीवन के वास्तविक महत्व का मूल्यांकन करने के लिए प्रेरित करते हैं। जैसा कि शीर्षक से पता चलता है, अपने कैरियर में नई ऊंचाइयों पर चढ़ते हुए, वह एक अच्छे आध्यात्मिक जीवन के महत्व को कभी नहीं भूलते, विशेष रूप से रोज़री (Rosary) की प्रार्थना करते हुए, जिसने उन्हें अपने जीवन के कुछ सबसे चुनौतीपूर्ण क्षणों में अर्थ खोजने में मदद की है। आत्मविश्वास, कड़ी मेहनत और निरंतर प्रार्थना उनके अनुग्रह पूर्ण जीवन का सारांश है। एसा जीवन, जो कई बाधाओं से उबरा और आज कई लोगों के लिए प्रकाशस्तंभ बना हुआ है।

जीवन में कभी ऐसा भी होता है कि जब हम आगे देखते हैं, तो हमें बहुत ज़्यादा उम्मीद दिखाई नहीं देती, किंतु जब हम पीछे देखते हैं, तो हम यह पहचान सकते हैं कि ईश्वर ने हमें तथाकथित अवसादग्रस्त क्षणों में भी

मजबूती से थामे रखा है। कोई भी भला व्यक्ति निश्चित रूप से अपने जीवन में ईश्वर के पदचिह्नों को पहचान सकता है। जब उसे अपने जीवन के हर कदम में अर्थ मिलता है, तो उसे पछताने की ज़रूरत नहीं होती। बल्कि वह महसूस करता है कि जो कुछ भी हुआ है उसके लिए उसे ईश्वर का आभारी होना चाहिए। न केवल उज्ज्वल प्रसंग बल्कि अंधकारमय प्रसंग भी, न केवल मित्र बल्कि शत्रु भी, न केवल उपलब्धियाँ बल्कि असफलताएँ भी, हमारे जीवन को आकार देने में योगदान देती हैं। इस तथ्य को हम बाद में पहचान पाते हैं। अतः इस अनमोल अहसास के लिए हमें प्रार्थनापूर्वक पीछे की ओर देखने की ज़रूरत होती है।

आशा, विश्वास और प्रेम आत्मकथा की सीमाओं को पार करते हुए एक भावनात्मक वर्णन में बदल जाती है, जो वीरतापूर्ण नेतृत्व, प्रगाढ़ प्रेम, अटूट आशा और गहरे विश्वास को एकत्रित करती है, और एक वैश्विक पाठक वर्ग के दिलों को छूने के लिए तैयार है। हर शब्द पाठकों को अपनी ओर आकर्षित करता है, उन्हें एक निरंतर धैर्य, स्थिर निष्ठा, सेवा और चिंतन की एक लंबी जिंदगी से प्राप्त गहन ज्ञान के सरोवर में गोता लगाने के लिए आमंत्रित करता है।

THOMAS THARAYIL

ARCHBISHOP
CHANGANACHERRY

MAR THOMAS PADIYATH

AUXILIARY BISHOP OF SHAMSHABAD FOR ETAWAH - RAJASTHAN REGION

भूमिका

मैंने ब्रिगेडियर श्री जेम्स से पहली बार केरल के चंगानाचेरी स्थित सेंट बर्चमन्स कॉलेज में मुलाकात की थी। यह मुलाकात सेंट बर्चमन्स डिफेंस एकेडमी की स्थापना से जुड़ी थी, जिसका उद्देश्य छात्रों को सैन्य सेवा के लिए प्रेरित करना था। यह उनके अपनी शिक्षा संस्थान और आने वाली पीढ़ियों के प्रति प्रेम का प्रतीक था। सेंट मेरीस कैथेड्रल चंगानाचेरी से होने के कारण, उन्होंने हमेशा अपनी गृह डायोसीज़ से गहरी आत्मीयता बनाए रखी। मुझे बहुत खुशी है कि मैं उनकी आत्मकथा को हिंदी बोलने वाले पाठकों से परिचित करा सकता हूँ।

आशा, विश्वास और प्रत्याशा—ब्रिगेडियर की कैंसर से जंग ब्रिगेडियर ओ.ए. जेम्स की आत्मकथा का हिंदी संस्करण है, जो सहनशीलता, साहस और अडिग विश्वास की एक प्रेरणादायक कहानी है। यह किताब आशा और धैर्य के सार्वभौमिक विषयों पर आधारित है, जो जीवन की कठिनाइयों के बीच उम्मीद के सहारे खुद को संजोने की आवश्यकता को उजागर करती

है। ब्रिगेडियर की यात्रा एक असाधारण संघर्ष की कहानी है, जिसमें उन्होंने युद्धभूमि से लेकर कैंसर के खिलाफ अपनी लड़ाई तक कई चुनौतियों का सामना किया। उनका ईश्वर और माता मरियम के प्रति दृढ़ विश्वास इस किताब में स्पष्ट रूप से झलकता है, जो धर्म और संस्कृति की सीमाओं को पार करते हुए पाठकों को सांत्वना और प्रेरणा प्रदान करता है।

यह किताब उनके अंग्रेजी संस्करण "Ranks and Rosaries: A Soldier's Journey from Battlefield to Battle Within" के समान है, जिसने पेशेवर उपलब्धियों, आध्यात्मिक गहराई और व्यक्तिगत दृढ़ता के मिश्रण से कई लोगों को प्रेरित किया है। इस किताब को पढ़ने वालों ने विशेष रूप से विपत्ति को अवसर में बदलने की उसकी क्षमता को सराहा है। हिंदी संस्करण इस धरोहर को आगे बढ़ाता है, जिससे यह एक व्यापक दर्शक वर्ग तक पहुँचता है और कठिनाइयों के दौरान विश्वास की ताकत पर विचार करने का नया मार्ग

MAR THOMAS PADIYATH
AUXILIARY BISHOP OF SHAMSHABAD

वर्ड ऑफ माउथ मीडिया, जिंगल्स इंडिया और जय हिंद प्रोजेक्ट के संस्थापक, श्री विनीत कुमार कमाल नैन 'पंछी'

प्रस्तावना

कभी-कभी ज़िंदगी हमें ठहर कर सोचने का मौक़ा देती है, उस सफ़र को समझने के लिए जिसे हम जीते हैं, लेकिन पूरी तरह कभी महसूस ही नहीं कर पाते। ब्रिगेडियर ओ.ए. जेम्स की यह किताब, **'आशा, विश्वास और प्रत्याशा : ब्रिगेडियर की कैंसर से जंग'**, सिर्फ उनके जीवन की कहानी नहीं, बल्कि हर उस शख़्स के जीवन का आईना है, जिसने चुनौतियों को क़रीब से देखा है, उनसे मुक़ाबला किया है, और अंततः उनसे पार पाया है।

जब मैंने यह पुस्तक पढ़ी, तो मैंने महसूस किया कि ज़िन्दगी की सबसे मुश्किल लड़ाइयाँ केवल बाहरी नहीं होतीं। वे अंदर की होती हैं... आत्मबल, प्रेम और विश्वास के बीच एक निरंतर संघर्ष। यह किताब उन तीन स्तंभों पर टिकी है जो इंसानी जीवन को मजबूत बनाते हैं:**आशा,** जो अंधेरों में भी उजाले की किरण दिखाती है। **विश्वास,** जो हमें गिरने के बाद उठने की शक्ति देता है। **और प्रत्याशा,** जो हमें हर तूफान में सहारा देती है।

ब्रिगेडियर जेम्स के जीवन की कहानी केवल उनके संघर्ष की कहानी नहीं है। यह उन सभी का भी सम्मान है जिन्होंने इस यात्रा में उनका साथ दिया... उनके परिवार, उनके साथी, और उनका अडिग विश्वास। उनका जीवन बताता है कि जीवन की हर मुश्किल हमें मजबूत बनाती है और हर चोट हमारे भीतर छुपे योद्धा को उजागर करती है।

यह पुस्तक जीवन के हर पहलू को समेटे हुए है...एक सैन्य अधिकारी की सख़्ती, एक पति और पिता का स्नेह, और एक रोगी की अदम्य इच्छाशक्ति। कैंसर से उनकी लड़ाई न केवल उनके शरीर का संघर्ष थी, बल्कि उनकी आत्मा की परीक्षा भी। उनका जीवन हमें सिखाता है कि हर तूफान में, शांति का एक कोना होता है, बस हमें उसे ढूंढना आना चाहिए।

ब्रिगेडियर जेम्स की कहानी केवल उनके जीवन का दस्तावेज़ नहीं है। यह एक दीपस्तंभ है, जो हर उस आत्मा को रास्ता दिखाता है जो भटक रही है। उनकी यात्रा हमें सिखाती है कि सच्ची विजय केवल शारीरिक लड़ाई जीतने में नहीं, बल्कि आत्मा की शक्ति और धैर्य को पहचानने में है।

यह पुस्तक आपके लिए केवल पढ़ने का अनुभव नहीं होगी। यह आपको आपकी गहराइयों में ले जाएगी, जहाँ आप अपनी शक्ति, अपने विश्वास और अपने प्रेम को फिर से खोज पायेंगे। मेरे उस्ताद साहब- 'अंबर' खरबन्दा कहते हैं:

मुश्किल को समझने का तरीका निकल आता | तुम बात तो करते कोई रस्ता निकल आता

ब्रिगेडियर जेम्स की बात, दूर तक जाये, यही मेरी दुआ है।

जय हिंद!

विनीत कुमार कमल नैन 'पंछी'

देहरादून, दिसंबर 2024

संदेश

लेफ्टिनेंट जनरल डॉ. मोहन भंडारी, पीवीएसएम, एवीएसएम*, डी.लिट, एफआईएमए,

एक सैनिक जनरल, सैन्य रणनीतिकार, विपुल लेखक, चित्रकार और प्रबंधन सलाहकार, पूर्व अध्यक्ष UKPSC, पूर्व DGNCC रक्षा मंत्रालय

रानीखेत (भारत)।

मुझे ब्रिगेडियर ओ.ए.जेम्स की आत्मकथा "Ranks and Rosaries: A Soldier's Journey from Battlefield to Battle Within" का अंग्रेजी संस्करण उनके प्रकाशन के तुरंत बाद पढ़ने का सौभाग्य प्राप्त हुआ। ब्रिगेडियर जेम्स से मेरा संबंध उनके पुस्तक के पृष्ठों से कहीं अधिक है, क्योंकि उन्होंने जब मैं राष्ट्रीय स्तर पर NCC का प्रमुख था, तब केरल और लक्षद्वीप में NCC संगठन के प्रमुख के रूप में कार्य किया। मैंने व्यक्तिगत रूप से उनके असाधारण नेतृत्व और अडिग समर्पण को देखा, जिसने केरल में NCC को अभूतपूर्व ऊँचाइयों तक पहुँचाया। राज्य सरकार के साथ उनका संबंध अद्वितीय था, जिससे योजनाओं के त्वरित कार्यान्वयन में मदद मिली। मुझे याद है, जब

मैंने मुख्यमंत्री ओम्मन चांदी के साथ कैलिकट NCC परिसर का उद्घाटन किया, यह घटना ब्रिगेडियर जेम्स की परिवर्तनकारी परिणाम प्राप्त करने की क्षमता को दर्शाती है। बाद में, जब मैंने उनकी आत्मकथा पढ़ी, तो मुझे यह जानकर आश्चर्य हुआ कि वे और मुख्यमंत्री दोनों SB कॉलेज, चंगनाचेरी के गर्वित पूर्व छात्र हैं।

उनकी आत्मकथा का हिंदी संस्करण, **आशा, विश्वास और प्रत्याशा: ब्रिगेडियर की कैंसर से जंग**, और भी अधिक आकर्षक है। इसके पेशेवर संपादन और अतिरिक्त ऑपरेशनल जानकारी के समावेश ने इस कथा को और भी गहरी और आकर्षक बना दिया है। यह पुस्तक केवल युद्धभूमि पर लड़ी गई लड़ाइयों की कहानी नहीं है, बल्कि यह ब्रिगेडियर जेम्स द्वारा कैंसर पर विजय प्राप्त करने का एक प्रमाण है—एक ऐसी लड़ाई जिसे उन्होंने ईश्वर और चिकित्सा बिरादरी में अडिग विश्वास के साथ लड़ा।

ब्रिगेडियर जेम्स एक सच्चे नेता की उत्कृष्टता का प्रतीक हैं। अपने विद्यालय के दिनों से लेकर अपनी कमांड भूमिकाओं तक, उनके अभिनव दृष्टिकोण और सकारात्मक दृष्टिकोण असाधारण रहे हैं। जो बात मुझे सबसे अधिक प्रभावित करती है, वह उनकी ईमानदारी है—वे नकारात्मकता या सनसनीखेजता से दूर रहते हुए अपने सिद्धांतों की शक्ति और जीवन की अच्छाई में अडिग विश्वास रखते हैं।

उनकी यात्रा का केंद्र बिंदु उनकी पत्नी, मैरी हैं, जिनका दृढ़ समर्थन उनके जीवन का आधार रहा है। ब्रिगेडियर जेम्स का मैरी के प्रति प्रेम और सम्मान, साथ ही ईश्वर में उनके विश्वास, उनके जीवन को अर्थ और सौंदर्य प्रदान करते हैं।

यह आत्मकथा केवल एक व्यक्तिगत कहानी नहीं है; यह पाठकों के लिए प्रेरणा का स्रोत है, जो लचीलापन और आशा की एक मिसाल पेश करती है। मैं पूरी तरह से आशा, विश्वास और प्रेम: ब्रिगेडियर की कैंसर से जंग को सभी पाठकों को सिफारिश करता हूँ, मुझे विश्वास है कि यह गहरे तौर पर छुएगा और दिलों को प्रेरित करेगा।

ब्रिगेडियर जेम्स और इस अद्भुत पुस्तक के पीछे की पूरी टीम को बधाई। मुझे पूरा विश्वास है कि यह पुस्तक अपार सफलता प्राप्त करेगी और कई लोगों को प्रेरित करेगी।

प्रस्तावना

अपने 70वें जन्मदिन पर मैं, गहरी सोच में खोया, रॉयल कैरीबियन के एडवेंचर ऑफ द सीज क्रूज शिप पर खड़ा था। सारा वातावरण संगीत की मधुर धुनों में सराबोर था और यहां की गतिविधियों की गूंज जहाज के सभी 15 डैकों में सुनी जा सकती थी। हम परिवार के साथ गल्फ ऑफ मेक्सिको से रवाना होते हुए इस खास पल का जश्न मना रहे थे। इस खुशी के माहौल में मेरा मन सघन आभार और बीते समय की स्मृतियों से अभिभूत हो रहा था।

जहाज की हलचल मेरे मन को स्पंदित कर रही थी और सागर की लहरें मेरे जीवन के उतार चढ़ाव को प्रतिबिंबित कर रही थी। मेरे पिता का प्यार और प्रोत्साहन हमेशा मेरे लिए एक मजबूत आधार रहे। उन्होंने मुझमें दृढ़ विश्वास और धैर्य पैदा किये जो भारतीय सेना में मेरे 37 साल के कार्यकाल में मेरे पथप्रदर्शक साबित हुए। मैंने ब्रिगेडियर के पद तक पहुंचने में सफलता पाई। इलेक्ट्रॉनिक और मैकेनिकल इंजीनियरिंग कोर में मेरी भूमिका विविध प्रकार की थी। मैंने उपकरणों का उचित प्रबंधन किया और युद्ध रचनाओं में मदद की। उत्कृष्ट वरिष्ठ अधिकारियों और कुशल सहकर्मियों के सहयोग से मैंने अपने मिशनों की सफलता में महत्वपूर्ण योगदान दिया।

जब मैं अतीत में झांक कर देखता हूं तो लगता है कि मेरी विभिन्न जगहों पर नियुक्तियां एक दैवीय योजना का हिस्सा थी। मुझे सही समय पर असाधारण नेतृत्वों से सीखने का अवसर मिला।

मेरे जीवन काल की एक महत्वपूर्ण घटना मेरी मैरी कुट्टी से शादी है। मैरी कुट्टी को मैं प्यार से 'मैरी' कहता हूं। आपसी समझ ने हमारे वैवाहिक जीवन का मार्गदर्शन किया और तब से ही यह मेरी सफलता की नींव रही

है। इस साल हम 45 वर्षों की खुशहाल और समर्पित शादी का जश्न मना रहे हैं। साथ-साथ बिताए समय में मैरी हमेशा ही मेरे लिए सतत प्यार, मदद और प्रेरणा का ऐसा स्रोत रही है जिसने मुझे धैर्य और दृढ़ता से जीवन की चुनौतियों से पार पाने में सक्षम बनाया है।

सेवानिवृत्ति के बाद, मुझे अपने गृहनगर का आह्वान महसूस हुआ। मैंने समाज सेवा, राजनीति और मार्गदर्शन में व्यस्त हो गया। इस दौरान यात्राओं ने हमारे जीवन को समृद्ध किया, खासकर अमेरिका की यात्रा, जहां मेरे बेटे शेरोन और बेटी कैरोलिन रहते हैं। इन यात्राओं ने मुझे विभिन्न संस्कृतियों के बारे में ही नहीं अपितु लोगों के विभिन्न सपनों और व्यवहारों के बारे में भी सिखाया। अमेरिका में विभिन्न व्यक्तियों से हुई मुलाकातों ने मेरी समझ को गहरा किया। मैंने देखा कि मेरे बच्चे अपने मूल्यों को अक्षुण्ण रखते हुए विदेशी माहौल में कैसे ढल रहे हैं, यह मेरे लिए एक महत्वपूर्ण सबक था।

चार साल पहले, मुझे एक बड़ी चुनौती का सामना करना पड़ा। एक नियमित जांच के दौरान, मेरे डॉक्टर मित्र ने मेरे यकृत में ट्यूमर की वृद्धि देखी, जिससे मुझे तुरंत डर लग गया। मैंने कोच्चि, भारत के एक प्रमुख अस्पताल में चैक अप कराया जहां सीटी स्कैन ने एक गंभीर निदान की पुष्टि की: हेपेटोसेलुलर कार्सिनोमा, या यकृत कैंसर। यह खबर मेरे लिए एक बड़ा झटका थी।

जहाज का झूलना जारी रहा और मेरे अंदर की उथल-पुथल भी। तभी मैं कैंसर निदान के बाद की अनिश्चितता के बारे में सोचने लगा। सबसे पहले, मैंने अपने बेटे शेरोन को खबर दी। पहली बार, मैं अपनी आंसुओं को नहीं रोक सका, जब मेरे बेटे ने दूर से मुझे सांत्वना दी। फिर मैंने कैरोलिन को कॉल किया, जो सुनकर बहुत दुखी हो गई। इस अनिश्चितता के बीच, मुझे एक विश्वास का प्रतीक: रोज़री में शांति मिली। यह दिव्य जुड़ाव मेरे लिए एक स्थिर लंगर बन गया।

धन्य माता मरियम पर मेरा अडिग विश्वास कठिन समय में मेरा आश्रय था। वह मेरे कैंसर के संघर्ष में मेरी मार्गदर्शिका थीं। हर चुनौती ने मेरे विश्वास को और गहरा किया। मैं फादर डॉमिनिक वालनमेनल और फादर डैनियल पूवन्नाथिल का आभारी हूँ जिन्होंने मेरी आध्यात्मिक यात्रा का मार्गदर्शन किया। फादर डॉमिनिक, जो कंजिरापल्ली डायसिस, केरल से हैं और मारियन रिट्रीट सेंटर, अन्नाकारा के निदेशक हैं, को मीडिया प्रचार के लिए जाना जाता

है। फादर डैनियल पूवन्नाथिल, जो त्रिवेंद्रम, केरल के माउंट कार्मल रिट्रीट सेंटर के निदेशक हैं, ने कई वैश्विक बाइबल वार्ताएँ दी हैं। उनकी शिक्षाओं ने मेरी आस्था को मजबूत किया, विशेषकर COVID19- संकट के दौरान।

चंगनाचेरी के कार्मल माउंट रिट्रीट सेंटर की नन, विशेष रूप से सिस्टर टेस्लिन और सिस्टर एलोइशियस ने मुझे सांत्वना और समर्थन प्रदान किया। सिस्टर सेलीन जोसेफ, जो द डेस्टिट्यूट के सिस्टर्स के संघ की सदस्य हैं, मेरे लिए ताकत और प्रेरणा का स्तंभ थीं।

जैसे-जैसे समुद्र की उथल-पुथल और झूलता हुआ जहाज शांत होने लगा, मैंने विशाल समुद्र को देखा, और शांति और उद्देश्य की गहरी भावना महसूस की। आभार युक्त मन से मैंने मातरी मैरी को स्मरण करते हुए एक प्रार्थना कीऔर उन्हें इस तूफान से बाहर निकालने के लिए धन्यवाद दिया। "टोटस टुस मारिया" (मैरी, मैं पूरी तरह से तुम्हारा हूँ), मैंने फुसफुसाया, मेरा दिल प्रेम और भक्ति से भरा हुआ था।

नई आशा और संकल्प के साथ मैंने क्षितिज की ओर देखा। आभार से भरा और दिव्य उपस्थिति से ऊर्जा प्राप्त करके, मैं इस असाधारण यात्रा के अगले अध्याय को अपनाने और हर पल को साहस और अनुग्रह के साथ जीने के लिए के लिए तैयार हूँ। मेरी कहानी विश्वास, प्रेम, और मानवीय भावना की शक्ति का प्रमाण बने और दूसरों को उसी दृढ़ता और संकल्प से उनकी चुनौतियों का सामना करने के लिए प्रेरित करे, जिनके सहारे मुझे मेरे जीवन में संजीवनी मिली। यही कामना है।

आरंभ

'ओट्टाथेंगुमकल' हमारे परिवार का नाम है, जो कभी अपनी समृद्धि और भव्यता के लिए प्रसिद्ध था। हमारा परिवार, केरल के पनामकुझाकल परिवार की एक शाखा है, जिसे हमारे परदादा, मम्मेन मथाई ने 1880 के दशक में एक संयुक्त परिवार के रूप में स्थापित किया था। वह चंगनाचेरी में, नीराजी पैलेस और लक्ष्मीपुरम पैलेस[1] के बीच, पुझावथु में 1.5 एकड़ के विशाल भूखंड के स्वामी थे। उनके तीन बेटों: मैथ्यू, थॉमस और देवासिया ने उनकी विरासत को आगे बढ़ाया, और परिवार की संपन्नता को नई ऊंचाइयों तक पहुंचाया। लेकिन समय के साथ, हमारी किस्मत ढलती गई। परिवार का नाम छोटा करके ओट्टाथेंगिल और बाद में ओट्टाथेंगल कर दिया गया।

परदादा मैथ्यू और हमारे दादा थॉमस ने चंगनाचेरी में रहने, अपने धान के खेतों का विस्तार करने और बाजार में दुकानें खोलने का फैसला किया। हमारे दूसरे परदादा, देवासिया की महत्वाकांक्षाएँ और भी बड़ी थीं। वह दक्षिणी केरल में ऊँची पहाड़ियों के प्रवेशद्वार, मुंडकायम में चले गए। वह एक सफल बागान मालिक और आभूषण की दुकान के मालिक बन गए। उनकी सफलता ने जॉन जोसेफ मर्फी का ध्यान खींचा, जो केरल के 'रबर-मैन' के नाम से प्रसिद्ध थे। मर्फी ने देवासिया को अपने बागान को और विकसित करने में मदद की। मैथ्यू के बच्चे मुंडकायम में देवासिया के साथ जुड़ गए। थॉमस और उनका परिवार चंगनाचेरी में ही रहा। देवासिया कभी-कभी चंगनाचेरी आते थे। वह "विल्लू वंडी" में यात्रा करते थे।[2]

चंगनाचेरी शहर में शुरू में परिवार का एक साधारण घर था। 1908 में थॉमस ने एक शानदार लकड़ी का घर बनवाया। इस घर की लकड़ी

1 चंगनाचेरी में स्थित परप्पानाड रॉयल परिवार का एक शाही महल।

2 परंपरागत बैल गाड़ी, जिसका उपयोग परिवहन के लिए किया जाता है।

मुण्डाकायम के हरे-भरे जंगलों से लाई गई थी, और छत की टाइलें मंगलुरु से मंगवाई गई थीं। घर में प्रवेश करते ही, एक विशाल बरामदा घर की पूरी लंबाई में फैला हुआ दिखाई देता है। बरामदे में लकड़ी की जटिल नक्काशी है, जो स्थानीय कारीगरों की कुशलता का प्रमाण है। यह क्षेत्र मेहमानों का स्वागत करने और बैठकों व विश्राम के लिए उपयोग किया जाता था। बरामदे के दक्षिणी छोर पर एक ऊंचा लकड़ी का मंच था, जिसे 'पथायम'[3] कहा जाता था। यह मंच आरामदायक ऊंचाई पर होता था और इसे अनाज भंडार और अतिथियों के सोने के स्थान के रूप में प्रयोग किया जाता था, जो परिवार की संसाधनशीलता और गर्मजोशी भरे आतिथ्य को दर्शाता था। घर की छत की वास्तुकला प्राचीन हिंदू मंदिरों की याद दिलाती थी, जो परिवार की परंपराओं के प्रति श्रद्धा का प्रतीक थी।

बरामदे[4] से सटी ठीक उत्तर में रसोई थी जो गतिविधियों का केंद्र थी और वहां हमारी दादियों का शासन चलता था। घर के मध्य में एक बड़ा अनाज भंडार स्थित था, जो पूरे साल हमारे परिवार की आवश्यकताओं को पूरा करने के लिए धान और चावल से भरा रहता था। अनाज भंडार के नीचे एक भूमिगत भंडारगृह था, एक गुप्त कक्ष, जिसमें हमारे नारियल और अन्य कृषि उत्पाद संरक्षित रहते थे। इस घर में तीन शयनकक्ष और यह भव्य संरचना थी जो परिवार की समृद्धि का प्रतीक थी। तब ऐसी सुविधाएँ दुर्लभ थीं।

हालांकि, परिवार को तब चुनौतियों का सामना करना पड़ा जब देवसिया ने धन और शक्ति प्राप्त करने के लिए अवैध तरीकों का सहारा लिया। उनकी इन गतिविधियों के कारण एक कानूनी लड़ाई शुरू हुई और 1936 में राज्य ने मुण्डाकायम[5] में उनकी संपत्ति और घर जब्त कर लिया। इस कठिन समय के दौरान प्रिय दादी का निधन ने भी परिवार को बुरी तरह से प्रभावित किया।

परिवार के सदस्यों ने अपनी ज़िंदगी को फिर से संभालने की कोशिश जिसके लिए दूर-दूर के स्थानों में नौकरियों और आजीविका की तलाश की। थॉमस परिवार का शक्ति स्तंभ थे। उन्होंने कानूनी लड़ाई लड़ने के लिए पैड्क्कड़न परिवार से उधार लिया जिसके लिए उन्होंने चंगनाचेरी की पूरी 1.5 एकड़ जमीन और हमारा घर गिरवी रख दिया। दुर्भाग्यवश, लगभग चार

3 खाद्य अनाज के वर्तमान उपयोग के लिए एक संग्रहण स्थान।

4 लंबा बालकनी

5 कोट्टायम जिले का एक शहर

वर्षों तक संघर्ष करने के बाद 1940 में उनका निधन हो गया। इसके बावजूद, उनका दृढ़ संकल्प और संघर्ष करने की भावना आज भी प्रेरणा का स्रोत बनी हुई है।

इस कठिन समय ने परिवार को ईमानदारी, नैतिक आचरण, वित्तीय सावधानी और चुनौतियों से उबरने के लिए परिश्रम और दृढ़ निश्चय का महत्त्व सिखाया। परिवार ने इन मुश्किलों का साहसपूर्वक सामना किया और दुर्दिनों का अंत हुआ। आज परिवार अपनी दृढ़ता और मेहनत पर गर्व महसूस करता है। सभी सदस्य उन अनुभवों को सहेजकर रखे हैं और इन शिक्षाओं को आने वाली पीढ़ियों तक पहुँचाने के लिए दृढ़ संकल्पित हैं।

मेरे पिता, ओ. टी. एंटनी, थॉमस के तीन बेटों में से बीच के थे। उनकी दो बड़ी बहनें थीं। दोनों बहनों ने अपनी पढ़ाई छोड़ दी थी और मुण्डाकायम में अपनी दादी के साथ रहती थीं। परिवार के बुरे हालातों के बाद वे चंगनाचेरी लौट आईं। मेरे पिता के बड़े भाई, जो पढ़ाई में बेहद प्रतिभाशाली थे, ने अपने दादा थॉमस के निधन के बाद पढ़ाई छोड़ दी और सिलाई का काम शुरू किया।

वहीं, मेरे पिता ने इक्कीस साल की उम्र तक तीन साल तक संघर्ष किया, जिसके बाद वे थोड़े से पैसे और कुछ दोस्तों के साथ रोजगार की तलाश में मुंबई चले गए। तीन लंबे महीनों तक उन्होंने शहर में रोजगार ढूंढा, लेकिन उनकी तलाश व्यर्थ रही और वे घर लौट आए। इस यात्रा का एकमात्र सकारात्मक परिणाम यह रहा कि उन्होंने हिंदी बोलना सीख लिया। अंततः उनके बड़े भाई ने उन्हें सिलाई का काम करने के लिए बुलाया। अनिच्छा के बावजूद, उन्होंने अपने भाई के साथ काम करना शुरू किया। वे अपने बड़े भाई के सहायक के रूप में काम करते थे। बड़े भाई को मलयालम में 'पेरप्पन' कहा जाता था, जो केरल में हमारी मातृभाषा है, और उनकी पत्नी को 'पेरम्मा' कहा जाता था।

कठिन परिस्थितियों के बावजूद, मेरे पिता ने अपने खाली समय का उपयोग पढ़ाई और लेखन कौशल को निखारने में किया। उन्हें मलयालम साहित्य से विशेष लगाव था, जिसने उन्हें विभिन्न पुस्तकालयों में नियमित रूप से जाने के लिए प्रेरित किया। धीरे-धीरे, वे प्रमुख मलयालम पत्रिकाओं और *दीपिका* समाचार पत्र के रविवार परिशिष्ट (संडे सप्लीमेंट) में लघु कथाओं के प्रकाशन लेखक बन गए। मेरे अंतरमन में अपने स्कूल के दिनों की वह

घटना आज भी सजीव है जब मैंने और मेरे दोस्तों ने उनके एक नाटक 'एटम बम' का मंचन किया था।

1946 में, 25 साल की उम्र में, मेरे पिता ने मेरी माँ थ्रेसिअम्मा से विवाह किया। तब वह केवल 16 साल की थी। उन्हें प्यार से थरम्मा कहा जाता था। उनका जन्म घेवलक्करा परिवार में हुआ था। वे ओट्टाथेंगिल घर के करीब रहती थी। मेरे नाना-नानी अपनी बेटी की शादी मेरे पिता एंटनी से करके बहुत खुश थे, क्योंकि वे परिवार को अच्छी तरह से जानते थे।

ओट्टाथेंगिल घर पर बंधक था, लेकिन बेदखली के नियमों ने उसमें रहने वालों को संरक्षण दिया। हमने तीन परिवारों को अपनी संपत्ति पर बिना किराए के रहने की अनुमति दी। हमने अपने घर की 135 मीटर की ईंट की चारदीवारी में वी-आकार का कट लगाने की अनुमति दी।

इन परिवारों के लिए प्रवेश द्वार के रूप में यह दीवार बनाई गई थी। पेराप्पन ने चंपाकुलम परिवार का उधार चुका घर और कुछ ज़मीन वापस ले ली। लेकिन मेरे पिता यहीं रहना चाहते थे। चर्चा करने के बाद, पेराप्पन मेरे पिता को 6000 रुपये में संपत्ति बेचने के लिए सहमत हो गए। 500 रुपये कम होने पर, मेरे पिता ने इसे खरीदने के लिए अपने ससुराल वालों से मदद

ली। बाद में मेरे पिता ने ईंट की चारदीवार पर वी-आकार के कट को हटाने और प्रवेश मार्ग को चौड़ा करने के लिए पड़ोसियों को कुछ ज़मीन दे दी। मेरे बड़े भाई, ओए थॉमस, का जन्म 1950 में हुआ था। मेरा जन्म 21 मार्च, 1953 (मलयालम कैलेंडर में मीनम 7) को हुआ था, और मेरे छोटे भाई, ओए मैथ्यू, का जन्म 1956 में हुआ था।

मेरे पिता एक नियमित दिनचर्या का पालन करते थे और उन्हें अपना दिन बिताते देखना दिल को छू लेने वाला था। वह प्रातः जल्दी उठते थे और 9 बजे तक अपनी दिनचर्या पूरी कर लेते थे।

वह प्रतिदिन अपना टिफिन साथ लेकर काम पर जाते थे किंतु स्कूल की छुट्टी के दिनों में हम उनके लिए गरमागरम खाना ले जाते थे।

"मेरे पिता शाम 7 बजे तक घर लौट आते थे और उनके आने की घोषणा करने का एक अनूठा तरीका था। वे अपने दोस्तों के साथ बाजार से लौटते और हमारे घर के सामने रुकते, जहाँ वे अंदर जाने से पहले कुछ देर बातें करते। उनकी हँसी तेज़ होती थी और बातचीत प्रशंन्नचित अंदाज में। मुझे

आज भी याद है कि उनकी आवाज़ पूरे घर में गूंजती थी। वे बीड़ी (हाथ से बनी सिगरेट) पीते थे लेकिन शराब पीने से परहेज़ करते थे। उनके घर लौटने पर मेरी माँ हमेशा उनके लिए गर्म पानी लेकर तैयार रहती थीं। इसके बाद, वे अपने लंबे सफ़ेद 'कुर्ता और मुंडू' को बदलकर 'लुंगी' (कुर्ता एक लंबी कमीज़ का रूप है और 'मुंडू तथा लुंगी' दोनों ही पुरुषों द्वारा पहने जाने वाले पारंपरिक परिधान हैं जिन्हें कमर के चारों ओर लपेटा जाता है और वे टखनों तक फैले होते हैं) पहन लेते और नहाते। यहीं से हमारी शाम की प्रार्थना की शुरुआत होती और मेरे पिता नहाते ही हमारे साथ शामिल हो जाते थे। उसके बाद, हमारा परिवार रात के खाने के लिए इकट्ठा होता और खाने की मेज़ बातचीत और हँसी-मज़ाक की जगह बन जाती।

उन्हें खाने की मेज़ पर हमसे सामान्य ज्ञान के बारे में सवाल पूछने की आदत थी। हम एक खुशहाल परिवार थे, और हम अपने सुख-दुख एक-दूसरे से साझा कर सकते थे। हम रोज़ प्रार्थना करते थे। ईश्वर से अपने पिता को आर्थिक स्थिरता का आशीर्वाद देने के लिए कहते थे। जब वे नहाने जाते थे, तो मैं उनकी जेबें चेक करता था, और एक दिन, मैंने देखा कि उनके पास नहीं के बराबर पैसा था। मुझे दुख हुआ, लेकिन मैंने कभी किसी को नहीं बताया। मैं अपने पिता से प्यार करता था, और वे भी मुझसे प्यार करते थे। वे मेरे हीरो थे, और मैं हमेशा उनके प्यार और मार्गदर्शन के लिए आभारी रहूँगा जो उन्होंने मुझे दिया। मेरे बच्चे भी उन्हें एक हीरो के रूप में मानते हैं।

अपनी माँ, थ्रेसियम्मा, के साहस और दृढ़ता के लिए मैं उनका आभारी हूँ। एक युवा दुल्हन के रूप में, जिन्होंने संतान-जन्म की चुनौतियों का सामना किया और पेरम्मा के सहायक की भूमिका निभाई, उनका संघर्ष सराहनीय है। उनके सहनशील स्वभाव, परोपकारिता, गर्मजोशी और धैर्य प्रेरणा का स्रोत रहे हैं। 95 वर्ष की आयु में भी, वह हमारे परिवार की बहुमूल्य निधि बनी हुई हैं। दुर्भाग्यवश, समय की मार ने उनकी यादों को धुंधला कर दिया है, और वह अब अतीत को याद नहीं कर पातीं।

*****

जब मैं चार साल का था, तब मेरे माता-पिता ने मुझे पास के सरकारी लोअर प्राइमरी स्कूल में पहली कक्षा में दाखिला दिलाया। मेरी स्कूल यूनिफॉर्म में सस्पेंडर्स के साथ शॉर्ट पैंट शामिल थी, लेकिन मैं कोई अंडरगारमेंट, शर्ट या

चप्पल[6] नहीं पहनता था। किसी ने भी इसे कभी अनुचित या असामान्य नहीं माना।

स्कूल सह-शिक्षा वाला था, जहाँ लड़कियाँ स्कर्ट और ब्लाउज़ पहनती थीं। एक साल के भीतर ही ड्रेस कोड में बदलाव किया गया, जिसके तहत लड़कों को शर्ट पहनना अनिवार्य कर दिया गया। पढ़ाई में, मेरा प्रदर्शन प्रभावशाली था। मैं अपनी कक्षा में लगातार प्रथम स्थान पर रहा और गणित में मैंने शत प्रतिशत अंक प्राप्त किए। मेरे शिक्षक मेरे प्रदर्शन से खुश थे और मेरे माता-पिता बहुत खुश।

जब मैं चौथी कक्षा में था तब मेरे क्लास टीचर पद्मनाभन सर ने मुझे स्कूल के वार्षिक समारोह में छात्र प्रतिनिधि के तौर पर अभिनंदन भाषण देने के लिए कहा। मेरे पिता ने इसे मुझे सार्वजनिक भाषण कौशल सिखाने के अवसर के रूप में देखा। मेरे पिता ने समारोह के लिए पूरा भाषण लिखा। मैंने भाषण को याद किया और कई बार अभ्यास किया। मैंने अपना भाषण अच्छी तरह से शुरू किया, लेकिन अंत में, मैं पटकथा भूल गया और एक मिनट के लिए दर्शकों के सामने चुपचाप खड़ा रहा। मैं अंत में शर्मिंदा होकर, आंखों में आंसू लिए मंच से चला गया। पद्मनाभन सर ने बाद में मुझे क्लास सेक्रेटरी बना दिया।

ऐसा भाषण-अभ्यास हमारे घर में कई सालों तक चलता रहा, जिसमें मेरे पिता और दो भाई श्रोता की भूमिका निभाते थे। मेरे पिता मुझे विभिन्न विषयों से परिचित कराते थे और अधिकांश समय वे ही पटकथा लिखते थे। मेरा काम भाषण को याद करना और उचित स्वर तथा भाव-भंगिमाओं के साथ प्रस्तुत करना होता था। इसके अतिरिक्त, वे उचित स्वर-भंगिमाओं, हाव-भाव, और उनके सूक्ष्म अंतरों के कौशल का प्रदर्शन करके बताते थे। इन भाषण-अभ्यास सत्रों के दौरान, मैंने बहुत सामान्य ज्ञान प्राप्त किया और "वह साम्राज्य जहाँ सूरज कभी अस्त नहीं होता" जैसे वाक्यांश सीखे, जिन्हें अक्सर ब्रिटिश साम्राज्य का वर्णन करने के लिए इस्तेमाल किया जाता था। मैंने "अर्ध-नग्न फ़कीर"[7] शब्द भी सीखा, जिसका कथित तौर पर ब्रिटिश प्रधानमंत्री विंस्टन चर्चिल ने महात्मा गांधी का मज़ाक उड़ाने और उन्हें नीचा दिखाने के लिए इस्तेमाल किया था। उन दिनों सीखे गए कई अन्य शब्द और

6 स्लिपर

7 एक धार्मिक साधू जो केवल भिक्षा पर निर्भर रहता है।

वाक्यांश मेरे लिए बाद में स्कूल और कॉलेज के कई भाषण प्रतियोगिताओं में काफी उपयोगी साबित हुए।

उस शैक्षणिक वर्ष के अंत में, मुझे अपने प्राथमिक विद्यालय को अलविदा कहना पड़ा और हाई स्कूल में जाना पड़ा। जब मेरे पिता मेरा स्थानांतरण प्रमाण पत्र लेने गए, तो प्रधानाध्यापिका सुश्री भारतीम्मा ने मुझे सेंट बर्कमैन्स (ऐस. बी.) हाई स्कूल में दाखिला लेने की सलाह दी। यह एक अंग्रेजी माध्यम का स्कूल था और मेरे घर से लगभग तीन किलोमीटर दूर था। यह सुझाव मेरे जीवन में महत्वपूर्ण सिद्ध हुआ। मुझे तब इसका एहसास नहीं था। पीछे मुड़कर देखने पर, मैं इसे एक दिव्य हस्तक्षेप के रूप में देखता हूँ जिसने मुझे आज, जहाँ मैं हूँ, वहाँ पहुँचाया।

*****

1961 में, मेरे पिता के छोटे भाई, 'अप्पप्पन' मुझे एस.बी. हाई स्कूल ले गए और दूसरे अंग्रेजी माध्यम बैच की छठी कक्षा में प्रवेश दिला दिया। यहीं से मेरा जीवन बदला। मुझे सरकारी स्कूल के आरामदायक माहौल से निकलकर एक अधिक औपचारिक, अनुशासित, शैक्षणिक और चुनौतीपूर्ण वातावरण में जल्दी ही ढलना पड़ा। यहां हर छात्र मेरे जितना या मुझसे भी अधिक प्रतिभाशाली था। स्कूल की औपनिवेशिक वास्तुकला, लकड़ी के क्लासरूम, खूबसूरत सीढ़ियाँ, और सौ मीटर लंबी व पंद्रह मीटर चौड़ी प्रवेश सड़क, जिसके दोनों ओर अशोक के पेड़ लहराते थे, सभी प्रेरणादायक और उत्साहवर्धक थे।

मेरे पिता मेरी पढ़ाई में गहरी दिलचस्पी रखते थे और मेरी माँ रात में ब्लैक कॉफ़ी बनाकर मुझे देती थीं, खासकर परीक्षाओं के दौरान। कई रातें तो वे भी जागते और मेरा साथ देते। मेरे पिछले स्कूल के विपरीत, जहाँ मैं सर्वोत्म छात्र था, यहाँ मैं प्रथम पंद्रह में से एक था। यहां कई चमकते सितारे थे। उनमें से कई संपन्न परिवारों से थे और कुछ सुंदर और आकर्षक रंग-रूप वाले थे। मैं दुबला-पतला, मध्यम आकार और छोटे कद का था। मैं हमेशा आगे की पंक्ति में बैठता था।

हमारी कक्षा के नीचे एक भोजन कक्ष था। दीवार के साथ-साथ लगभग दो फीट चौड़ा और तीन फीट ऊंचा सीमेंट का प्लेटफॉर्म बनाया गया था, जो हमारे लंच बॉक्स रखने के लिए टेबलटॉप के रूप में काम आता था, जहाँ हम खड़े होकर खाना खाते थे।

पाथरोज़ एक मेहनती व्यक्ति था, जो लगभग बीस छात्रों के लिए पड़ोसी घरों से दोपहर का भोजन इकट्ठा करता था। वह भोजन को टोकरी में रखकर स्कूल परिसर में ले जाता था। भोजन कक्ष से सटे मैदान के कोने में बैठकर, वह दोपहर का भोजन वितरित करता था। हम उसके प्रति बहुत आदर भाव रखते थे और उसकी सेवाओं के लिए उसे मासिक पारिश्रमिक देते थे। कभी-कभी जब वह नहीं आ पाता था, तो हम वैकल्पिक व्यवस्थाएँ करते थे। ऐसे मौकों पर, दोपहर के भोजन के लिए, मैं अपने चचेरे भाई एम.जे. जेम्स के साथ उसके घर जाता था।

*****

जैसे-जैसे मेरा शैक्षणिक प्रदर्शन साल दर साल बेहतर होता गया, हमारे आसपास की वैश्विक और राष्ट्रीय घटनाओं ने भी मेरे दृष्टिकोण को महत्वपूर्ण रूप से प्रभावित किया। मेरा स्कूली जीवन, कई मायनों में, उस समय के अधिक महत्वपूर्ण सामाजिक राजनीतिक माहौल का एक लघु रूप था।

मेरे स्कूल के दिनों में, दो महत्वपूर्ण युद्धों ने हमारे देश को हिलाकर रख दियाः चीन के साथ 1962 का युद्ध और पाकिस्तान के साथ 1965 का युद्ध। रात के खाने पर, मेरे पिताजी हमें इन संघर्षों के बारे में जानकारी देते थे। अतः भोजन करना केवल पेट भरने का साधन न होकर इतिहास और राजनीति का पाठ बन जाता था। मेरे पिताजी द्वितीय विश्व युद्ध और भारत की स्वतंत्रता की लड़ाई से जुड़ी दिलचस्प कहानियाँ साझा करते थे। वे हमारे राष्ट्रीय नायकों के बारे में उत्साहपूर्वक बात करते थे तथा भारत के लिए उनके बलिदानों का विवरण देते थे।

1965 में पाकिस्तान के साथ युद्ध के दौरान लाल बहादुर शास्त्री हमारे देश के प्रधान मंत्री थे। उनका नेतृत्व विशेष प्रभावशाली था। देश विपन्नता से ग्रसित था तब उनके नारे “जय जवान जय किसान” ने समस्त जनता का उत्साह बढ़ाया। लोग सेना में भर्ती होने के लिए दौड़ पड़े। महिलाओं ने राइफल चलाना सीखा। कॉलेजों में नेशनल कैडेट कोर एक मुख्य विषय बन गया। बॉलीवुड ने भी अपनी भूमिका निभाई। दिलीप कुमार, राज कपूर और मीनाकुमारी जैसे फिल्मी सितारों ने हमारे सैनिकों का हौसला बढ़ाया। बचपन में हम सैनिकों का सही मूल्यांकन नहीं कर पाए, लेकिन उनके बलिदान के कारण ही हम 1965 की जीत का जश्न मना सके। पिताजी की कहानियों ने मेरे लिए इतिहास को सजीव कर दिया। मैं महात्मा गांधी, जवाहरलाल नेहरू,

सुभाष चंद्र बोस, सरदार वल्लभभाई पटेल आदि राष्ट्रीय नेताओं का प्रशंसक बन गया। उनकी तस्वीरें हमारी दीवारों की शोभा बढ़ाती थीं और उनके त्याग और बलिदान हमें गौरान्वित करते थे। वे चुनौतीपूर्ण समय और मेरे पिता की बुद्धिमत्ता ने मुझे वह बनाया, जो आज मैं हूँ। हमारी शिक्षाएँ पाठ्यपुस्तकों से आगे तक फैली हुई थीं, जो हमें लचीलापन और दृढ़ संकल्प के अमूल्य जीवन कौशल सिखाती थीं और हमारे अंदर राष्ट्रीय गौरव का संचार करती थी।

चीन और पाकिस्तान के आक्रमण के दौरान उथल-पुथल भरे राष्ट्रीय घटनाक्रम और हमारे सामूहिक लचीलेपन के बीच, हमारे घर के करीब एक अलग तरह की क्रांति हुई। हमारे समुदाय ने इन चुनौतीपूर्ण समय के दौरान एकता और सक्रिय समस्या समाधान की ओर रुख किया, जो राष्ट्रीय भावना को दर्शाता है।

*****

मेरे पिता और समुदाय से जुड़ी एक महत्वपूर्ण पहल सामुदायिक विकास पर केंद्रित एक सामाजिक कल्याण केंद्र की स्थापना थी। मेरे पिता, ओटी एंटनी ने हमारे घर में सामाजिक कल्याण केंद्र के निर्माण के लिए स्वेच्छा से भूमि दान की। इसने नर्सरी स्कूल, प्रीस्कूल और अन्य बच्चों के लिए नियमित ट्यूशन कक्षाओं सहित विविध सेवाएँ और गतिविधियाँ प्रदान की।

केंद्र में सिखाए जाने वाले भरतनाट्यम नृत्य के मधुर "सोल्लुकट्टू"[8] के शब्दांश, "था", "धी", "थॉम" और "थरिकिता" मेरी स्मृति में लगातार गूंजते रहते हैं। ये तालबद्ध तत्व नर्तकियों की हरकतों के साथ सामंजस्य बिठाते हुए जटिल लयबद्ध पैटर्न बनाते हैं। विभिन्न धार्मिक पृष्ठभूमि की युवा लड़कियाँ इन कक्षाओं में शामिल होती थीं, और ये नृत्य कक्षाएँ एक खुले हॉल में आयोजित की जाती थीं, जिन्हें मैं घर से ही देख पाता था।

कल्याण केंद्र वह स्थान भी था जहां मेरी भाषण कला को निखारा गया। मुझे स्वतंत्रता दिवस जैसे सभी महत्वपूर्ण समारोहों में भाषण देने का निमंत्रण मिला। मुझे याद है कि मैंने 15 अगस्त को अंगाडी में पैराडाइज क्लब, हिदायत नगर में यंग मुस्लिम एसोसिएशन और मेरे घर पर सोशल वेलफेयर सेंटर के बगल में एक चर्च मीटिंग में भाषण दिया था। इस प्रकार,

8 भारतनाट्यम नृत्य में, "सोल्लुकट्टू" एक ऐसा तरीका है जिसमें मौखिक ढोल ध्वनियाँ उपयोग की जाती हैं।

भाषण देना मेरे लिए एक जुनून बन गया। मुझे माइक और मंच से प्यार होने लगा। मेरे पिता लगातार मेरे भाषणों की पटकथा तैयार करते थे और उनके भाषा कौशल ने मुझ पर एक अमिट छाप छोड़ी। आज भी, मुझे उनके द्वारा रचित कुछ भावपूर्ण शुरुआती पंक्तियाँ याद हैं। उनकी साहित्यिक प्रतिभा वास्तव में उल्लेखनीय थी।

*****

जैसे-जैसे समय बीतता गया, मुझे स्कूल में विश्वसनीय दोस्त बनाने में मज़ा आया। वे मेरे जीवन में निरंतर उपस्थित रहे हैं। उन्होंने अपने-अपने क्षेत्रों में उल्लेखनीय उपलब्धियाँ हासिल की हैं और मुझे उन्हें अपना दोस्त बनाने पर गर्व है।

मेरे लिए हमारे शिक्षकों की अविश्वसनीय टीम का भी उल्लेख करना उचित होगा जिन्होंने हमारे जीवन को महत्वपूर्ण आकार दिया। जॉर्ज सर, हमारे दसवीं कक्षा के कक्षा शिक्षक, एक असाधारण अंग्रेजी शिक्षक थे जो अक्सर मुझे देर से आने के लिए डांटते थे। करिंगडा सर, जिन्होंने हमें विज्ञान पढ़ाया, एक प्रसंन्नचित्त विशेषज्ञ थे। अब्राहम सर, मलयालम शिक्षक, और अय्यर सर और थॉमस सर, जिन्होंने हमें गणित पढ़ाया, स्कूल के कुछ सबसे अच्छे शिक्षकों में से थे। उनके प्रयासों की बदौलत, मेरे प्रदर्शन का ग्राफ ऊपर की ओर बढ़ा और हर साल बेहतर होता गया।

मुझे अच्छी तरह याद है, 6 जून 1966 को, एक असाइनमेंट के लिए अपनी नोटबुक पर तारीख लिखते समय, मैंने ईश्वर से एक छोटी सी प्रार्थना की थी, "ईश्वर, कृपया मेरा ख्याल रखना। *7/7/77* को मैं क्या बनूँगा?" अपने दोस्तों और शिक्षकों के सहयोग से, मैं अपना लक्ष्य हासिल करने और एक सफल जीवन जीने में सक्षम हुआ।

1966 में, जब मैं 10वीं की अंतिम परीक्षा दे रहा था, तो मेरे मित्र के.वी. जॉन हर परीक्षा के बाद मेरे पिता की दुकान के पास से गुजरते थे और उन्हें प्रश्नपत्र दिखाते थे। मेरी पढ़ाई पर बारीकी से नज़र रखने के कारण, मेरे पिता मेरे सवालों को देखकर मेरे उत्तरों का अनुमान लगा लेते थे। इससे पता चलता है कि उन्हें मेरी तैयारी की गहरी समझ थी। हालाँकि उन्होंने भविष्यवाणी की थी कि मैं 425 अंक प्राप्त करूँगा, लेकिन मुझे 600 में से केवल 419 अंक ही मिले। मेरे समय में, बोर्ड परीक्षाओं में 70% अंक प्राप्त

करना काफी चुनौतीपूर्ण था और 80% का मतलब अक्सर यह होता था कि आप राज्य में शीर्षस्थ छात्र हैं, जबकि आजकल उच्च अंक प्रतिशत लाना आसान होता है।

अंततः मुझे उच्च शिक्षा के लिए सरकारी छात्रवृत्ति मिल गई और मैं स्कूल में समग्र रैंकिंग में पांचवें स्थान पर आया।

*****

पीछे मुड़कर देखने पर मुझे कई तरह के अनुभव नज़र आते हैं, जिन्होंने मुझे आकार दिया है। मुश्किल समय में भी मैंने कड़ी मेहनत, निष्ठा और दृढ़ता जैसे मूल्यों को बनाए रखा। मेरी शैक्षणिक सफलताएँ सिर्फ़ मेरे कारण नहीं हैं अपितु वे मेरे पिता के मार्गदर्शन और मेरे समुदाय से मिले प्रोत्साहन के सहारे मिली हैं। मेरी पहचान राष्ट्रीय नायकों और स्थानीय चैंपियनों की कहानियों का मिश्रित फल है। मेरी यात्रा ने मुझे पाठ्यपुस्तकों से परे दुनिया के बारे में सिखाया, जिससे मुझे व्यवहारिक कौशल, सांस्कृतिक जागरूकता और भावनात्मक समझ प्राप्त हुईं। जिन्होंने निरंतर सीखने की मानसिकता को बढ़ावा दिया।

ईश्वर का अदृश्य हाथ

मैंने, 1967 में चंगनाचेरी के सेंट बर्कमन्स कॉलेज में अपनी पढ़ाई शुरू की। मेरा सपना डॉक्टर बनने का था। मैंने बायोलॉजी की क्लास ली और कड़ी मेहनत की। लेकिन चीजें योजना के मुताबिक नहीं हुईं। मुझे मेडिसिन कोर्स में जगह नहीं मिल पाई और मैं दुखी हो गया। मैंने दृढ़ निश्चय किया और अपना ध्यान बी.एस.सी के लिए मुख्य विषय के रूप में रसायन विज्ञान पर केंद्रित किया। साथ ही गणित और भौतिकी को मैंने सहायक विषयों के रूप में चुना। मुझे रसायन विज्ञान में नब्बे प्रतिशत अंक मिले थे, इसलिए मैं मैंने यह विषय चुना।

गणित में सफलता पाना चुनौतीपूर्ण था, क्योंकि मैंने कॉलेज में इसे नहीं पढ़ा था। हालाँकि, बढ़ती चिंता के बावजूद, मेरी पाठ्येतर गतिविधियाँ फल-फूल रही थीं। मैं इंग्लिश डिबेटिंग क्लब का एक सक्रिय सदस्य था। मैं इंग्लिश एसोसिएशन का सचिव भी था। मैंने कॉलेज यूनियन के लिए आर्ट्स क्लब (Arts Club) सचिव के रूप में भी चुनाव लड़ा, लेकिन कुछ वोटों से हार गया।

इसके अलावा, मैं एस.बी. कॉलेज में भारतीय राष्ट्रीय कांग्रेस की छात्र शाखा, केरल छात्र संघ (केएसयू) का सचिव था। मैंने चर्च में विभिन्न नेतृत्व पदों पर कार्य किया। जैसे कि विंसे दि पाल (Vincent de Paul) सोसाइटी, मिशन लीग और युवा संगठन का सचिव।

इन सभी जिम्मेदारियों ने मुझे मधुमक्खी की तरह व्यस्त रहकर, तेजी से काम करने पर मजबूर कर दिया। गतिविधियों की इस उथल-पुथल के बीच, किस्मत ने एक मोड़ लिया। एक ऐसा अवसर मेरे सामने आया जो मेरी ज़िंदगी हमेशा के लिए बदल सकता था।

एक भाग्यशाली दिन, जब मैं अपने चचेरे भाई और सहपाठी एम.जे. जेम्स के घर पर सो रहा था। हमारी बातचीत ने अप्रत्याशित मोड़ ले लिया। जब हम अपने अस्थायी बिस्तर पर लेटे हुए थे, तब उन्होंने मुझसे मेरे भविष्य के बारे में पूछा।

"मैं सिविल सेवा परीक्षा के लिए प्रयास करना चाहता हूँ", मैंने उनसे कहा, ये शब्द शांत कमरे में गूंजते रहे।

चुपचाप, उसने उठकर अपनी चीज़ों में ढूढना शुरू किया और एक दस्तावेज़ निकाल लिया।

उन्होंने भारतीय सैन्य अकादमी में शामिल होने के लिए यूपीएससी[9] आवेदन पत्र खोलते हुए कहा, "यह तुम्हें दिलचस्प लग सकता है"। वेतन काफी अच्छा है।

हैरान होकर मैंने उनसे पूछा, "लेकिन क्या तुम इसका इस्तेमाल नहीं कर रहे हो?"

उसने अपना सिर हिलाया। उसके चेहरे पर शांति का भाव छा गया।

'नहीं, मैंने एक अलग रास्ता चुना है। मैं पादरी बनने के लिए सेमिनरी में प्रवेश कर रहा हूँ। आप मेरा फॉर्म ले सकते हैं", उसने कहा। उसकी आवाज़ में एक निर्णायक स्वर था।

इसलिए, मैंने इसे आजमाने का फैसला किया। मैंने तिरुवनंतपुरम में अपनी परीक्षा दी। सौभाग्य से, मैंने पूरी जानकारी प्राप्त करने से पहले ही परीक्षा पास कर ली और जबलपुर में पांच दिनों तक चले सेवा चयन बोर्ड (SSB) के कठोर साक्षात्कार में उत्तीर्ण हो गया। फिर, मैंने पांच दिनों की चिकित्सा परीक्षा दी और साढ़े सत्रह साल की उम्र में भारतीय सैन्य अकादमी (IMA) के लिए चयनित हो गया।

मेरी माँ उस उम्र में मुझे भेजने में हिचकिचा रही थीं, क्योंकि हम में से किसी को भी यह नहीं पता था कि इसमें मेरा भविष्य क्या होगा। इंत फिर भी, इंटरव्यू बोर्ड पर अन्य उम्मीदवारों को देखने और उनकी पृष्ठभूमि के बारे

9 भारत की प्रमुख भर्ती एजेंसी, जो कक्षा ए सरकारी नौकरियों के लिए नियुक्तियाँ करती है।

में जानने के बाद, मुझे विश्वास हो गया कि मेरा चुना हुआ पेशा उचित है। वास्तव में, ईश्वर के अदृश्य हाथ ने हर कदम पर मेरा मार्गदर्शन किया। इस तरह जीवन में मेरी यात्रा शुरू हुई।

पाँच दिनों की यात्रा और चार अलग-अलग स्टेशनों पर ट्रेनों में सवार होने के बाद, मैं आखिरकार देहरादून पहुँच गया, जो महान हिमालय की तलहटी में एक खूबसूरत शहर है। मैं अपने पिता की अश्रुपूर्ण विदाई की ताजी यादें लिए हल्की घबराहट और उम्मीद के साथ मन ही मन प्रार्थनाकरता हुआ भारतीय सैन्य अकादमी के द्वार पर पहुँचा।

भारतीय सैन्य अकादमी की यादें

भारतीय सैन्य अकादमी दुनिया के सबसे उत्कृष्ट सैन्य संस्थानों में से एक है, जहाँ हर चीज़ समय की सटीकता के साथ चलती है। अकादमी लड़कों को उत्साही और आत्म-विश्वासी सैनिकों में बदल देती है, जिनके दिल देश के प्रति जुनून और राष्ट्रप्रेम की भावना से ओत प्रोत होते हैं। 16 जनवरी 1971 को, चंगनाचेरी जैसे छोटे भारतीय शहर से एक मासूम लड़का बहादुरी से एक अज्ञात दुनिया – भारतीय सैन्य अकादमी के भव्य द्वारों में प्रवेश कर गया। यह एक अज्ञात संसार था। भाषा, पोशाक, भोजन, और सांस्कृतिक परंपराएँ, सब कुछ विदेशी था। फिर भी, अकादमी के लिए एक कैनवास बनने का अवसर एक रोमांचक संभावना थी।

मेरे आगमन पर, मुझे सिंहगढ़ कंपनी में आवंटित किया गया। मेरा कमरा अरुण खेत्रपाल के बगल में था, जो वरिष्ठ अंडर ऑफिसर (एसयूओ) बनने वाले थे और बाद में एक किंवदंती के रूप में प्रसिद्ध हुए। करिश्माई अरुण को बाद में 1971 के पाकिस्तान युद्ध के दौरान कर्तव्य से परे वीरता के लिए मरणोपरांत परम वीर चक्र से सम्मानित किया गया। पहले दिन, उन्होंने साथी जेंटलमेन कैडेट्स (जीसी) नंद किशोर, विलियम्स, अनिल वासन और मुझे उनके स्टडी टेबिल के नीचे बैठने को कहा। यह घटना बहुत ही मजेदार थी। (नंद किशोर बाद में लेफ्टिनेंट जनरल बने, और बाकी सभी ब्रिगेडियर। अभी कुछ समय पहले विलियम्स का निधन हो गया है)। कभी-कभी, मैं अरुण की तलवार को कोटे[10] से लाने जाता था। अरुण हमेशा खुश, जीवंत, और ऊर्जा

10 एक शस्त्रागार

से भरे हुए होते थे। मुझे उनका चमकता और खिला हुआ चेहरा याद है जब उन्होंने पूना हॉर्स (एक आर्मर्ड रेजिमेंट) प्राप्त किया। । हमारी कंपनी के सर्जेंट मेजर (सीएसएम) एन.जे. नायर थे। लोकप्रिय रूप से एन.जे. के नाम से जाने वाले कर्नल नीलकंठन जयचंद्रन नायर भारतीय सेना के एकमात्र व्यक्ति हैं जिन्हें शांति काल में सबसे उच्च सम्मान (अशोक चक्र (मरणोपरांत) और दूसरे सबसे उच्च सैन्य सम्मान (कीर्ति चक्र) प्राप्त हुए हैं। इन दोनों वीर दिलों की यादें हमेशा पवित्र रहेंगी।

*****

सिंहगढ़ कंपनी 1971

भारतीय सैन्य अकादमी (IMA) में प्रशिक्षण शारीरिक और मानसिक चुनौतियों से भरा एक रोलर-कोस्टर राइड था। व्यापक मार्ग-मार्च मेरे लिए सबसे कठिन थे। मेरा वजन केवल सैंतालीस किलोग्राम था और मुझे एक छोटे बच्चे जितना भारी उपकरण ढोना पड़ता था। मैं एक लाइट मशीन गन (LMG) लेकर चलता था और एक फुल बैटल ड्रेस पहनता था जिसका वजन लगभग पैंतीस किलोग्राम था।

मुझे ऐसा लगा जैसे मैं पूरे मार्च में अपनी पीठ पर एक चंचल पांडा को ढो रहा हूँ! ये मार्च केवल शारीरिक परीक्षण नहीं थे; उन्होंने हमारे धीरज, अनुशासन और मनोबल को निखारा, हमें भविष्य के सैनिकों के रूप में ढाला।

कठोर प्रशिक्षण के दौरान, मुझे सबसे ज़्यादा हैरान करने वाले अभ्यासों में से एक "ग्रेट एस्केप" नामक अभ्यास था। इस अभ्यास में, हमारी आँखों पर पट्टी बाँधी गई, हमें एक परिवहन वाहन में बिठाया गया, और फिर लगभग तीस किलोमीटर दूर घने जंगल में एक अपरिचित स्थान पर छोड़ दिया गया।

हमारा उद्देश्य केवल एक कम्पास, हमारे जीवित रहने के कौशल और अमावस्या की रात में तारों की धुंधली रोशनी के सहारे वापस बेस तक पहुंचना था।

ये अभ्यास, हालांकि डराने वाले थे, किन्तु उन्होंने हमारे जीवित रहने के कौशल को महत्वपूर्ण रूप से बढ़ाया और हमारी तन्यकता को मजबूत करने का काम किया। IMA ने इस अभ्यास को इस तरह से डिज़ाइन किया है ताकि हम दुश्मन की कैद से भागने का संभावित अवसर ढूढने का यत्न करना सीखें और अज्ञात स्थिति का सामना होने पर अपनी सहज प्रवृत्ति और प्रशिक्षण पर भरोसा बनाये रखने की क्षमता विकसित करें।

भारतीय सैन्य अकादमी (IMA) में जंगल और पर्वतीय युद्ध के महत्वपूर्ण प्रशिक्षण अभ्यास आयोजित किए गए। इन अभ्यासों के दौरान, हमने खाइयाँ खोदीं, तंबू गाड़े, खाना पकाने की सुविधाएँ स्थापित कीं और परिधि रक्षा प्रयासों का आयोजन किया। इसके अतिरिक्त, जेंटलमैन कैडेट्स (GCs) को मौखिक आदेश जारी करने और प्लाटून कमांडर की भूमिका निभाने की अनुमति दी गई। निर्देशन स्टाफ (डीएस)[11] ने इन शिविरों में कैडेटों के प्रदर्शन का मूल्यांकन किया।

नींद एक ऐसी विलासिता थी जिसे हम शायद ही कभी वहन कर पाते थे। "चलना और सोना" की घटना हमारे अस्तित्व की तरकीब बन गई, जहाँ हम मार्च करते समय सूक्ष्मनिंद्रा करते थे। इस दिनचर्या ने कुछ हास्यास्पद स्थितियों को जन्म दिया। मुझे याद है कि एक बार जंगल में युद्ध अभ्यास के दौरान, भारी बारिश में लंबी पैदल यात्रा के कारण, मैं इतना थक गया

11 अकादमी में प्रशिक्षक अधिकारी।

था कि मैं केवल बरसाती कपड़े पहने हुए ही जमीन पर सो गया था, जबकि अन्य कैडेट शिविर स्थापित करने में व्यस्त थे।

यद्यपि यह कठिन था, लेकिन आईएमए में इस कठोर अभ्यास ने हमें किसी भी परिस्थिति में अपने देश की सेवा और सुरक्षा के लिए तैयार रहने वाले अनुशासित, लचीले और अनुकूलनशील सैन्य अधिकारियों के रूप में परिवर्तित कर दिया।

इस कठोर प्रशिक्षण के दौरान, 'ईश्वर के अदृश्य हाथ' के तहत और माता-पिता की प्रार्थनाओं के साथ, मैं एक अल्हड़ युवा से एक कठोर सैनिक में बदल गया। मुझे अपने सभी दोस्तों के चेहरे याद हैं जिन्होंने रूट मार्च के दौरान एलएमजी को ले जाने में मेरी मदद की, खासकर दिवंगत ब्रिगेडियर विलियम्स और कर्नल राणा। मुझे दिवंगत कर्नल फतेह सिंह की शक्ल याद है जिन्होंने, हमारे मुक्केबाजी मैच के दौरान नकली मुक्का मारने के मेरे अनुरोध बाबजूद, एक असली मुक्का मारा जिससे मेरे दांत टूट गए।

*****

भारतीय सैन्य अकादमी (IMA) में मेरे समय के दौरान, कठोर प्रशिक्षण और परिवर्तनकारी अनुभवों के बीच, कुछ पल अकादमी की सीमाओं से परे भी सामने आए। जैसे-जैसे टर्म ब्रेक अपना सौम्य प्रभाव डालते गए, एक अलग तरह का रोमांच हमारे सामने आया; ये थीं ट्रेन की यात्राएँ जो अविस्मरणीय यादें बनाती हैं। केरल जाने वाले कैडेटों के लिए चार-रात और पाँच-दिन की ट्रेन यात्रा के दौरान गलियारे हमारे मंच में बदल गए। जैसे ही इंजन गुनगुनाता और ट्रेन की पटरियाँ लयबद्ध रूप से बज उठती, हम गाने गाते; हमारी आवाजें डिब्बों में गूँजतीं, जिससे दूसरे यात्री खुश होते और कभी-कभी चिढ़ जाते।

इन सत्रों में ताश के जोरदार खेल चलते रहते थे तथा यात्रा के आगे बढ़ने के साथ-साथ दांव भी बढ़ते जाते थे।

सीट-रिजर्वेशन बहुत कम मिलता था, लेकिन इससे हमारा हौसला नहीं टूटा। हम फर्स्ट क्लास कोच में ठुंस-ठुंस कर भर गए और हमारे लिए कम्पार्टमेंट एक छोटा सा आश्रय बन गया। हममें से कुछ लोगों को ही बर्थ की सुविधा मिल पायी, जबकि अन्य लोग फर्श पर ही बिस्तर बिछाकर लेट गये या बैठ गये।

हर पड़ाव एक उत्सव था, एक अवसर, प्लेटफ़ॉर्म पर फैलने का, अपने तंग पैरों को फैलाने का, हंसी-मज़ाक करने का और अपनी भूख मिटाने के लिए स्थानीय व्यंजनों की तलाश करने का। शोरगुल मचाने वाले और हमारे विशिष्ट क्रू कट हेअर स्टाइल के साथ अलग दिखने वाले हमारे बड़े समूह को नज़र अंदाज़ करना मुश्किल था। घर लौटने के हमारे उत्साह को समझते हुए ट्रेन स्टाफ़ ने हमारे साथ स्नेहपूर्ण धैर्य के साथ व्यवहार किया।

जैसे-जैसे हम केरल के करीब पहुँचते गए, हमारा उत्साह बढ़ता गया। हवा भी बदल गई, ताज़ी हुई और जानी-पहचानी खुशबू से भरने लगी। हम डिब्बे के दरवाज़ों के पास इकट्ठा होते और हरे-भरे नज़ारों का मज़ा लेते; नज़ारे, जो हमें अपनी खूबसूरती से मंत्रमुग्ध कर जाते थे। तमिलनाडु से बिल्कुल अलग; घने, हरे-भरे कैनवास के बीच चमकती नदियाँ, शांत झीलें, सड़कों पर चहल-पहल भरा यातायात और खूबसूरती से बने घर थे।

ये विश्राम के क्षण, अनुशासन और व्यवस्था की लय को विराम देते हुए, प्रशिक्षण के साथ अंतर्बद्ध हो गए। ये बाहरी दुनिया की खिड़कियाँ थीं, जो मुझे आईएमए के पवित्र मैदानों से दूर ले जाती थीं। अपने अनोखे तरीके से मेरे आयाम का विस्तार कर, वे मेरी कहानी में विकास और अनुभवों के नए अध्याय जोड़ गये।

उदास एकांत में एक देवदूत

जुलाई 1971 में, घर पर चार हफ़्ते की छुट्टी के बाद, मैं चंगनाचेरी से एर्नाकुलम के लिए लोकल ट्रेन में चढ़ा। मेरा वहाँ से चेन्नई और फिर चेन्नई से नई दिल्ली के लिए ट्रेन बदलने का इरादा था, ताकि मैं आईएमए, देहरादून वापस जा सकूँ। हालाँकि, जब मैं चेन्नई के पास अरकोनम पहुँचा, तो मेरे दोस्तों ने देखा कि मुझे चेचक हो गया है। अपना सामान लेकर, मैं और मेरा एक दोस्त ट्रेन से उतरे और अवाडी के लिए लोकल ट्रेन पकड़ी। अवाडी मिलिट्री अस्पताल में, उन्होंने मुझे आइसोलेशन वार्ड में भर्ती कराया। चेचक के निशान फैलते-फैलते मेरे शरीर और चेहरे पर छा गए। मेरे दिन धुँधले होते गए। मैंने खुद को आइसोलेशन वार्ड में अकेलेपन के बीच पाया, बीमारी और वार्ड की वीरानी से बोझिल।

हर सुबह एक डॉक्टर आता और मेरी मेडिकल केस शीट की समीक्षा करता और परिचारक खाना परोसते थे। रातें रहस्यमयी रूप से शांत होती, जिससे एक भयावह माहौल बनता था जो एक सुनसान कब्रिस्तान जैसा लगता था।

कभी-कभी, एक सैन्य नर्सिंग अधिकारी मेरी जांच करने के लिए आता था। उनमें से एक पॉली नाम की महिला सबसे अलग थी। सुडौल एवं सुंदर कैप्टन पॉली ने बहादुरी से अलगाव की दीवार को तोड़ दिया और खुजली को शांत करने और सूजन को कम करने के लिए मेरी चेचक के निशानों वाली त्वचा पर कैलामाइन लोशन और अन्य मरहम तथा उपशामक लगाए।

एक विशेष रूप से कष्टदायक दिन, जब अकेलेपन ने मुझे आंसुओं से भर दिया था, उन्होंने मुझे एक कलम और एक अंतर्देशीय पत्र दिया और शांत्वना देते हुए बोली, "तुम केरल के चंगनाचेरी में अपने माता-पिता को पत्र क्यों नहीं लिखते?"

पॉली का करिश्माई व्यक्तित्व, सौम्य व्यवहार, शालीनतापूर्ण चाल-ढाल, उनकी मधुर मुस्कान के मध्य उनके कपोलों पर उभरते डिंपल, सब मेरी यादों में बसे हुए हैं। आधी सदी के बाद भी, पॉली की छवि पहले की तरह ही जीवंत है।

एक अठारह वर्षीय एकाकी य़ुवक के लिए, इस चुनौतीपूर्ण समय में वह एक स्वर्गदूत से कम नहीं थी।

हालाँकि, एक कष्टदायक चिंता ने इन सुकून भरे पलों पर छाया डाल दी। आईएमए के नियमों के अनुसार, अगर कोई कैडेट इक्कीस दिनों से ज़्यादा अनुपस्थित रहता है, तो उसे पूरा टर्म दोहराना होगा। इस तरह के झटके से डरते हुए, मैंने पॉली से 21 दिन की सीमा से पहले छुट्टी पाने में मेरी मदद करने की विनती की। उसने अपना सर्वश्रेष्ठ प्रयास करने का वादा किया और उसने अपना वादा पूरा भी किया।

छुट्टी मिलने के बाद मैंने मूवमेंट कंट्रोल ऑफिस (एमसीओ)[12] के ज़रिए नई दिल्ली जाने वाली ट्रेन में आरक्षण हासिल कर लिया। परन्तु पुरानी दिल्ली से देहरादून के लिए आरक्षण पाना चुनौतीपूर्ण साबित हुआ, जिसके कारण मुझे एक ठंडी रात में बिना उचित कपड़ों के जनरल डिब्बे में यात्रा करनी पड़ी।

12 सैन्यकर्मियों के लिए रेल आरक्षण कराने के लिए समर्पित एक कार्यालय।

वहां पहुंचते ही मुझे तुरंत रात्रि परेड में शामिल कर लिया गया, जो रात के दो बजे तक चली, जिससे मुझे रात में देहरादून की कठोर ठंड का सामना करना पड़ा।

मेरा शरीर पहले से ही कमज़ोर था और तेज़ बुखार की वजह से मेरी हालत और भी गंभीर हो गई। शाम तक, दूसरे जीसी मुझे आईएमए परिसर के सेक्शन अस्पताल ले गए। लेकिन शाम तक, जब मेरा खड़ेतापमान 105 तक पहुँच गया, तो मुझे देहरादून के बड़े सैन्य अस्पताल में ले जाया गया।

यह सैन्य अस्पताल अत्याधुनिक था, जिसमें बेहतरीन सुविधाएं थीं और मेरी स्थिति को संभालने के लिए बेहतर तरीके से सुसज्जित था। आसपास का माहौल आरामदायक था, बढ़िया खाना और खूबसूरत बगीचे थे जहाँ मैं सुबह की धूप का आनंद ले सकता था। अधिकारियों, डॉक्टरों और सैन्य नर्सों के प्रयासों और उदारता के साथ-साथ पाँच सितारा जैसी सुविधाओं ने मुझे दस दिनों के भीतर पूरी तरह से ठीक होने में मदद की। मैं अपना प्रशिक्षण जारी रखने के लिए IMA में वापस आ गया। इस चुनौतीपूर्ण यात्रा के दौरान, आइसोलेशन वार्ड में, मेरी परी पॉली की यादें मेरे जीवन का एक महत्वपूर्ण हिस्सा बनी रहीं।

अपनी गर्मियों की छुट्टियों की अप्रत्याशित बीमारी और एक अभूतपूर्व दोस्ती, जो अस्पताल के वार्ड की सीमाओं से परे थी, के उपरांत मैंने कभी नहीं सोचा था कि मेरे लिए क्या होने वाला है। अगला सत्र तेजी से आगे बढ़ा, जिसकी परिणति 1971 के भीषण भारत-पाकिस्तान युद्ध में हुई।

*****

मैं भारतीय सैन्य अकादमी (IMA) में उस दिन को कभी नहीं भूल सकता। यह किसी भी अन्य दिन की तरह ही शुरू हुआ, लेकिन कुछ पलों ने हमारे जीवन को बदल दिया। रोल कॉल स्पीकर एक ऐसी घोषणा की जो हमारे चारों ओर घूम रही फुसफुसाहट की पुष्टि कर रही थी। पाकिस्तान ने भारत विरुद्ध युद्ध की घोषणा कर दी थी। उनके शब्दों ने हमारी वास्तविकता को सैद्धांतिक अभ्यास से वास्तविक खतरे में बदल दिया। हमने मिनटों में अपनी खिड़कियों को काला कर दिया, सतर्कता अभ्यास को अंजाम दिया जिसके लिए हमने प्रशिक्षण लिया था लेकिन उम्मीद नहीं थी कि हमें इसका उपयोग करना पड़ेगा। लड़ाकू विमानों ने ऊपर से गर्जना की जो, दोस्ताना आसमान की

आमतौर पर सुकून देने वाली आवाज़ों की जगह, हमारे सम्मुख आए संघर्ष की याद दिला रहे थे।

हालाँकि परिस्थितियाँ कठिन थीं, लेकिन IMA से मिले प्रशिक्षण ने हमें उत्साहित और ध्यानकेंद्रित रखा। उन्होंने घोषणा की, कि हमें हथियारों और गोला-बारूद के साथ पूरी लड़ाकू पोशाक में सुबह 5:30 बजे ड्रिल ग्राउंड पर इकट्ठा होना चाहिए। उस रात, हम मुश्किल से सो पाए।

आईएमए के सभी अधिकारी, चाहे वे किसी भी पद या श्रेणी के हों, हमारे साथ मार्च करते थे। हम एक इकाई के रूप में आगे बढ़े, जो हमारी अटूट एकजुटता और आगे आने वाली चुनौतियों का सामना करने की तत्परता का प्रतीक था। हमारे साझा सौहार्द ने कार्य की कठिनाई को कुछ हद तक कम कर दिया क्योंकि हम सभी एक-दूसरे की थकान और चिंताओं को बिना बोले समझ गए।

उस थकान भरे दिन में हमें केवल पैक्ड लंच से ही राहत मिली। हम शाम 4 बजे अकादमी वापस आ गए। हम थक चुके थे। तनाव स्पष्ट था, फिर भी हम डटे रहे। IMA में हमारे प्रशिक्षण ने हमें ऐसे क्षणों के लिए तैयार किया था। ऐसे क्षण, जब हमारा देश हमें अपने मूल्यों की रक्षा करने के लिए बुलाएगा, हम तैयार थे। हम एकजुट थे। हम भारतीय सैन्य अकादमी के कैडेट और अधिकारी थे।

भारतीय सेना ने एक बेहद तेज गति से राजधानी ढाका पर हमला किया। उनका यह कदम जितना अचानक था, उतना ही निर्णायक भी था। उन्होंने शहर पर उल्लेखनीय कुशलता से नियंत्रण कर लिया।

यह रणनीति और क्रियान्वयन का एक शानदार प्रदर्शन था जिसके परिणामस्वरूप एक अभूतपूर्व घटना घटी। नब्बे हजार पाकिस्तानी सैनिकों ने, भारतीय सेना के सामने आत्मसमर्पण करते हुए, अपने हथियार डाल दिए। युद्ध अपने चरम पर पहुंच गया था, इस आत्मसमर्पण की गूंज ने इसके अंत का संकेत दिया। IMA ने हम सभी के लिए टर्म ब्रेक (विराम) की घोषणा की।

मेरी सबसे उल्लेखनीय ट्रेन यात्रा दिसंबर 1971 में हुई, जब मैं अपने गृहनगर चंगनाचेरी जा रहा था। यह देहरादून में भारतीय सैन्य अकादमी से मेरे टर्म ब्रेक के दौरान था। यह अवधि भारत के इतिहास में यादगार थी, क्योंकि भारतीय सेना ने भारत-पाकिस्तान युद्ध में निर्णायक जीत हासिल

की थी। यह राष्ट्रीय गौरव का क्षण था, और हमारा टर्म ब्रेक इस उल्लास के समय के साथ मेल खाता था। हम कैडेटों को सलाह दी गई थी कि हम अपनी अकादमी की वर्दी में यात्रा करें।

इस जीत से पूरे देश में जश्न का माहौल बन गया और हमारे सुरक्षा बलों के प्रति सम्मान चरम पर पहुंच गया। हर रेलवे स्टेशन हमारे बहादुर सैनिकों का गर्मजोशी से स्वागत करने के लिए तैयार था, खासकर उत्तर भारत में, जहां उत्सव का माहौल था।

महिलाओं ने इन समारोहों में महत्वपूर्ण भूमिका निभाई तथा सैनिकों के प्रति अपनी गहरी कृतज्ञता और सम्मान दिखाया। उन्होंने सैनिकों की कलाई पर राखी बांधी और जीत और सम्मान के प्रतीक के रूप में उनके माथे पर तिलक लगाया।

चूंकि हम अपनी वर्दी में थे, इसलिए लोग हमसे भी बहुत सम्मान और गर्मजोशी से मिले। हर स्टेशन पर युवतियों ने मेरी कलाई पर राखी बांधी, मेरे माथे पर तिलक लगाया और अन्य सैनिक की तरह मेरा भी सम्मान किया। काश मेरे पास एक कैमरा होता जिससे मैं उन असाधारण भाव प्रदर्शनों को सहेज पाता। यह बहुत ही उत्साह और गर्व का क्षण था, एक ऐसा अनुभव जो मेरी यादों में हमेशा के लिए अंकित हो गया है।

हमारे दिन बेरहमी से गुज़रते रहे। हमारी रातें लंबी होती रहीं। मेजर होशियार सिंह[13], एक और पीवीसी धारक, की कहानियाँ हमें जगाए रखती थीं। युद्ध के बाद वे हमारे कंपनी कमांडर थे। वे आधी रात के बाद हमारे बैरक में आते थे और हमें गाउन पहनाकर इकट्ठा करते थे। उन्होंने हमें ऐसे ही एक सत्र के दौरान 'डी बीएन ग्राउंड' पर एक विमान पर नकली हमला करने का काम सौंपा।

फ़ॉल-इन में, उन्होंने पूछा, "प्रतिबंधों पर GC कौन हैं?" हममें से कुछ ने अपने हाथ उठाए। इसलिए, उन्होंने हमें एक कार्य दिया। "ठीक है। GCs। हमले के लिए आपका लक्ष्य 'डी बीएन में रखा गया विमान है," उन्होंने घोषणा की और एक सेक्शन कमांडर को नामित किया।

---

13 मेजर होशियार सिंह, जो बाद में कर्नल बने, को बसंतर की लड़ाई के दौरान परम वीर चक्र (PVC) से सम्मानित किया गया।

उन्होंने आगे कहा, “सेक्शन कमांडर, हमले के लिए आदेश तैयार करें।“ फिर, सीनियर अंडर ऑफिसर (SUO) ने पूछा, “सर, दूसरे लोग क्या करते हैं?”

उन्होंने कहा, “यह मूर्खतापूर्ण सवाल क्यों?”, “रागिनी गाओ (हरियाणा राज्य का एक लोकगीत)”। इसलिए, मेरे कुछ दोस्तों ने सुबह के शुरुआती घंटों में गाना शुरू कर दिया, क्योंकि सेक्शन कमांडर हमले के लिए मौखिक आदेश तैयार कर रहा था।

जब कमांडर को हमले के लिए प्रशासनिक निर्देश लिखने थे उसने मेजर होशियार सिंह से पूछा, ‘सर, हमले के लिए क्या पोशाक पहननी है?’ तब उन्होंने बिना किसी संदेह के उत्तर दिया, “ऐसी शंका क्यों? ड्रेसिंग गाउन”। और हमले का समय (H hr) 02:30 बजे था। इसलिए, हम पीवीसी मेजर होशियार सिंह के आदेश पर विमान पर हमला करने के लिए ड्रेसिंग गाउन और चप्पल पहनकर गए। गाउन से सजे इस हमले की याद मैं कभी नहीं भूल सकता।

*****

मेजर होशियार सिंह को कंपनी की क्रॉस कंट्री प्रतियोगिताओं के बारे में हमसे बहुत उम्मीदें थीं। प्रतियोगिता से पहले उन्होंने घोषणा की, “मैं क्रॉस कंट्री में चौथे एनक्लोजर से आगे आने वाले किसी भी GC के मुंह पर थूक दूंगा”। हमने उन्हें निराश नहीं किया, लेकिन चैंपियन बनने से चूक गए।

क्रॉस कंट्री प्रतियोगिताओं में हमारी असाधारण उपलब्धियों ने उत्कृष्टता के लिए एक स्थायी प्रयास को चिनगारी दी, जिसने कठोर प्रशिक्षण व्यवस्था को आकार दिया और हमारी आगे की यात्रा का मार्ग प्रशस्त किया।

हमारी कंपनी ‘सिंहगढ़’ को अक्सर मेजर होशियार सिंह और सेकेंड लेफ्टिनेंट अरुण खेत्रपाल के सम्मान में ‘पीवीसी कंपनी’ कहा जाता है, जो दोनों बहादुर परमवीर चक्र (पीवीसी) विजेता हैं। उनका अदम्य साहस हमारी विरासत है और हमें देश के लिए सर्वोच्च बलिदान देने को प्रेरित करता है।

पचास साल आगे बढ़कर 2022 में, मैंने खुद को अपनी पत्नी **मैरी** के साथ हाथ में हाथ डाले पुनः उसी संस्थान में पाया जिसने मुझे हमारे स्वर्ण जयंती पुनर्मिलन के लिए परिभाषित किया था। हमारे पुनर्मिलन में दो सौ बावन

सहपाठी, उनकी पत्नियां, आठ विशेष आमंत्रित सदस्य और IMA 1972 के तीन प्रशिक्षक शामिल हुए। हमने गर्व से साउथ कैंपस ड्रिल स्क्वायर में रखने के लिए IMA को फील्ड मार्शल के.एम. करिअप्पा, OBE की प्रतिमा भेंट की।

यह कार्यक्रम पुरानी यादों और नवीनता का एक ऊर्जावान मिश्रण था, क्योंकि हॉल में बीते दिनों की यादें गूंज रही थीं, जो अकादमी के स्पष्ट भौतिक परिवर्तनों के साथ मिश्रित थीं।

आधुनिक सुविधाओं से युक्त, शानदार विक्रम बत्रा मेस, पूरी तरह से स्वचालित रसोई और अत्याधुनिक बारह लेन वाला अंतरराष्ट्रीय स्विमिंग पूल इत्यादि, अकादमी के समकालीन युग में कदम रखने का प्रतीक है। हालाँकि, परिवर्तन के बीच, कालातीत ड्रिल स्क्वायर और प्रतिष्ठित चेटवुड बिल्डिंग की उपस्तिथि एक आरामदायक परिचितता दर्शायी। हमारी कहानियाँ पूरे कैंपस में गूंज उठीं। हमने पहली बार अपनी वर्दी पहनने के विस्मय को याद किया। भोले-भाले लड़कों से सम्माननीय पुरुषों (जैंन्टिलमैन क्रैडिटों) में अपने परिवर्तन, और अपने परीक्षण और विजय की कहानियों को याद किया, हमारे बीच के अटूट बंधन का जश्न मनाया।

अकादमी का हर एक कोना यादें ताज़ा कर देता था। स्विमिंग पूल क्षेत्र ने मुझे तैरने के मेरे संघर्षों की याद दिला दी। मेजर ज़ोरा सिंह धालीवाल (बाद में ब्रिगेडियर), कंपनी कमांडर की छवि अक्सर मेरी आँखों के सामने आती है, जो चिल्लाते हुए कहते हैं "बा### जेम्स, थोड़ा और, रुकना नहीं" (ढीले ढंग से अनुवादित, चलो, थोड़ा और, रुको मत)। मेजर धालीवाल के प्रशिक्षण ने शायद मुझे पदावनत होने से बचाया था। वे हमें लाइब्रेरी में ले गए जहाँ उन्होंने आधी सदी पहले IMA में हमारे बारे में लिखी गई फाइलें सहेजकर रखी थीं।

हमने डोजियर देखे और एक मज़ेदार मामला पाया। यह मेरे लिए एक चेतावनी थी। मैं इसके बारे में भूल गया था। हम 'एक्सरसाइज डोंगा' नामक एक रात्रि अभ्यास कर रहे थे। हम एक अमरूद के बाग से गुज़रे। हमारे प्रशिक्षक को पता था कि हम कुछ फल तोड़ने की कोशिश कर सकते हैं। उसने वहाँ एक गार्ड रखा था। मैं और मेरा दोस्त अमरूद लेते हुए पकड़े गए। अगले दिन, हमारे प्लाटून कमांडर ने मुझे लिखित में चेतावनी दी। 50 साल बाद इस घटना के बारे में पढ़कर **मैरी** खुशी से हँस पड़ी, जिसने गहन पुरानी यादों में हल्कापन भर दिया।

भारतीय सैन्य अकादमी के पुनर्मिलन समारोह में, हमने अपने पिछले अनुभवों को याद किया और अपनी यात्रा का जश्न मनाया। IMA हमारे परिवर्तन का आधार रहा है, जिसने मूल्यों को स्थापित किया है और हमें परिभाषित किया है। अकादमी ने हमें कर्तव्य, सम्मान और साझा कठिनाइयों के माध्यम से बनने वाले बंधन का सार सिखाया। भले ही समय बदल जाए, लेकिन इसका चरित्र कालातीत बना हुआ है और भविष्य की पीढ़ियों का मार्गदर्शन करता रहेगा।

तब और अब के बीच महत्वपूर्ण अंतर यह था कि मेरी पत्नी मैरी मेरे साथ मेरी पुरानी यादें साझा कर रही थी और मेरी कहानी में अपना स्पर्श जोड़ रही थी। जैसे ही हम चले, **मैरी** मेरी ओर मुड़ी, उसकी आँखें गर्व से चमक रही थीं। उसने कहा, “वह जगह देखकर जहाँ तुमने पढ़ाई की और जहाँ तुम एक ऐसे सैनिक के रूप में बड़े हुए जिसे मैं प्यार करती हूँ मेरा दिल गर्व से भर जाता है। मैं इस यात्रा का हिस्सा बनकर बहुत खुश हूँ”।

चलते समय मैंने अकादमी के भव्य द्वार पर एक आखिरी नज़र डाली। मेरा दिल गर्व और पुरानी यादों से भर गया। यात्रा पूरी हो चुकी थी, एक भोले-भाले लड़के से एक अजनबी दुनिया में कदम रखने वाले एक अनुभवी सैनिक तक, जो अपने शुरुआती वर्षों की यादों को गर्व और सम्मान के साथ जी रहा था।

“आपके देश की सुरक्षा, सम्मान और कल्याण हमेशा और हर समय सबसे पहले आते हैं। आपके अधीनस्थ लोगों का सम्मान, कल्याण और आराम उसके बाद आते हैं। आपकी अपनी सुविधा, आराम और सुरक्षा हमेशा और हर समय सबसे अंत में आती है।[14]

14 चेतवोडे का आदर्श वाक्य अकादमी से पास आउट होने वाले अधिकारियों का आदर्श वाक्य है।

स्वर्ण जयंती पुनर्मिलन में 50 REG और 34 Tech के EME अधिकारी 2022 दिसंबर को IMA में

शुरुवात से विशेषज्ञ तक

मैं, 24 दिसंबर के उस दिन को, अच्छे से याद कर सकता हूँ, जब मैं मुश्किल से बीस साल का था और मैं भारतीय सेना के इलेक्ट्रॉनिक्स और मैकेनिकल इंजीनियरिंग (EME) कोर में शामिल हुआ था। हमारा काम सैन्य उपकरणों को सही स्थिति में बनाए रखना था। 'कर्म ही धर्म है' हमारा आदर्श वाक्य था। प्रारंभिक प्रक्रिया के तहत, देहरादून में एक वरिष्ठ EME अधिकारी ने हमें एक स्वागत कार्यक्रम में बुलाया। वहां हमें EME रेजिमेंटल टाई मिली, जिसने हमारे कोर में औपचारिक समावेश को चिह्नित किया। यह मेरा पहला सबक था "esprit de corps" का, जो हमारे इकाई की सामूहिक भावना और मनोबल को दर्शाता है।

इसके बाद, हम वडोदरा में यंग अधिकारी (Young officers) कोर्स में शामिल हुए। यह चुनौतीपूर्ण लेकिन आवश्यक था, जिसमें EME कार्यशाला प्रक्रियाएँ, रिकवरी विधियाँ और नियम शामिल थे। कमांडेंट ने कहा, "आपकी EME कोर के प्रति प्रतिबद्धता महत्वपूर्ण है। आप अब इस परिवार का हिस्सा हैं, और आपका प्रदर्शन हम सभी पर परिलक्षित होता है।" यह एकता की भावना हमारे प्रशिक्षण और सेवा की नींव बन गई।

*****

यंग अधिकारी कोर्स छह हफ्तों का था। फरवरी के अंत तक, मुझे पहले EME यूनिट के लिए पोस्टिंग आदेश मिल गया। मुझे एक कोर ट्रूप्स वर्कशॉप कंपनी में पोस्ट किया गया। यह यूनिट 1971 के युद्ध के दौरान पश्चिमी सेक्टर में तैनात थी और चंडीमंदिर स्थान पर लौट आई थी। मैं चंडीमंदिर सुबह की कालका मेल से पहुँचा। वहां मेरा गर्मजोशी से स्वागत हुआ। मेजर पलानीप्पन अधिकारी कमांडिंग (OC) थे। वह मुझे मरम्मत और रिकवरी तकनीकों,

टूल्स स्टोर डिमांड प्रक्रिया, निरीक्षण प्रक्रियाओं और सभी उन चीजों के बारे में सिखाने के लिए उत्सुक थे जो एक युवा अधिकारी को अपनी पहली यूनिट में सीखनी चाहिए। अन्य सभी अधिकारी भी मेरे प्रति उतने ही या अधिक रुचि रखते थे। मैं बीस साल का युवा, एक सेकंड लेफ्टिनेंट के रूप में (कंधे पर एक तारा), सभी अधिकारियों और उनके परिवारों से ऐसा भव्य स्वागत पाकर अभिभूत था।

मेरी भूमिका यूनिट में सभी दोषयुक्त हथियारों और उपकरणों की मरम्मत की व्यवस्था करना थी। हर दिन व्यस्त होता था। हमारे पास मरम्मत के लिए मशीनें और वाहन थे, जैसे डोजर[15], क्रॉलर ट्रैक्टर, तोपें, रेडियो, और कई कारें और ट्रक होते थे ।

हर उपकरण की अपनी विशिष्ट आवश्यकताएँ थीं। उदाहरण के लिए, एक ट्रैक्टर के गियरबॉक्स की मरम्मत करना और एक रेडियो सर्किट की समस्या को हल करना अलग-अलग थे। कार्य चाहे जो भी हो, मेरी जिम्मेदारी थी कि सभी काम कुशलता से और उच्चतम मानकों पर किए जाएं।

काम कभी-कभी चुनौतीपूर्ण और मैला होता था, लेकिन यह बेहद संतोषजनक भी था। मरम्मत के बाद मशीन को फिर से दुरुस्त अवस्था में आते देखकर और जानकर कि यह पुनः काम के लिए तैयार है, एक अद्भुत अनुभूति होती थी। हर दिन हमारे सामने नई चुनौतियाँ और नई उपलब्धियाँ होती थीं। मुझे यह काम पसंद था और मैं इसे किसी अन्य काम के लिए छोड़ नहीं सकता था।

परंपराएँ, मूल्य और रीति-रिवाज, एक अविस्मरणीय स्मृति

सेना की शिष्टाचार के अनुसार, एक नए पोस्ट किए गए अधिकारी को अपने स्टेशन पर आने के पंद्रह दिन के भीतर अपनी यूनिट के विवाहित अधिकारियों के परिवार से मिलने जाना होता है, और बदले में वे आपको रात के खाने के लिए आमंत्रित करते हैं। इसलिए, मैंने कैप्टन रवि के घर दो बार जाने और एक बार उनके यहां रात के भोजन पर जाने का फैसला किया। उनकी पत्नी, सैंडेन, एक विनम्र और मृदुल महिला थीं, और उनके एक छोटी बच्ची, वंदना,

15 एक crawler tractor का इस्तेमाल निर्माण कार्यों में होता है।

थी। मैं उनकी मेहमान नवाज़ी और गर्मजोशी से अभिभूत था। रवि EME स्कूल वडोदरा में एक कोर्स पर थे और स्टेशन छोड़ चुके थे।

एक दिन शाम, लगभग 7 बजे, मैंने सेंडेन के घर जाने का निर्णय लिया। मैंने कॉलिंग बेल बजाई, और उसने आकर खुशी-खुशी मुझे अपने बच्चे के साथ स्वागत किया। औपचारिकताओं के बाद, उसने कहा कि वह सबके लिए रात का खाना तैयार कर रही है और तब तक मैं बच्ची के साथ खेल सकता हूँ। उस महिला की स्नेह से मैं उत्साहित हो गया। रात के खाने के दौरान, हमने अपने परिवारों और दोस्तों के बारे में बहुत बात की। खाने के बाद, उसने मुझसे पूछा कि क्या मैं कॉफी लेना चाहूंगा। मैंने तुरंत सहमति दी और फिर हम कॉफी पीते हुए बातें करने लगे।

सेंडेन अंग्रेजी में विशेष रूप से अच्छी थीं। मैं भी इसमें अच्छा था। जब मैंने बताया कि मैं कॉलेज में अंग्रेजी एसोसिएशन का सचिव रहा हूँ, तो उसने मेरें कौशल का अंदाज़ा लगा लिया।

“क्या आप जानते हैं मेरे नाम का अर्थ, सेंडेन?” “नहीं?” मैंने कहा।

“सेंडेन का अर्थ है, शुद्ध शहद की तरह मीठा,” उसने कहा।

“मैंने इसे नहीं चखा,” मैंने जवाब दिया।

हम दोनों हंस पड़े। इस बीच, बच्ची को नींद आ गयी और वह खाने की मेज पर ही सो गयी। जब हमारी हंसी थम गई, तो हमने कुछ अंग्रेजी शब्दों की विचित्रताओं और समानताओं पर चर्चा शुरू की।

अचानक, उसने शरारती आँखों के साथ मुझसे पूछा, “पादरी और महिला में क्या अंतर है?” मैं चौंक गया, क्योंकि वह हास्य के एक ऐसे क्षेत्र में गई, जिससे मैं अपरिचित था। वह अनैतिक मजाक और किस्से बता रही थी। हमने “ऊँचाइयों और समानताओं” पर मजाक साझा किए और मस्ती भरी बातें कीं। हंसी के बीच, हमारा बंधन मजबूत हुआ। ये हंसी मजाक बरबस हमें सहजता और समझ की एक नई दुनिया में ले गये और हम दोनों खुशी से हंसते रहे।

हे ईश्वर, मैंने खुद से कहा, सेंडेन प्रतिभाशाली है। हम दोनों एक-दूसरे की कंपनी पसंद करते थे। हमारे बीच कैमिस्ट्री अच्छी थी। अब उसे अपने ज्ञान से प्रभावित करने की मेरी बारी थी । इसलिए मैंने उससे पूछा, “क्या आप

हाथों की रेखाओं के बारे में जानती हैं?" उसने कहा, "नहीं।" मैंने कहा। "ठीक है, अपना हाथ दिखाओ"। फिर, मैंने उसे जीवन रेखा, भाग्य रेखा, और हृदय रेखा के बारे में बताया।

अचानक घर की कॉलिंग बेल बजी। सैंडेन डर गई और दरवाजा खोलने गई। लेकिन बाहर कोई नहीं था। वंदना अभी भी मेज पर सो रही थी। इसलिए, सैंडेन तेजी से वापस आई और बच्ची को अपनी बाहों में उठा लिया। मैं भी दरवाजे की ओर भागा। वहाँ कोई नहीं था। घर पहली मंजिल पर था। मैं सीढ़ियों से नीचे दौड़ा। एक युवक फर्श पर कम्बल लपेटे सो रहा था। शायद वह परिसर का गार्ड था। मैंने कंबल खींचा और पूछा कि क्या वह ऊपर आया था। उसने कहा, "नहीं"। तो, मैं वापस घर आया। रात के 10 बज रहे थे, और हमें पता ही नहीं चला कि इतना समय हो गया था।

मैंने सैंडेन को 'शुभ रात्रि' कहा और अपनी साइकिल से वापस आया। जहां गार्ड सो रहा था, वहीं मैंने साइकिल खड़ी की और ऑफिसर्स मेस की ओर दौड़ पड़ा। मैं बहुत शर्मिंदा था। मैंने इस घटना के बारे में किसी को नहीं बताया। मुझे लगा कि सैंडेन भी ऐसा ही करेगी। रवि एक शॉर्ट कोर्स के बाद लौटे और यूनिट में शामिल हुए। एक दिन, उन्होंने मुझे अपने ऑफिस बुलाया। वहां एक और अधिकारी बैठे थे। उन्होंने मुझसे पूछा, "उस रात क्या हुआ?" "कुछ नहीं, सर," मैंने हिचकिचाते हुए कहा। दोनों हंस पड़े। फिर रवि ने मुझे बताया कि आर्मी प्रोटोकॉल के अनुसार, जब उनके पति दूर हों, तो महिलाओं के पास अकेले नहीं जाना चाहिए। "हाँ, सर," मैंने कहा। उन्होंने कुछ और बातें समझाईं। मैं सुनने में भ्रमित हो गया, यह नहीं समझ पा रहा था कि क्या कहूं या क्या करूं। मेरा मन चक्कर खा रहा था, और उनके शब्द अर्थहीन धुंध में बदल रहे थे। मैं केवल इतना जानता था कि सैंडेन ने उन्हें इस घटना के बारे में बताया था, और मैं फंस गया था।

रवि ने मेरी स्थिति देखी, इसलिए उन्होंने रुककर मेरी आँखों में देखा। "क्या तुम ठीक हो?" उन्होंने पूछा। मैंने सिर हिलाया, धुंध को हटाने की कोशिश करते हुए। "नहीं, नहीं, मैं ठीक हूँ।"

मैं सैंडेन से उन्हें किसी भी प्रकार की असुविधा पहुंचाने के लिए माफी मांगना चाहता था उन्हें किसी भी प्रकार की असुविधा पहुंचाने के लिए और मैंने यह तय किया कि मैं ऐसा गलती कभी नहीं करूंगा। रवि ने तुरंत कहा, "जेम्स, तुम कितने प्यारे हो।" 'कोई गलतफहमी न हो। हम दोनों तुमसे

प्यार करते हैं।' मैंने कैप्टन रवि की सलाह को गंभीरता से लिया और सेना की शिष्टाचार की बारीकियों के बारे में जानकारी हांसिल करना शुरू किया।

शिष्टाचार के पाठ ने सैन्य जीवन के हर पहलू को प्रभावित किया। इनमें समय की पाबंदी, रैंक और वरिष्ठता का सम्मान, अनुशासन, वफादारी, और टीम वर्क का महत्व शामिल था। अधिक सूक्ष्म रूप से, इसमें यह भी शामिल था कि विभिन्न अवसरों पर कोई स्वयं को कैसे प्रस्तुत करता है; विशेष चर्चाओं की क्या उपयुक्तता है और कैसे सम्मानपूर्वक असहमति या चिंता व्यक्त की जाए।

ये शिक्षाएँ भाईचारे और पेशेवरिता के बीच नाजुक संतुलन सिखाती थीं, सम्मान और परिचितता के बीच की महीन रेखा को समझाती थीं। अपने सैन्य जीवन की शुरुआत में, इन शिक्षाओं ने मुझे एक अधिक जिम्मेदार और जागरूक सामुदायिक सदस्य बनने में मदद की।

*****

जून 1973 में, कैप्टन आर एस बत्रा, एक सिख अधिकारी जो बाद में मेजर जनरल बने, अपने स्टाफ कॉलेज कोर्स के बाद यूनिट में शामिल हुए। वह एक ऊर्जावान अधिकारी थे, खुशमिजाज, बुद्धिमान और आकर्षक। मैं उनसे पूरी तरह प्रभावित था। उनके दोस्त उन्हें प्यार से "रुपी" कहते थे। वह चंडीगढ़ के निवासी थे और यह उनकी गृह पोस्टिंग थी। उनके पास एक बजाज स्कूटर[16] था और वह एक अविवाहित अधिकारी होने के कारण ऑफिसर्स मेस में रह रहे थे। अब मैं उनके साथ यूनिट में उनके पिलियन राइडर के रूप में जा सकता था।

रुपी को ब्रिज कार्ड गेम (Bridge card game) खेलने का बहुत शौक था। वह ऑफिसर्स मेस में कभी भी बैठकर ब्रिज खेल सकते थे। रुपी अक्सर हमें अपने आर्मी दिनों के रोमांचक किस्से सुनाते, जिसमें घुड़सवारी का प्रेम एक सामान्य विषय था। वेलिंगटन में उनकी पूर्व पोस्टिंग के दौरान, उनकी शान महिलाओं के बीच प्रसिद्ध थी। एक दिन, मेरी जिज्ञासा ने मुझे उनसे पूछने को मजबूर किया, "क्या आपने कभी उन्हें घुड़सवारी की शिक्षा दी?" उन्होंने हंसते हुए कहा, "मुख्य रूप से विदेशी महिलाओं को।"

---

16 दो पहियों वाली वाहनों का एक प्रसिद्ध ब्रांड।

कैप्टन रुपी बत्रा मेरे लिए एक मेंटर की तरह थे। वह अपने क्षेत्र में विशेषज्ञ थे। उन्होंने EME वर्कशॉप प्रक्रियाओं, उपकरणों की समस्याओं का निदान, उनकी मरम्मत, संशोधन करने और सुधार लागू करने में मेरा मार्गदर्शन किया। उन्होंने मुझे उपकरण प्रबंधन और सैन्य इकाइयों को इंजीनियरिंग सहायता प्रदान करने के बारे में भी सिखाया। मैं उनके मात्र दर्शन के लिए अत्यधिक आभारी हूं, जिसने मेरी पेशेवर यात्रा को बहुत प्रभावित किया।

मैं रुपी के प्रति लगाव महसूस करने लगा क्योंकि उन्होंने मुझे कई और चीजें सिखाईं। उनमें से एक पार्टी खेल थे। मैं उनके पार्टी खेलों का सहायक था। सामाजिक पहलुओं में, मेरी सेवा के दौरान रुपी मेरा आदर्श बन गए। यह वह समय था जब ऑफिसर्स इंस्टीट्यूट (Kharga Institute) का उद्घाटन हुआ। कॅन्टोनमेंट में उत्सव और जश्न का माहौल था। लेफ्टिनेंट जनरल टी. एन. रैना के नेतृत्व में कोर ने कई उपलब्धियाँ हासिल की थीं। 1971 के भारत-पाक युद्ध के दौरान, कोर ने खुलना, जेसोर, मगुरा और फरीदपुर जैसे महत्वपूर्ण शहरों पर कब्जा किया तथा गंगा और पद्मा नदियों के बीच के क्षेत्र को नियंत्रित किया। अब, केवल कोर ही ऑपरेशनल क्षेत्रों से चंडीमंदिर लौट आया था; कोई आश्चर्य नहीं कि विजयी सेना जश्न मना रही थी।

मुझे याद है कि इंस्टीट्यूट में एक लेडीज नाइट का आयोजन हुआ, जहाँ महिलाएं अधिकारियों का स्वागत कर रही थीं। यह कार्यक्रम फैशन परेड, मनमोहक गानों, ऊर्जावान नृत्य और दिलचस्प पार्टी खेलों का एक जीवंत मिश्रण था। लेफ्टिनेंट जनरल के.पी. कैंडेट, पीवीएसएम, पश्चिमी सेना के कमांडर, ने मुख्य मंच पर उपस्थित होकर फैशन परेड को जज करने का काम किया और भाग लेने वाली महिलाओं से बातचीत की। कार्यक्रम के दौरान, उनकी खुशमिज़ाजी सभी को स्पष्ट दिखाई दी।

एक और समय, एक जीवंत पार्टी के दौरान, हमने "क्वीन ऑफ शीबा" खेल खेला, जहाँ 'क्वीन' विभिन्न वस्तुओं के लिए पूछती है, और समूह जल्दी से उन्हें लाने के लिए प्रतिस्पर्धा करते हैं। खेल तब मजेदार मोड़ ले लिया जब 'क्वीन' ने ब्रा मांगी, और सभी भाग लेने वाली महिलाएं जल्दी से विश्रामगृह की ओर दौड़ पड़ीं। इस असामान्य और मजेदार दौड़ ने हमारी पार्टी में अनोखे यादगार पल जोड़ दिये।

मैं चंडीमंदिर छावनी से प्यार कर बैठा था, जो हरियाणा के पंचकुला के पास शिवालिक पहाड़ियों की तलहटी में स्थित थी। मैं यहाँ घूम सकता था,

पिंजोर गार्डन और सुव्यवस्थित चंडीगढ़ का दौरा कर सकता था, और वहां की खुशनुमा और ठंडी हवा का आनंद ले सकता था। यह नवंबर 1973 का समय था। हालांकि, मेरी यूनिट के जीवन के छह महीने के भीतर, सेना मुख्यालय (AHQ) ने मुझे पुणे के कॉलेज ऑफ मिलिट्री इंजीनियरिंग में EME डिग्री इंजीनियरिंग कोर्स के लिए नियुक्त किया। इसके बाद, मैं सिकंदराबाद में मिलिट्री कॉलेज ऑफ इलेक्ट्रॉनिक्स एंड मैकेनिकल इंजीनियरिंग (MCEME) में दूसरे चरण के लिए आगे बढ़ा।

कोर्स समाप्ति से लगभग दो से तीन महीने पहले, एक सप्ताहांत पर, जब मैं दोस्तों के साथ MCEME बार में लंच के समय बीयर पी रहा था, तो वहां भविष्य की पोस्टिंग के बारे में चर्चा हो रही थी। कुछ शॉर्ट सर्विस (SS) अधिकारियों ने आत्मविश्वास से अपनी संभावित पोस्टिंग के बारे में बात की और इसके फायदे और नुकसान पर विचार किया। मैं चर्चा से अलग हो गया। मुझे बोरियत हो रही थी।

दीवारों के करीब एक सोफे पर बैठकर मैंने जोर से कहा, "मेरे जैसे आम लोगों का कौन ख्याल रखेगा?" अचानक, मेरे सामने बार-स्टूल पर बैठे एक अधिकारी ने कहा, "किसने कहा?" "मैं, सर। जेम्स।"

"हाँ, जेम्स। तुम कहाँ जाना चाहते हो?"

मैंने कभी इस तरह से नहीं सोचा था। सभी चुप थे, मेरी प्रतिक्रिया का इंतजार कर रहे थे। अंततः, मैंने एक त्वरित जवाब दिया। "सर, तिरुवनंतपुरम[17]।" उन्होंने पूछा, "तुम वहाँ क्यों जाना चाहते हो?" "मुझे नहीं पता था कि मुझे क्या कहना चाहिए। मेरे मन में जो एकमात्र जवाब आया, वह था, "सर, मैं शादी करना चाहता हूँ।" शुक्र है, उन्होंने मुझसे और सवाल नहीं पूछे। हालांकि, मेरा उत्तर मुझे भी ज्यादा विश्वास दिलाने वाला नहीं लगा।

"ठीक है, मुझे याद दिलाना जब मैं नई दिल्ली पहुँचूँगा।"

बाद में, मैंने अन्य सीनियर्स से पूछा कि वह कौन थे, और उन्होंने बताया कि वह सेना मुख्यालय स्थैतिक वर्कशॉप[18], नई दिल्ली के कमांडिंग ऑफिसर

17 केरल की राजधानी।

18 कार्यशाला एक ऐसा शब्द है जिसका उपयोग पुस्तक में निरंतर किया गया है और यह एक EME इकाई को संदर्भित करता है, जिसमें सभी प्रकार के उपकरणों की मरम्मत

(CO) थे। सबने कहा, "जेम्स, तुमने जैकपॉट मारा है।" मेरे दोस्त कैप्टन एस.पी. चौधरी (बाद में मेजर जनरल) उनके साथ उसी यूनिट में थे। उनके दिल्ली पहुचते ही एक दिन के भीतर, मैंने एस पी को फोन किया। उन्होंने कहा, "मैं देखता हूँ।" जैसा कि वादा किया गया था, जब पोस्टिंग आदेश आया, तो मुझे 340(I) ब्रिगेड की स्वतंत्र वर्कशॉप; 203(I) वर्कशॉप कंपनी, में तिरुवनंतपुरम में पोस्ट किया गया। मैं आज भी हैरान हूँ; यह परियों की कहानी जैसा था।

*****

मैं कप्तानके रूप में पदोन्नति प्राप्त कर 340वीं इन्फेंट्री ब्रिगेड में शामिल हुआ, जो केरल की एकमात्र नियमित सेना इकाई थी। दुर्भाग्यवश, इस यूनिट में सीमित पद थे, जिसमें कप्तान स्तर पर केवल दो इलेक्ट्रिकल और मैकेनिकल इंजीनियर (EME) अधिकारियों के लिए जगह थी।

इसलिए, यह एक जैकपॉट था क्योंकि यह मेरे गृह राज्य में था। ब्रिगेड कमांडर थे ब्रिगेडियर एन.एस.आई. नरहरी (बाद में लेफ्टिनेंट जनरल)। मेरे OC थे मेजर आर. श्रीधरन (बाद में ब्रिगेडियर)। यूनिट में एक अन्य अधिकारी कैप्टन वर्गीज जैकब (बाद में ब्रिगेडियर) थे। अगस्त 1977 में, मैंने जोधपुर[19] में एक रेगिस्तान युद्ध पाठ्यक्रम में भाग लिया, जिसका आयोजन स्थानीय गठन (Local Formation) द्वारा किया गया था—पाठ्यक्रम की अवधि 21 दिन थी। हमने रेगिस्तान की विशिष्टताओं, रिकवरी ड्रिल, इस क्षेत्र से संबंधित मरम्मत और रखरखाव के पहलुओं, और रात में नेविगेशन के बारे में सीखा। पाठ्यक्रम के बाद, मैंने एक महीने की वार्षिक छुट्टी ली और बाकी की छुट्टी क्रिसमस के समय लेने की योजना बनाई। छुट्टी के बाद, OC ने मुझे राजस्थान में एक बड़े सैन्य अभ्यास के लिए कंपनी की तैनाती के बारे में सूचित किया। मुझे त्रिवेंद्रम से साबरमती तक विशेष ट्रेन से यात्रा करनी थी। साबरमती से, यात्रा सड़क मार्ग से थी। मुझे खुशी थी कि मुझे लोडिंग टेबल तैयार करने, सभी संचालन प्रक्रियाओं का अध्ययन करने और कंपनी कमांडर के रूप में व्यावहारिक अनुभव प्राप्त करने का एक उत्कृष्ट अवसर मिला। दुर्भाग्यवश, इसका मतलब था कि मैं अपने भाई ओ.ए. थॉमस की

और रखरखाव के लिए सुविधाएं होती हैं, जिसको वह सहायता प्रदान कर रही है। यह किसी अन्य सैन्य इकाई की तरह है।

19 थार रेगिस्तान क्षेत्र में पश्चिमी राजस्थान का एक महत्वपूर्ण शहर।

शादी में सम्मलित होने का अवसर खो सकता था, जबकि मैं अपने गृह राज्य में तैनात था।

हम 25 जनवरी को आठ दिन बाद हम साबरमती, अहमदाबाद पहुंचे। मैंने कभी नहीं सोचा था कि विशेष ट्रेनें इतनी धीमी गति से चलेंगी। हमने निर्धारित क्षेत्र में तंबू लगाए। हमने बाड़मेर के लिए मेहसाना-दीसा के माध्यम से जाने के लिए दूसरे स्तर का परिवहन आने का इंतजार किया। तब तक एक अन्य अधिकारी, कैप्टन जी.सी. चौधरी, यूनिट में शामिल हो चुके थे। उनकी सबसे प्रमुख विशेषता उनकी विशेष लंबी, चौड़ी और मोटी मूंछें थी।

*****

मैं अपनी सैन्य सेवा के दौरान इस स्थान पर एक सबसे मजेदार घटना का गवाह बना। यह हमारे कंपनी में जवानों के लिए वेतन वितरण का दिन था। तब जवानों का वेतन भारतीय स्टेट बैंक से इकट्ठा करना होता था, जो सुरक्षा के तहत स्टील के ट्रंक में लाया जाता था। फिर, जवान लाइन में लगते और अधिकारी के पास जाते, जो उनके वेतन बुक की जांच करता, सही प्रविष्टि की पुष्टि करता, नोटों की गिनती करता और भुगतान करने के बाद वेतन बुक पर हस्ताक्षर करता। यह प्रक्रिया काफी समय लेने वाली थी।

हमारे हीरो चौधरी ने प्रक्रिया को तेज करने के लिए एक सरल योजना बनाई। पहले, उसने सभी पैसे एक बड़े तंबू के अंदर एक टेबल पर ढेर लगा कर रख दिए। फिर, एक नाटकीय मुद्रा में, अपने मूंछों को फिल्म के खलनायक की तरह घुमाते हुए, उसने इकट्ठे हुए जवानों को आत्मविश्वास से संबोधित किया। चौधरी ने बताया कि सब क्रम से एक एक करके तंबू में प्रवेश करेंगे और ढेर में से हर सैनिक केवल उतनी राशि उठा लेंगा जिसे प्राप्त करने की उसे अनुमति है। फिर बाहर आने की अनुमति मिलते ही सभी अपनी अपनी राशि लिए हुए क्रम से प्रवेश द्वार के बाहर निकलेंगे। जब सभी अपनी राशि लेकर बाहर आ चुकेंगे तब वह सभी वेतन पुस्तकों पर एक साथ हस्ताक्षर करेगा।

फिल्म जैसे दृश्य के अंदाज में, चौधरी तंबू के बाहर बैठा, अपने स्टेन गन को पकड़े हुए। मूंछों को नाटकीय ढंग से घुमाते हुए, वह पूरी तरह से फिल्मी हीरो की तरह लग रहा था। आश्चर्यजनक रूप से, पूरी प्रक्रिया बेहद कुशलता

से संपन्न हुई। लगभग सौ जवानों ने केवल चालीस मिनट में अपना वेतन इकट्ठा कर लिया, जबकि सामान्यतः यह कम से कम चार घंटे का समय लेता था। कप्तान चौधरी की शानदार मूंछों के लिए धन्यवाद। उनकी चतुराई भरे समाधान ने सभी को चौंका दिया।

*****

हमको 27 जनवरी को दूसरी पंक्ति के परिवहन के लिए इजाज़त मिली। मेरे भाई की शादी 29 जनवरी को थी। हमारे ऑफिसर कमांडिंग (OC), मेजर आर श्रीधरन, उसी दिन साबरमती में हमारे साथ शामिल हुए। मेरे पास अपने भाई का शादी का निमंत्रण पत्र था। मैंने एक कार्ड OC को दिया। उन्होंने मुस्कराते हुए कहा कि अगर वह तिरुवनंतपुरम में होते, तो वह शादी में जरूर आते। उन्होंने यह भी कहा कि मैं कंपनी के बाड़मेर स्थान पर पहुंचने के बाद शादी में जा सकता था। लेकिन यह एक व्यावहारिक समाधान नहीं था। मैंने अपने जवानों के साथ रहने और अपने भाई की शादी छोड़ने का निर्णय लिया। यह एक दर्दनाक निर्णय था। लेकिन यही मैंने IMA में सीखा था: आत्म-बलिदान का चेत्तवुडियन उद्देश।

हम 28 जनवरी 1978 को दीसा[20] पहुंचे। उस दिन, हमने अपने भाई ओए थॉमस की शादी एक दिन पहले मनाई। क्योंकि अगले दिन से हमें व्यस्त हो जाना था क्योंकि हमारी गतिविधियाँ रणनीतिक होने वाली थी। जल्दी ही, हम बाड़मेर पहुंचे, अपने तैनाती आदेश प्राप्त किए और खाइयाँ खोदना शुरू किया। हमें अगले दिन 'स्टैंड टू' ड्रिल के लिए तैयार रहना था। मेजर श्रीधरन को रणनीतियों के बारे में बहुत कुछ पता था, और मैं भी उनके तहत तेजी से सीख रहा था। वह मुझसे दस साल सीनियर थे और उनके पास रेगिस्तानी युद्ध का मूल्यवान अनुभव था। उनके साथ होने पर, हम किसी भी स्थिति के लिए अच्छी तरह से तैयार थे।

लेकिन आश्चर्य की बात यह थी कि हमें सैन्य अभ्यास के दौरान मेजर श्रीधरन के स्थानांतरण की खबर मिली। श्रीधरन एक प्रभावशाली नेता थे, और उनकी पत्नी, ललिता, सभाओं में ध्यान आकर्षित करती थीं। वे अक्सर युगल गीत प्रस्तुत करते थे, जो कार्यक्रमों का मुख्य आकर्षण बन जाते थे। मैं उनके जाने से होने वाले खालीपन के बारे में सोचने लगा। मैं उनकी बहुत

20 गुजरात राज्य का एक नगरपालिका नगर।

इज्जत करता था, और उन्होंने भी मुझसे अच्छा संबंध रखा था। उनके जाने का विचार मुझे दुखी कर गया।

*****

नए OC थे मेजर उदय चंदर। जब मैंने पहली बार उन्हें देखा, तो वह एक सुस्त, लापरवाह तकनीकी ग्रेजुएट की तरह लगे। लेकिन जैसे ही मैंने उन्हें उनकी जीप में सुनसान और सूखी रेगिस्तानी पथों पर घूमाया, मेरा नजरिया बदल गया। वह अपनी पसंदीदा रम को एक हिप फ्लास्क से चूसते थे। मुझे एहसास हुआ कि वह कुशाग्र, बुद्धिमान और सटीक दृष्टिकोण वाले एक प्रतिभाशाली व्यक्ति हैं, जिन्हें उनके स्टाफ कॉलेज कोर्स[21] के अनुभव ने एक रणनीतिक जादूगर बना दिया है।

*****

श्रीधरन और जैकब। मैं इन दोनों अधिकारियों और उनके परिवारों से तिरुवनंतपुरम में पहली बार मिला। हालाँकि, यह रिश्ता तब से लगातार बना हुआ है। मैं इन अधिकारियों के अडिग समर्थन और मार्गदर्शन के लिए अपनी गहरी कृतज्ञता और प्रशंसा व्यक्त करना चाहता हूँ। वे मेरी सैन्य यात्रा के अंतिम चरणों में मेरे साथ रहे थे। ज्योंही मैं उन कई अवसरों को याद करता हूँ जब उनकी स्थिर उपस्थिति ने मेरी ताकत और साहस को बढ़ाया, तो मुझे लगता है कि तिरुवनंतपुरम में मेरी पोस्टिंग मात्र एक संयोग से अधिक थी। ऐसे अद्भुत अधिकारियों के साथ काम करना और उनके परिवारों से परिचित होना मेरे लिए एक विशेषाधिकार जैसा था। मैं इस सुकृत मोड़ को 'कैप्टन का जैकपॉट' के रूप में देखता हूँ - एक दिव्य योजना। इस अवधि के दौरान मेरी से मैरी शादी ने मेरे विश्वास को और भी मजबूत किया। उनकी उपस्थिति ने मेरी जीवन यात्रा को तराशा और बेहतर बनाया।

21 तमिल Nadu के वेलिंगटन में रक्षा सेवा स्टाफ कॉलेज में एक पाठ्यक्रम, जहां सभी तीनों सेनाओं के स्टाफ अधिकारियों के लिए प्रशिक्षण दिया जाता है।

संयोगमय प्रेम: एक शशक्त बंधन की धुन

मेरा तिरुवनंतपुरम में एक साल का प्रवास अद्भुत था। बाड़मेर, जैसलमेर और पोखरन की रेतीली भूमि पर रणनीतिक अभ्यास के दौरान, मैं अपनी यूनिट के स्थान से गुजरात और राजस्थान की यात्रा करता रहा।, इसके अतिरिक्त, मुझे ऊटी हिल स्टेशन पर अधिकारी कमांडिंग के रूप में कार्य करने का अवसर मिला। कर्तव्य के प्रति अटूट श्रद्धा के साथ मैंने इस कठिन समय का सामना किया। तिरुवनंतपुरम से सिकंदराबाद के लिए ट्रांसफर वह अंतिम मोड़ था जहां मुझे MCEME सिकंदराबाद में एक शॉर्ट ऑफिसर्स रेडियो उपकरण कोर्स में शामिल होना था। कोर्स के बाद एक नई पोस्टिंग का आदेश आना था और मुझे 27 अगस्त तक रिपोर्ट करना था, जिसके लिए तीन महीने से भी कम समय बचा था। यह विचार मेरे दिल की धड़कनें तेज कर रहा था। मैं शादी करने के लिए उत्सुक था, लेकिन एक उपयुक्त साथी मिल नहीं रहा था। हालांकि मेरे पिता ने मुझे चुनने की अनुमति देदी थी, लेकिन मैंने पारंपरिक रास्ता अपनाने का निर्णय लिया और अपने माता-पिता से संभावित जीवनसाथी खोजने के लिए कहा। एक महीने के भीतर, उन्होंने मुझे मेरी भविष्य की पत्नी, मैरी से मिलवाया। श्री एम वी चाको और श्रीमती रोसाम्मा चाको की बेटी मैरी मेरे घर से केवल 35 किलोमीटर दूर रहती थीं, ।

मैरी अच्छी तरह से शिक्षित थी और अब कॉलेज के बाद अपने मां की मदद कर रही थी। हमें उससे मिलना था, बात करनी थी, और फिर निर्णय लेना था। तो, तिरुवनंतपुरम से मैं अपने चाचा के साथ अपनी येज़्दी मोटरसाइकिल से मुल्लोंकल हाउस - चाकोंपथल[22], वाज़ूर, कोट्टायम में **मैरी** के घर की ओर चल पड़ा। जब हम अपने गंतव्य से लगभग पांच किलोमीटर दूर पहुंचे, तो तेज बारिश शुरू हो गई। लेकिन हम परेशान नहीं हुए। हमने मोटरसाइकिल सड़क के किनारे पार्क की, एक जीप रोकी और बारिश के बीच अपनी यात्रा जारी रखी। घर एक छोटी पहाड़ी पर था। वहां की प्राकृतिक सुंदरता देखते ही बनती थी; कॉफी, रबर, इलायची के बागान और आधा दर्जन मुल्लोंकल घर मन मोहक थे। जीप चालक ने बताया कि मुल्लोंकल सर एम वी चाको का घर पास में है। वह स्थानीय स्कूल के प्रधानाध्यापक थे। घर मुख्य सड़क से एक सौ मीटर दूर था, जिसमें एक निजी जीप ट्रेल था। परिवार

22 एक गांव जो अद्भुत प्राकृतिक सुंदरता से भरपूर है, **मैरी** का जन्मस्थान।

ने हमारा स्वागत किया। जैसे ही मैरी ने कमरे में प्रवेश किया, उनकी मधुर मुस्कान और शरबती आंखों तुरंत हमारा ध्यान आकर्षित किया। पारंपरिक भारतीय साड़ी में सजकर, वह आभा और आकर्षण का प्रतीक बन गईं।

पहली नजर में ही, हम दोनों एक-दूसरे को पसंद आ गये। मुझे अपनी भविष्य की पत्नी के बारे में कोई संदेह नहीं था। उन्होंने मुझसे कोई सवाल नहीं पूछा। मैरी की बहन ने सबसे ज्यादा बात की। जैसे ही घड़ी ने शाम के 5 बजने का संकेत दिया, हमारी एक घंटे की मुलाकात समाप्त हो गई। स्थानीय परंपराओं का अनुसरण करते हुए, मैरी के माता-पिता और परिवार ने आगे की चर्चाओं के लिए हमारे घर आने की योजना बनाई। इस समय तक, संभावित दूल्हा-दुल्हन ने अपने अपने परिवार वालों को अपने विचार बता दिए थे। हमारी शादी को शीघ्रातिशीघ्र समपन्न कराने में मेरे करिश्माई चाचा की महत्वपूर्ण भूमिका रही। विस्तृत चर्चाओं के बाद, हमने अपने विवाह समारोह के लिए दिनांक, 21 अगस्त 1978, गुरुवार, और समारोह स्थल, सेंट मेरीज़ मेट्रोपोलिटन चर्च, चांगनाचेरी[23] तय किए। सगाई, तीन दिन पहले, 18 अगस्त को, मार स्लेबा चर्च, एलेंगोई, वज़्हूर में होना निश्चित हुई। सब कुछ बहुत जल्दी हुआ। मैं केवल उसी लड़की से शादी कर रहा था, जिसे मेरे माता-पिता ने मेरे लिए ढ़ूढा था। हमारे परिवारों को एक-दूसरे के परिवार या

23 कोट्टायम में एक नगरपालिका नगर जहां लेखक का संबंध है।

मेरे कार्य क्षेत्र के बारे में कोई पूर्व जानकारी नहीं थी। कैप्टन वरघीज़ जैकब ने शादी के लिए 7वीं मद्रास पाइप बैंड का प्रबंध किया। बैंड पार्टी वाले ट्रेन से आए। बैंड का पहला प्रदर्शन हमारे घर पर हुआ। सभी स्थानीय लोग बेहद खुश और उत्साहित हो गए।

बैंड पार्टी फिर मेरे घर से सामने सड़क पर मार्च करती हुई चली। हमने चर्च के पेरिश हॉल में रिसेप्शन का आयोजन किया था। चर्च में शादी के बाद, बैंड पार्टी ने मुझे पेरिश हॉल तक पहुंचाया। चंगनाचेरी शहर में मेरी जानकारी के अनुसार सैन्य बैंड का यह पहला प्रदर्शन था और सभी ने इसकी सराहना की।

शादी के अगले दिन, हम तिरुवनंतपुरम ऑफिसर्स' मेस में थे। इसलिए, मैरी का स्वागत और विदाई एक ही बार में हुई, और हम 24 अगस्त, 1978 को रेडियो उपकरणों पर शॉर्ट कोर्स के लिए MCEME, सिकंदराबाद के लिए रवाना हुए।

*****

कोर्स पूरा करने के बाद, मुझे सिक्किम में एक EME बटालियन में पोस्ट किया गया। चूंकि मेरी पत्नी **मैरी** गर्भवती थी, मैंने उसे उसके घर छोड़ दिया और सिक्किम के लिए निकल पड़ा। बटालियन मुख्यालय पर, मुझे पूर्वी सिक्किम[24] में उच्च ऊंचाई पर स्थित फील्ड वर्कशॉप कंपनी में रिपोर्ट करने के आदेश मिले। मैंने फरवरी 1979 में यूनिट में रिपोर्ट किया। वर्कशॉप 17 मील, क्यांग्नोसला में थी और इसे एक मेजर कमांड कर रहा था। मैं वर्कशॉप अधिकारी था। ऊंचाई लगभग 12,000 फीट थी। मैं तीन दिनों तक ट्रांन्जिट कैम्प (Transit Camp) में अनुकूलन के लिए रहा। उच्च ऊंचाई पर हवा में ऑक्सीजन की कमी के कारण, अनुकूल होना पड़ता है।

अगर कोई तेजी से चलने या कोई शारीरिक गतिविधि करने की कोशिश करता, तो वह तेजी से सांस लेने लगता। जब मैं फील्ड वर्कशॉप स्थान पर पहुंचा, तो मुझे उच्च ऊंचाई तथा अत्यधिक ठंड वाले मौसम के कपड़े (ECC) जारी किए गए। ये बहु-स्तरीय कपड़े थे, जिनमें जैकेट, बालाक्लावा कैप, दस्तानें, ऊनी पैंट, शर्ट और थर्मल पहनावा, बर्फ के जूते, और ऊनी मोजे शामिल थे। हम गैल्वनाइज्ड आयरन (CGI) शीट्स से बने कमरों में रहते थे,

24 भारत का एक उत्तरपूर्वी राज्य, जो भूटान, तिब्बत और नेपाल से घिरा हुआ है।

जिनमें थर्मोकोल पैकिंग थी। कमरे के बीच में एक भुखारी (Bukhari)[25] स्टोव था, जिसमें ईंधन के लिए केरोसीन का जरीकैन था और धुएं और गैस के बाहर निकलने के लिए एक निकास चिमनी थी। कार्बन मोनोक्साइड विषाक्तता का जोखिम गंभीर था, इसलिए हमें सतर्क रहना पड़ता था। मैं सोने से पहले भुखारी बंद कर देता था। हमारे कमरे से जुड़े एक छोटे स्थान में बाथरूम था। उसमें एक CGI शीट का दरवाजा था और मुश्किल से एक कोमोड और एक तौलिया स्टैंड की जगह थी। हमारे पास स्नान के लिए दो बाल्टियां थीं। एक लकड़ी का कोमोड था, जिसे हर सुबह एक सफाई कर्मी साफ करता था, और स्नान का पानी पास के अस्थायी भूमिगत सेप्टिक टैंक में बह जाता था। यह सेटअप बिना पानी के मानव अपशिष्ट का निपटान करता था।

मार्च से जुलाई तक, इस स्थान पर सूरज सुबह लगभग 04:30 बजे उगता था और 17:00 बजे अस्त होता था। इसलिए, वर्कशॉप सुबह 07:30 बजे शुरू होती थी और 16:00 बजे बंद होती थी। हमें बर्फ पर चलने के लिए नॉन-स्किड स्नो चेन वाले वाहनों का उपयोग करना पड़ता था। सबसे ज्यादा जरूरी था सैनिकों के जीवन की सुरक्षा और उच्च ऊंचाई पर हथियारों और उपकरणों की मरम्मत की क्षमता। मुख्य स्थान पर कुछ महीनों के बाद, कमांडिंग ऑफिसर (सीओ) ने मुझे एक उच्च ऊंचाई पर एडवांस वर्कशॉप डिटैचमेंट (AWD) में पोस्ट किया।

AWD स्थान "नेहरू हट" के नाम से जाना जाता था, क्योंकि ऐसा विश्वास था कि नेहरू कभी इस हट में आए और ठहरे थे। यह पोस्टिंग मेरे लिए एक कुशल पेशेवर काम करने का बेहतरीन अवसर था। सबसे पहले, मैंने टेलीकॉम सैक्शन को व्यवस्थित किया। मैंने DGEME वर्कशॉप ग्रांट का उपयोग करके बुनियादी ढांचा खड़ा किया और उसे आवश्यक स्पेयर भी प्रदान किए।

अंधेरे नेहरू हट को दूरसंचार उपकरणों के एक आधुनिक मरम्मत सुविधा केन्द्र में बदल दिया गया, जिसमें पर्याप्त प्रकाश था। मैंने स्ट्रिप इंस्पेक्शंस के लिए एक मॉडल गन रिपेयर सेक्शन बनाया। सीओ, लेफ्टिनेंट कर्नल पलटा (बाद में मेजर जनरल) की अनुमति से, हमने अधिकृत R1 मरम्मत के

25 एक स्पेस हीटिंग उपकरण जिसमें नीचे एक चौड़ा बेलनाकार आग का कक्ष होता है, जहां कोयला जलाया जाता है, और ऊपर एक संकरा बेलन होता है जो कमरे को गर्म करने में मदद करता है और चिमनी का काम करता है।

अलावा R2[26] मरम्मत करना शुरू किया। मैंने मोबाइल रिपेयर टीमों (MRTs) को यूनिट स्थानों पर भेजा और उनके लाइट रिपेयर वर्कशॉप[27] और यूनिट रिपेयर ऑर्गनाइजेशन की मदद की। उपयोगकर्ता यूनिटें खुश थीं। 'फॉरवर्ड रिपेयर पॉलिसी' के विचार को बढ़ावा मिला। हमने AWD स्थान को जटिल बांस डिजाइनों और एक भव्य बांस के मेहराब के गेट से सजाया। उच्च ऊंचाई पर पिकेट्स और गन पोजिशंस की ओर जाने वाले ड्राइवर और अधिकारी, खूबसूरत चांगु झील[28] के पास स्थित, AWD पर रुककर एक कप गर्म कॉफी का आनंद ले सकते थे।

उपयोगकर्ता यूनिटों ने मरम्मत प्रबंधन में मेरी सक्रिय पहल की सराहना की। सेवाओं[29] को ग्राउंड पर सैनिकों के बोझ को कम करने का लक्ष्य रखना चाहिए; साथ ही उन्हें शिक्षित करते हुए उनके साथ रहना चाहिए, न कि उनसे दूर।

*****

चांगू झील, जिसे सोंग्मो झील भी कहा जाता है, पूर्वी सिक्किम में, नेहरू हट AWD के निकट स्थित ग्लेशियल झील, मेरे पूरे सेवा जीवन की सबसे मनमोहक यादों में से एक है। झील सर्दियों के मौसम में जमी रहती है और उसके चारों ओर ऊँची बर्फ से ढकी पहाड़ियाँ होती हैं। गर्मियों में, बर्फ पिघलती है और झील का स्रोत बनती है। झील के जलग्रहण क्षेत्र में अल्पाइन वनस्पति फैली हुई थी। वहाँ की वनस्पति एवं जंतु समूह असाधारण रूप से समृद्ध, विविध और आश्चर्यजनक थे। कई रविवारों को, मैं झील के किनारे पर जाता, एक गार्डन छाता लगाता और प्रकृति की अविनाशी सुंदरता का आनंद लेता। कभी-कभी, मैं सैन्य इतिहास पढ़ता और आने वाले स्टाफ कॉलेज प्रवेश परीक्षा की तैयारी करता। इस्राइली सेना के मिस्टर एरियल शेरोन[30] मेरे नायक थे। प्रकृति के घर के बीच बने उस डेरे में बैठा मैं कभी **मैरी** और उसके गर्भ में पल रहे बच्चे उसके नाम के बारे में सोचता। मन में विचार आया कि अगर बेटा होगा तो शेरोन और अगर बेटी हुई तो कैरोलाइन नाम रखेंगे।

---

26 EME नियमों के अनुसार लागू की गई मरम्मत प्रणालियों का एक स्तरीय ढांचा।

27 EME में मरम्मत संगठन का एक स्तरीय ढांचा।

28 एक ग्लेशियल झील, जिसे बौद्धों और हिंदुओं द्वारा पवित्र झील के रूप में माना जाता है।

29 इसका अर्थ है लॉजिस्टिकल और समर्थन सेवाएं। इस मामले में, EME।

30 इजरायल के पूर्व प्रधानमंत्री।

साहसी और सुंदर सफर

मैंने नवंबर 1979 में, जब हमारे बच्चे का जन्म होने वाला था, मैंने **मैरी** के पास रहने हेतु छुट्टी के लिए आवेदन किया और छुट्टी मिल गई। इस लम्बे सफर के लिए मुझे सबसे पहले चांगू AWD से गंगटोक जाना था, फिर सिलिगुड़ी ट्रांज़िट कैम्प (Transit Camp) के लिए बस लेनी थी। उसके बाद बागडोगरा से मद्रास (अब चेन्नई) के लिए एक उड़ान लेनी थी, जिसमें कोलकाता (कलकत्ता) में फ्लाइट बदलनी थी, और फिर मद्रास से घर के लिए ट्रेन लेनी थी। दुर्भाग्यवश, कोलकाता की उड़ान रद्द हो गई, इसलिए मुझे एक होटल में रुकना पड़ा और अगले दिन की उड़ान से मद्रास जाना पड़ा। मैं कनेक्टिंग ट्रेन के लिए समय पर नहीं पहुंच सका। अब, मद्रास में, मेरे पास रेल आरक्षण नहीं था। मैंने एरोड (तमिलनाडु) के लिए एक ट्रेन पकड़ी, फिर त्रिशूर (केरल) के लिए बस ली, और फिर चंगनाचेरी के लिए दूसरी बस ली। यह एक बहुत कठिन यात्रा थी। जब मैं घर पहुंचा, तो माँ दरवाजे पर उत्साहित खड़ी थीं और उन्होंने अपनी उंगलियों से 'V' का निशान दिखाया। उनका मतलब जुड़वाँ बच्चों के जन्म से था। उन दिनों, डॉक्टर शायद उन्नत स्कैनिंग नहीं कर रहे थे और उन्होंने कभी **मैरी** को जुड़वाँ बच्चों के बारे में नहीं बताया। यह एक सुखद आश्चर्य था, एक बेटे और एक बेटी का जन्म। हमने जल्द ही जुड़वाँ बच्चों का बपतिस्मा कराया। **मैरी** के भाई, श्री जॉय, और उनकी पत्नी, सुश्री थ्रेसम्मा, स्विट्जरलैंड से आए थे। वे दो स्विस दोस्तों, सुश्री ड्रुडी और सुश्री मार्था के साथ आए थे। मेरे भाई थॉमस और उनकी पत्नी वल्सम्मा मेरे बेटे शेरोन के गॉडफादर और गॉडमदर थे, और मेरे चचेरे भाई थंकेच्यन, चकला, और उनकी पत्नी मेरिमा कैरोलाइन के गॉडफादर और गॉडमदर थे। **मैरी** के माता-पिता और दो भाई, श्री जेम्स वर्गीज और जोसुकुट्टी मल्लोनकल, ने हमें एलंगोई, वझूर (केरल) में चर्च में बपतिस्मा समारोह आयोजित करने में मदद की।

यूनिट में लौटने के बाद, मुझे गंगटोक में अपने परिवार के साथ रहने के लिए दूसरी कंपनी में पोस्ट किया गया। मैंने अप्रैल में अपने परिवार को लाने का निर्णय लिया और छुट्टी पर घर आया। एक बार फिर, कम समय में आरक्षण संभव नहीं था। वर्तमान समय की तरह, उस समय कंप्यूटर या

स्वचालित आरक्षण प्रणाली नहीं थीं। इसलिए, **मैरी** और मैंने कठिन यात्रा करने का फैसला किया। हम कोलकाता (कलकत्ता) जाने वाली ट्रेन में प्रथम श्रेणी के कंपार्टमेंट में चढ़ गए। कंडक्टर ने लगभग मध्यरात्रि के आसपास हमें कुछ बर्थ दिलवाने में मदद की। यात्रा के दौरान, बच्चे रोते रहे। हमने कोलकाता में ट्रेन बदली और न्यू जलपाईगुड़ी की सबसे चुनौतीपूर्ण यात्रा शुरू की। इस समय तक, बच्चे गर्मी के कारण थक चुके थे। वे बीमार महसूस कर रहे थे और उन्होंने बिना रुके रोना शुरू कर दिया। हमारे केबिन में दो और यात्री चढ़ गए। हम नहीं जानते थे कि बच्चो को कैसे चुप कराएं। 27 की उम्र में जुड़वाँ बच्चे होना एक सुखद लेकिन चुनौतीपूर्ण अनुभव था। हम ट्रेन के कंपार्टमेंट में बिना चुसनी के पूरी तरह से असहाय महसूस कर रहे थे, जो उस समय उपलब्ध नहीं थीं। अन्य दो यात्री भी चिंतित थे। हमने अपने सारे प्रयास किए और प्रार्थना की। अंततः, वे रोना बंद कर गए और सो गए। हम जलपाईगुड़ी में उतरे और सबसे निकटतम Transit Camp गए। अगले दिन, आर्मी बस से गंगटोक के लिए हमारी अंतिम यात्रा सुबह 07:00 बजे शुरू हुई। हमने बच्चों को अपनी बाहों में उठाया। यह पांच घंटे की पहाड़ी यात्रा थी।

यात्रा के दौरान हम तीस्ता नदी के किनारे घुमावदार सड़कों और हरे-भरे पहाड़ियों के बीच से निकले। पूर्वी हिमालय ने हमें शानदार अनुभव प्रदान किया, जहां बर्फ से ढके शिखर और हरी-भरी घाटियाँ थीं। घने जंगलों ने इस चित्रमय परिदृश्य में चार चाँद लगा दिए, जो हमारे गंगटोक की यात्रा को अविस्मरणीय बना रहे थे।

हम दोपहर 1:00 बजे अपने कैंटोनमेंट पहुंचे। हम पास के ऑफिसर मेस में गए और फिर ठीक पीछे एक आवंटित आवास में चले गए। हम बच्चों को अपनी बाहों में लेकर ऑफिसर मेस से इस क्वार्टर तक एक संकीर्ण गली से चलकर गए। घर एक छोटी पहाड़ी के पश्चिमी ढलान पर था, और हम घर से पूरी घाटी देख सकते थे। यह एक बहुत ही प्राकृतिक, शांत, और सुरम्य सेटिंग थी। जैसे ही हम अपने नए घर पहुंचे, मैंने **मैरी** से कहा, "तुम सेना के एक आदमी की पत्नी होने के लिए उपयुक्त हो, साहसी और सुंदर लड़की।"

मैरी हर रेजिमेंटल आयोजन में लगातार उपस्थित रहती थीं। हमारे छह महीने के बच्चों के साथ ऑफिसर मेस के कार्यक्रमों में शामिल होती थीं। इस

पोस्टिंग ने उन्हें एक सैन्य अधिकारी की पत्नी होने की अनूठी भूमिकाओं और जिम्मेदारियों को गहराई से समझने का अवसर दिया।

जनवरी 1981 में, मैं एक उन्नत संचार इंजीनियरिंग पाठ्यक्रम के लिए सिकंदराबाद चला गया। अब तक, ईएमई कोर ने मुझे एक तकनीकी नेता, एक सैनिक कारीगर के रूप में प्रशिक्षित किया था।

सिख विरोधी दंगों और भोपाल गैस त्रासदी का पुनरावलोकन

एक भारतीय सेना अधिकारी के रूप में मैंने व्यापक क्षेत्र अनुभव प्राप्त किया है और अपने देश की उल्लेखनीय ताकत को पहचाना है। लेकिन, मैं अपने समय के कुछ बेहद निराशाजनक पलों के अनुभव भी साक्षी बन हूं। दो घटनाएँ जो हमारी सामूहिक चेतना में लगातार बनी रहती हैं, वे हैं 1984 के सिख-विरोधी दंगे[31] और भोपाल गैस त्रासदी[32]; दोनों 1984 में हुईं।

इन विचारों में, मैं मीडिया स्रोतों और व्यक्तिगत अवलोकनों के आधार पर एक स्मृति को प्रस्तुत कर रहा हूँ, न कि एक ठोस विवरण दे रहा हूं। इसलिये, मेरे पाठक, मैं उम्मीद करता हूँ कि आप मुझे समझेंगे। 1981 में, एक उन्नत संचार इंजीनियरिंग कोर्स पूरा करने के बाद, मुझे नई दिल्ली के प्रतिष्ठित WEE वर्कशॉप में तैनात किया गया। वहाँ पहुँचने पर, मेरे परिवार और मुझे अन्य अधिकारियों ने गर्मजोशी से स्वागत किया, और हम नई दिल्ली के जनकपुरी क्षेत्र में अपने नए घर में बस गए।

वर्कशॉप का स्थान एक शांत वातावरण प्रदान करता था, जो नई दिल्ली के व्यस्त महानगर के विपरीत था, और यह शहर के शोर और कोलाहल से रहित था। ताज़ी, ठंडी सर्द हवा और हरे-भरे परिदृश्य यूनिट में काम कर रहे लोगों के मन को तरोताजा कर देते थे। वर्कशॉप में भारतीय सेना, नौसेना

31 ये भारत में सिखों के खिलाफ हिंसक हमलों की एक श्रृंखला थी, विशेष रूप से दिल्ली में, प्रधानमंत्री इंदिरा गांधी की उनके सिख सुरक्षा गार्डों द्वारा हत्या के बाद।

32 यह गैस लीक घटना 2-3 दिसंबर, 1984 को भोपाल, मध्य प्रदेश में यूनियन कार्बाइड इंडिया लिमिटेड (UCIL) की कीटनाशक फैक्ट्री में हुई। इसके परिणामस्वरूप हजारों मौतें और दीर्घकालिक जटिलताएं हुईं।

और वायुसेना के कर्मी एक अंतर-सेवा इकाई के रूप में उपस्थित थे। इसने भारतीय सशस्त्र बलों की विभिन्न शाखाओं के बीच सहयोग और भाईचारा को बढ़ावा दिया।

एक विशेषीकृत इकाई होने के नाते, मुझे सभी रेडियो और वायरलेस उपकरणों, जिसमें दिशा खोजक (DFs) भी शामिल थे, के परिपथ आरेखों को सीखना था। अक्सर, मेरे कर्तव्य मुझे भारत के दूरदराज के स्थानों पर ले जाते थे जहां मुझे जटिल सिग्नल उपकरणों की मरम्मत और रखरखाव की व्यवस्था करनी होती थी, जिससे मुझे गर्व महसूस होता था। नई दिल्ली में अपने तीन साल के प्रवास के दौरान, मैंने यहाँ के जीवंत माहौल का आनंद लिया। दुर्भाग्यवश, वहाँ रहने के अंत के समय, मैंने भयानक विरोधी-सिख दंगों को देखा, जिन्होंने शहर की शांति को नष्ट कर दिया।

हम और कैप्टन सिंह अधिकारियों के मेस में आराम से बैठे थे और नवम्बर की सुखद एवं पूर्ण-शीतल हवा का आनंद ले रहे थे। कैप्टन सिंह, जिनकी पगड़ी सिख विरासत का प्रतीक थी और देश के प्रति उनकी सेवा भावना को दर्शाती थी, सिर्फ एक सहयोगी नहीं थे बल्कि WEE वर्कशॉप में मेरे गहरे और विशेष सम्माननीय मित्र बन गए थे। अपनी ठंडी बियर की चुस्की लेते हुए, मैंने कहा, "तुम जानते हो, सिंह, यह विशेष इकाई शहर में निरंतर जारी कोलाहल के बीच एक शांत मरु उद्यान बनी रही। इसकी शांति इतनी गहरी थी कि यह हमें अपने काम पर पूरी तरह से ध्यान केंद्रित करने की अनुमति देती थी। एक प्रकार से यह एक पेशेवर स्वर्ग था"। मैंने थोड़ी देर रुका, मेरे विचार भोपाल की हालिया यात्रा की ओर मुड़ गए। "परिवार को इकट्ठा करने और विदाई देने के लिए केवल एक सप्ताह बचा है, और मैं इस स्थान को उससे कहीं अधिक याद कर रहा हूँ जितना मैंने अनुमान लगाया था।"

मजबूत शरीर और प्रभावशाली उपस्थिति वाले कैप्टन सिंह, बड़े ध्यान से सुन रहे थे। फिर उन्होंने गंभीरता से सिर हिलाते हुए कहा, "मैं तुम्हारी भावनाओं को समझता हूँ, लेकिन एक और याद है जो सब पर हावी है। तीन साल पहले का वह दिन जब हमारे कार्य-वातावरण की शांति भंग हो गई..., वह दिन जब दंगे भड़के थे," उनकी आवाज में दर्द का एक सुर गूंज रहा था।

उनके शब्द धीरे-धीरे रुकने लगे, अतीत की भूतिया यादों में डूबने लगे। मुझे याद है कि मैं उनके घर की ओर तेजी से बढ़ा, जो मेरे अपने घर से

कुछ ही दूरी पर था, एक सैन्य ट्रक लेकर ताकि उन्हें और उनके प्रियजनों को अधिकारियों के मेस में एक सुरक्षित स्थान पर ले जा सकूं। यह दृढ़ एवं सेना का विशालकाय कैप्टन, एक साथी और सहयोगी, जनकपुरी में खुद को असुरक्षित महसूस कर रहा था।[33]

उन्होंने मुझे सीधे संबोधित करते हुए कहा, “जिमी, सर, आखिर आप इतनी परेशानी क्यों उठा रहे हैं?” अचानक, वे अंदर घुसे और वापस लौटते समय पूरी तरह भरी हुई पिस्तौल लहराते हुए कहा, “अगर कोई भी दुष्ट आत्मा मेरे परिवार या मुझे नुकसान पहुँचाने की हिम्मत करती है, तो मैं उसके सीने में ये गोलियाँ खाली करने में संकोच नहीं करूँगा”। उन्होंने मेरे बारे में मेरी धारणा पर सवाल उठाया, उनकी पत्नी चुपचाप अपने बच्चों के पास खड़ी थीं, उनसे चिपकी हुई थीं। उन्होंने मुझे शुद्ध पंजाबी में चेतावनी भी दी, “तुस्सी फ़िकर मत करो। (आप चिंता मत करो।) मेरे पास भी एक पिस्तौल है”। उनकी बहादुरी सराहनीय थी। फिर भी, मेरे कमांडिंग ऑफिसर के निर्देश स्पष्ट थे: मेरे पास मेरे आदेश थे। मुझे कैप्टन और परिवार को सुरक्षित स्थान पर ले जाना था। इसलिए, मैंने उनसे कहा, “भाभीजी, अब यह स्थान सुरक्षित नहीं है। भीड़ सिखों के घरों में आग लगा रही है। मैं तीन सुरक्षा गार्डों के साथ आया हूँ। समय हमारा मित्र नहीं है। ईश्वर के लिए, कृपया ऑफिसर्स मेस में चले जाइए, भले ही दो दिनों के लिए ही क्यों न हो”। मुझे परिवार को वहां से जाने के लिए मनाने के लिए काफी मशक्कत करनी पड़ी और अपनी सारी समझाने-बुझाने की कला का इस्तेमाल करना पड़ा।

1984 में, राजनीतिक परिदृश्य तनाव से भरा हुआ था क्योंकि खालिस्तान[34] के लिए अलगाववादी आंदोलन जोर पकड़ने लगा था, जिसका नेतृत्व जरनैल सिंह भिंडरावाले कर रहे थे, जो एक प्रमुख रूढ़िवादी सिख धार्मिक संस्था दमदमी टकसाल[35] के जत्थेदार थे और पंजाब की एक राजनीतिक पार्टी अकाली दल द्वारा समर्थित थे। भारतीय संघ के भीतर एक स्वायत्त सिख राज्य के लिए अभियान केंद्र सरकार के लिए बड़ी शर्मिंदगी का स्रोत था। भिंडरावाले ने गिरफ्तारी के डर से अमृतसर के स्वर्ण मंदिर[36]

33 दिल्ली में एक समृद्ध पड़ोस, जो छावनी के निकट है।

34 यह भारत के पंजाब क्षेत्र में प्रस्तावित एक स्वतंत्र राज्य है, जिसे सिख अलगाववादियों द्वारा अधिक स्वायत्तता और आत्म-शासन के लिए मांगा गया है।

35 एक प्रमुख सिख धार्मिक संस्था।

36 अमृतसर में सिखों का गुरुद्वारा, जो सिखों के लिए सबसे revered धार्मिक स्थल है।

परिसर में रहना शुरू कर दिया था। मंदिर में रॉकेट लांचर, मीडियम मशीन गन, एलएमजी (लाइट मशीन गन) और स्टेन गन सहित हथियारों और गोला-बारूद का भारी भंडार होने की खुफिया रिपोर्टें मिलीं थी।

प्रधानमंत्री इंदिरा गांधी ने भिंडरावाले और उसके हथियारबंद समर्थकों को स्वर्ण मंदिर परिसर से बाहर निकालने के लिए 01 जून से 08 जून, 1984 के बीच औपरेशन ब्लू स्टार (Operation Blue Star) नाम से सैन्य अभियान का आदेश दिया था। इस घटना ने दुनिया भर में पूरे सिख समुदाय को क्रोधित कर दिया और परिणामस्वरूप 31 अक्टूबर, 1984 को प्रधानमंत्री की उनके ही सिख अंगरक्षकों द्वारा हत्या कर दी गई। ऑल इंडिया रेडियो और दूरदर्शन ने घोषणा की कि इंदिरा गांधी के सिख अंगरक्षकों ने उनकी हत्या कर दी है। इससे सिख विरोधी दंगे भड़क उठे, खासकर दिल्ली में। हथियारबंद भीड़ ने सिख यात्रियों को निशाना बनाया, उनकी हत्या की और उन्हें आग के हवाले कर दिया। इस आतंक के बीच, मैंने खुद को अपने सिख मकान मालिक, भिंडर, जो मेरे नीचे ग्राउंड फ्लोर पर रहते थे, और पास में एक कैप्टन सहकर्मी के साथ पाया। दोनों ने मड़राते खतरों के बावजूद वहीं रहने का फैसला किया।

मैंने अपने मकान मालिक भिंडर, एक शांतचित्त सिख सज्जन जो हमारे आस-पास बढ़ते शोर-शराबे के बावजूद खड़ा था, का हाथ पकड़ लिया, और चिल्लाते हुए कहा, «भिंडर! हमें यहाँ से चले जाना चाहिए!» उसने दृढ़ता से सिर हिलाते हुए जवाब दिया, जिसमें एक जिद्दी साहस था जिसने मेरे दिल को पीड़ा से भर दिया। «यह मेरा घर है। मैं इसे नहीं छोड़ूँगा», और उसने ऐसा नहीं किया।

बढ़ती हिंसा की कोलाहल हमारे चारों ओर गूंज रहा था, तनाव बढ़ रहा था। हमारे दिल शोर मचाने वाली अराजकता के खिलाफ़ धड़क रहे थे। अचानक, हमारे पड़ोसी, एक मलयाली पादरी, अपने घर से बाहर निकले और मुझसे कहा, "आपको मेरे साथ आना चाहिए!" उन्होंने विनती की, उनके चेहरे पर चिंता की गहरी लकीरें उभर आईं। "मेरा घर अधिक सुरक्षित है"। "वे इस घर को आग लगा सकते हैं। कृपया यहाँ न रहें"। हमें खा जाने वाले डर के बावजूद, हम अपनी जगह पर डटे रहे, तब तक जब तक लूटपाट और हिंसा की स्पष्ट आवाज़ें नहीं बढ़ गईं, जिन्हें अनदेखा करना असंभव हो गया।

फिर अपने बच्चों को इकट्ठा करके, मैं उन्हें बालकनी से होते हुए पादरी के शरणस्थल की ओर ले गया। तभी मैंने जो द्रश्य देखा उससे मेरा खून जम गया। मैंने एक युवा सिख व्यक्ति को देखा, जो बमुश्किल एक लड़के से बड़ा और त्रिशूल, भाले, लोहे की छड़ तथा जंजीरों से लैस मजदूरों की भीड़ उसका जिसका पीछा कर रही थी। सिख व्यक्ति ने पिस्तौल लहराई, उसकी आँखों में हताशा थी। फिर उसने अपने हमलावरों पर जवाबी फायरिंग की और फिर पड़ोसी के घर की चारदीवारी के पार छलांग लगा दी।

"मैरी!" मैंने चिल्लाते हुए अपनी पत्नी का हाथ पकड़ लिया और छत की ओर भागा; हमारे दिल की धड़कनें तेज़ हो रही थीं। नीचे जो दृश्य सामने आया वह भयानक था। हमने देखा कि गुंडों ने उस युवक को, जो संभवतः घायल या मृत था, छुपने की जगह से बाहर निकाला, उस पर पेट्रोल डाला और उसे आग के हवाले कर दिया।

उस दृश्य की क्रूरता ने हमें झकझोर कर रख दिया ।जो कुछ हमने देखा था, उसकी भयावहता को लेकर हमारे दिमाग में एक संघर्ष चल रहा था। हमारे भीतर तीव्र क्रोध उबल रहा था जो नपुंसक क्रोध और असहाय दुख का एक अस्थिर मिश्रण था। हम एक दुःस्वप्न में फंस गए थे। निर्दोष लोगों को शिकार बनते और मरते हुए देख रहे थे क्योंकि वे एक अलग समुदाय से थे। यह एक ऐसा दृश्य था जिसने हमें अंदर तक हिला दिया। हम इसे कभी नहीं भूल सकते।

गुस्सा, गलत सूचना और राजनीतिक जोड़-तोड़ के फल स्वरूप हिंसा में तेज़ी से वृद्धि हुई। माना जाता है कि स्थानीय राजनीतिक नेताओं और अपराधियों के नेतृत्व में भीड़ ने सिखों के घरों और व्यवसायों को निशाना बनाया, लूटपाट की और उन्हें आग के हवाले कर दिया। पुलिस या तो मूकदर्शक बनी रही या फिर कुछ मामलों में हिंसा में सक्रिय भागीदार रही। इसके अलावा, यह निराधार अफ़वाह, कि सिख हत्या का जश्न मना रहे हैं, ने भीड़ का गुस्सा और भड़क गया।

हमारे लिए हिंसा होते देखना निराशाजनक था, खासकर एक सेना अधिकारी के तौर पर, क्योंकि हमें पता था कि इसे रोकने के लिए सेना नहीं लगाई गई थी। अंततः 2 नवंबर, 1984 को जब सेना ने नियंत्रण अपने हाथ में लिया, तब जाकर स्थिति बदली। लेकिन इस देरी से भारी नुकसान हुआ। आधिकारिक तौर पर मरने वालों की संख्या करीब 2,800 थी, लेकिन

अनौपचारिक अनुमानों के मुताबिक यह आंकड़ा 8,000 के करीब था। हज़ारों लोग बेघर हो गए थे और अनेक अपने जीवन की सुरक्षा को लेकर डरे हुए थे।

दंगों ने सिख समुदाय और देश पर एक कभी न मिटने वाला दाग लगाया। इसने विभाजनकारी राजनीति के खतरों को उजागर किया। इसके अलावा, अपराधियों को जवाबदेह ठहराने की न्यायिक प्रक्रिया धीमी थी और राजनीतिक हस्तक्षेप के कारण कई अपराधी न्याय से बच निकले।

*****

मैं 20 सेवाओं चयन बोर्ड (SSB) में समूह परीक्षण अधिकारी (GTO) के रूप में भोपाल, मध्य प्रदेश में तैनात हुआ, जबकि मेरा स्थानांतरण नई दिल्ली से हुआ था। मैंने पहले अकेले जाने का फैसला किया और फिर ठिकाना व्यवस्थित करने के बाद, नई दिल्ली वापस जाकर अपने परिवार को लाया। इसी दौरान, मैंने दिल्ली में दंगों का सामना किया। उस कड़वे अनुभव के बाद, हम 2 दिसंबर 1984 को लगभग शाम 5 बजे भोपाल पहुंचे। हमारे पास सिर्फ ताज़ा होने का ही समय था, क्योंकि हमें मेजर (बाद में ब्रिगेडियर) आत्माराम के घर रात के खाने के लिए आमंत्रित किया गया था, जहाँ 20 SSB के अन्य अधिकारियों के साथ-साथ उनके परिवारों को भी आमंत्रित किया था। वहां का माहौल, रेजीमेंट की तुलना में, बहुत ही उदार और अनौपचारिक था। हम दोनों की सभी अधिकारियों और उनके परिवारों के साथ बातचीत हुई और हमें पार्टी में बहुत मज़ा आया। हम रात 10:30 बजे के आसपास उनके घर से निकले और 10:45 बजे अपने घर पहुंचे। हमारा घर सैन्य अभियंत्रण सेवा (MES) द्वारा भाड़े पर लिया गया था, जो ईदगाह[37] हिल्स, भोपाल के एक उच्चस्तरीय इलाके में था, जो इंदौर के मुख्य राजमार्ग पर एक खूबसूरत पहाड़ी पर स्थित था। घर का मालिक श्री चोपड़ा थे, जो एक निर्माण ठेकेदार थे, जो मुख्य रूप से बाहरी क्षेत्रों में काम करते थे। उनकी पत्नी एक पेशेवर चिकित्सक थीं। यह एक बहुमंजिला भवन था, और हम मालिक के परिवार के बगल में रहते थे। हम सभी बेहद थके हुए थे और सामान खोलकर सोने के लिए सही बिस्तर तैयार करने की ऊर्जा नहीं थी। हमने एक ऊनी गलीचा खोला, उसे फर्श पर फैलाया और कुछ चादरें और कंबल लेकर खुद को ढक लिया। उस शाम मौसम ठंडा था और मंद पवन था। पूरा इलाका स्थिर और शांतिपूर्ण था। हम तुरंत सोने चले गए।

37 भोपाल में एक उच्च वर्गीय पड़ोस।

मध्यरात के लगभग 12:40 बजे, हम सभी अचानक जाग गए। हमें खांसी आने लगी, गला रुधने लगा और दम घुटने का एहसास हुआ। हमारी आँखों में जलन होने लगी। मैंने तुरंत स्लाइडिंग दरवाजा और खिड़की खोली, लेकिन स्थिति और भी खराब हो गई। मेरी आँखों में जलन बढ़ गई। मुझे लगा कि शायद पास में कोई चूना पत्थर की खदान है, जहां से यह तीखी गैस फैल रही है। मैंने दरवाजा और खिड़की बंद कर दिए। हम हैरान रह गए। हमें चीखने चिल्लाने की आवाजें, अचानक गाड़ियों के स्टार्ट होने तथा हॉर्न बजने की आवाजें सुनाई देने लगीं। तभी मेरे घर के दरवाजे पर जोरदार खटखटाहट हुई और डॉक्टर ने चिल्लाते हुए कहा, "मेजर साहब, बाहर आओ—साइनाइड गैस लीक हो रही है। हमें तुरंत निकलना होगा। जल्दी से हमारी गाड़ी में बैठो।"

मैं और मेरी पत्नी ने एक मिनट में कपड़े बदले, और बच्चे, जो अभी भी अपनी नींद वाले कपड़ों में थे, को अपनी बाहों में उठाकर डॉक्टर और उनके परिवार के साथ कार में बैठ गए। हम करीब 10 किलोमीटर दूर बैरागढ़ के पास के एक सैन्य स्टेशन की ओर भागे। श्री चोपड़ा एक व्यवसायिक यात्रा पर थे। उनका बेटा उनकी फिएट कार चला रहा था; उनकी छोटी बहन, डॉक्टर, और उनका पालतू पप्पी फ्रंट सीट पर बैठे थे, और हम चारों पीछे की सीट पर थे।

हजारों लोग उस इलाके से आस-पास के स्थलों में शरण की तलाश में पलायन कर रहे थे। शहर में अफरातफरी का माहौल था। लोग अपने घर के सदस्यों, पालतू पशुओं, जैसे गाय, भैंस के साथ कुछ आवश्यक सामान लिए सड़कों पर दौड़े-भागे जा रहे थे। कुछ लोग निराशा में वाहनों पर पत्थर फेंक रहे थे, नफरत में नहीं, बल्कि भागने की कोशिश में बाहन रुकाकर के लिए। वे चाहते थे कि किसी तरह उन वाहनों में शामिल हो सकें। वह रात, जो एक शांत सर्दी की शाम के रूप में शुरू हुई थी, एक दुखद, भयावह, त्रासदीमय रात में बदल गई, जिसमें दुःख, बीमारी और भयानक मौत का सामना करना पड़ा।

विषैली गैस का एक खतरनाक बादल चुपचाप एक अनजान शहर पर जहर बरसा रहा था और 5,00,000 सें अधिक नागरिकों के लिए जीवन संकट पैदा कर रहा था।

जब हम EME सेंटर[38], बैरागढ़[39] पहुंचे, तो ब्रिगेडियर एम. एन. के. नायर, जो बाद में मेजर जनरल बने, लगभग बीस सैन्य ट्रकों के साथ जाने के लिए तैयार होकर एक सैनिक टुकड़ी के पास खड़े थे । सैन्य वाहन स्टार्टिंग स्थिति में थे और उनकी हेडलाइट्स जल रही थीं। मैंने उनसे संपर्क किया, अपना परिचय दिया और सहायता की पेशकश की। उन्होंने सरलता से "अच्छा" कहा। दुर्भाग्यवश, उनका निधन हो चुका है, लेकिन उनकी यादें और उपलब्धियाँ आज भी उनके परिचितों को प्रेरित करती हैं। उन्होंने मुझसे पूछा कि क्या हमें चिकित्सा सहायता की आवश्यकता है और पुनः काम में लगने से पहले हमें चाय और बिस्कुट पेश किए। सुबह के लगभग 4 बजे, हमें सैन्य अधिकारियों से सूचना मिली कि हमारा घर लौटना सुरक्षित है।

हालाँकि, लौटने पर हमने देखा कि सड़कों पर अफरातफरी और पलायन जारी था। घर वापस आकर, डॉक्टर, उनके बेटे और मैंने गांधी मेडिकल कॉलेज और हमीदिया अस्पताल का दौरा किया। दिसंबर की उस ठंडी सुबह के शुरुआती घंटों में जो दृश्य हमने देखा, वह दिल दहलाने वाला था। हमने देखा कि मस्जिद से गांधी मेडिकल कॉलेज तक शवों की एक लाइन लगी थी। कुछ लोग अपनी जान गंवा चुके थे, कुछ अन्य दर्द के कारण तड़प रहे थे, कई उल्टी कर रहे थे, और आस-पास खड़े लोग कुछ को पानी दे रहे थे।

आखिरकार, डॉक्टर ने सुझाव दिया, "चलो इमरजेंसी में चलते हैं और देखते हैं कि किस मदद की जरूरत है।" वहां सैकड़ों शव पड़े थे। चिकित्सा कर्मचारी यह तय करने में असमर्थ थे कि रोगियों की भीड़ को कैसे संभालें। जब तक अधिकारियों ने गैस की पहचान नहीं कर ली, तब तक कोई नहीं जानता था कि कौन सा उपचार देना है। शुरुआत में लोगों ने इसे अमोनिया लीक समझा, फिर फॉसजीन का शक हुआ। बाद में सुबह, यह पुष्टि हुई कि मेथाइल आइसोसायनेट (MIC) फैल चुकी थी।

*****

भोपाल की जनसंख्या 1984 में 8,50,000 थी, और उसमें से 60% से अधिक लोग खांसी, आंखों और त्वचा में खुजली, और सांस लेने में समस्या की शिकायत कर रहे थे। आसपास के गाँव और झुग्गियां, जो मेजर आत्माराम के घर से आठ सौ मीटर से भी कम दूरी पर थीं, इस त्रासदी से सबसे अधिक

38 इलेक्ट्रिकल और मैकेनिकल इंजीनियरिंग कोर के लिए प्रशिक्षण केंद्र।

39 भोपाल का एक उपनगर जहां एक सैन्य स्टेशन स्थित है।

प्रभावित हुईं। गैस आंतरिक रक्तस्राव, निमोनिया, और हजारों लोगों की मौत का कारण बनी। यह दक्षिण-पूर्व की ओर फैली और 'नाला'[40], जो नागरिक क्षेत्र और हमारे सैन्य अधिकारियों के क्वार्टर को अलग करता है, के पार ज्यादा नुकसान नहीं कर सकी।

मीडिया रिपोर्ट्स के अनुसार, यूनियन कार्बाइड इंडिया लिमिटेड (UCIL) फैक्ट्री ने सुरक्षा उपायों का पालन नहीं किया था। उन्होंने चेतावनियाँ देने में देरी की। UCIL के भूमिगत जलाशयों ने 42,000 किलोग्राम से अधिक MIC छोड़ दिया। इसके फलस्वरूप 3,700 से अधिक लोगों ने तत्काल अपनी जान गंवाई, और बाद के वर्षों में 1,500 से अधिक लोग इसके शिकार बने। अगले कुछ दिनों में सामूहिक अंतिम संस्कार और दाह संस्कार हुए। आसपास के पेड़ बंजर हो गए। कामकाजी लोगों ने सूजे हुए पशुओं के शवों को नष्ट किया। लगभग दो हजार भैंसें, बकरियां और अन्य जानवर इकट्ठा कर के दफनाए गए। सुरक्षा कारणों से आपूर्ति कम हो गई। लोगों का मानना था कि भूजल में प्रदूषण है। सब्ज़ी और किराने की दुकाने बंद हो गईं। यह त्रासदी की एक ऐसी रात थी जिसमें मौत का तांडव हुआ था। यह रात हमें हमेशा डरायेगी।

*****

दोनों त्रासदियों ने हमारी अंतर आत्माओं पर गहरा और स्थायी प्रभाव छोड़ते हुए हमें जीवन की अनिश्चितता और भाग्य पर निर्भरता को मान लेने पर मजबूर किया। सरकारों ने पीड़ितों को मुआवजा दिया और सहायता प्रदान की। सामुदायिक सद्भाव को बढ़ावा देने, कानून प्रवर्तन को मजबूत करने और खुफिया नेटवर्क को सुधारने की कोशिश की, किंतु राजनीतिक जवाबदेही सुनिश्चित करना चुनौतीपूर्ण बना रहा।

सरकार ने औद्योगिक सुरक्षा को कड़ा किया, राष्ट्रीय हरित अधिकरण की स्थापना की, पर्यावरण नीतियों में सुधार किया तथा कॉर्परेट पारदर्शिता और जन भागीदारी को बढ़ाने का प्रयास किया। हालांकि कार्यान्वयन और लागू करने में चुनौतियाँ बनी हुई हैं।

*****

40 एक नाली

मेरे लिए SSB, भोपाल में बिताए गए दिन मेरे पेशेवर आर्मी जीवन के सबसे अच्छे दिनों में से थे। मेजर अभिजीत दत्ता (बाद में कर्नल) मेरे साथ एक अन्य GTO थे। हमारे बीच उत्कृष्ट सामंजस्य था। मिलकर, हम चयन प्रक्रिया को बहुत प्रभावी ढंग से प्रबंधित करते थे। भले ही हम मीलों दूर रहते हैं, लेकिन हमारा बंधन मजबूत बना हुआ है, जो भौगोलिक सीमाओं परे है। हम नियमित रूप से संपर्क में रहते हैं, जो हमारे दिलों के बंधन की सुदृढ़ता का प्रमाण है।

यह ईश्वर का आशीर्वाद था कि मुझे कर्नल आर. एस. साल्धी (बाद में ब्रिगेडियर) के साथ काम करने का अवसर मिला। वह मेरे अपने ईएमई कोर से थे और SSB में डिप्टी प्रेसिडेंट के रूप में मेरे बॉस थे। किसी इंटर-सर्विस संगठन जैसे SSB में अपने रेजिमेंटल अधिकारी के साथ सहयोग करने का अवसर कभी-कभार मिलता है। मेरे करियर के अब तक के सबसे अच्छे वार्षिक गोपनीय रिपोर्ट्स उन्हीं द्वारा दिए गए थे।

जून 1987 में मुझे FD वर्कशॉप कंपनी में ऑफिसर कमांडिंग के रूप में नियुक्ति मिल गयी, जो सियाचिन ब्रिगेड के ब्रिगेड वर्कशॉप में मेरी पहली पोस्टिंग थी। मैंने चौदह साल और छह महीने तक आर्मी में सेवा की थी और मेजर के पद पर पहुँच चुका था। अब यह समय था कि मैं एक EME यूनिट में ऑफिसर कमांडिंग (OC) की भूमिका निभाऊँ। यह नियुक्ति अगली रैंक, लेफ्टिनेंट कर्नल, के लिए अनिवार्य थी।

अनुग्रह की यात्रा

जैसे ही मैं खारदुंग ला दर्रा[41] से गुजरने वाली दुनिया की दूसरी सबसे ऊँची मोटर गम्य सड़क पर खड़ा हुआ तो मुझे अत्यंत उत्साह और आशंका मिश्रित आनंद की अनुभूति हुई। चारों ओर का दृश्य, बर्फ से ढके पहाड़ और नीचे की विस्तृत लद्दाख घाटी, अद्भुत और भयभीत करने वाले थे।

खारदुंग ला दर्रा कुछ सम्मोहक भूदृश्य, कम खोजे गए क्षेत्रों, और नुब्रा[42] और श्योक[43] घाटियों की ओर ले जाने वाले कई डरावने रास्तों का एक प्रवेश द्वार है। मैंने अपने विलीस जीप से बाहर निकलकर एक व्यापक दृश्य का आनंद लिया। मैंने एक बोर्ड देखा, जिसमें लिखा था, "यहां 30 मिनट से अधिक न रहें।" इन ऊंचाईयों पर ऑक्सीजन की कमी माउंटेन सिकनेस, सांस लेने में समस्या, और शोफ (एडिमा) का कारण बन सकती है। 'टॉप' पर एक और बोर्ड था, जिसमें लिखा था, "आपका स्वागत है - दुनिया के शीर्ष पर - शक्तिशाली खारदुंग ला - ऊँचाई: 17,982 फीट (5,483 मीटर)।"

फिर भी, मुझे पता था कि मुझे अंधेरा होने से पहले अपने गंतव्य, EME यूनिट, जो ब्रिगेड का हिस्सा थी और दुनिया के सबसे ऊँचे युद्धक्षेत्र सियाचिन ग्लेशियर में तैनात थी, तक पहुँचने के लिए आगे बढ़ते रहना है और वहां पहुंचकर कमान संभालना है।

मैंने अपने परिवार को याद किया। मेरी पत्नी, **मैरी**, ने रोजमर्रा की बातचीत से थोड़ी हिंदी सीख ली थी, और शारोन और कैरोलिन अब आठ

---

41 विश्व की दूसरी सबसे ऊंची मोटर योग्य सड़क, जिसकी ऊँचाई 5359 मीटर है।

42 यह 128 मील लंबा और 72 मील चौड़ा एक ठंडा रेगिस्तान है, जो लद्दाख के क्षेत्र में स्थित है।

43 यह पांगोंग झील के बीच स्थित है।

साल के थे और तीसरी कक्षा में पढ़ रहे थे। उन्हें केरल में स्थानांतरित करना समझदारी नहीं थी, क्योंकि वहां बच्चों को मलयालम[44] सीखनी पड़ती। इसके बाद, उन्हें उस जगह वापस ले जाना था, जहां मैं उच्च ऊंचाई के कार्यकाल के बाद तैनात होता, एक बड़ी चुनौती होती। इसलिए, हमने बैरागढ़ में अलग परिवार के आवास का विकल्प चुना, जो निकटवर्ती था।

मैंने कई खतरों, श्रम, और जालों का सामना किया है; ईश्वर की कृपा मुझे अब तक सुरक्षित ले आई है, और उसकी कृपा मुझे घर ले जाएगी। परमात्मा हमारी रक्षा करेगा, मैंने खुद से कहा।

जब मैं EME वर्कशॉप स्थल पर पहुंचा, जो 12,000 फीट (3,658 मीटर) की ऊंचाई पर था और ब्रिगेड वर्कशॉप[45] का घर था, तो मैं सीधे वर्तमान ऑफिसर कमांडिंग, मेजर ए. वी. अरोड़ा के निवास की ओर बढ़ा। ए.वी. अरोड़ा एक जीवंत और खुशमिजाज व्यक्तित्व के लिए जाने जाते थे। वे मेरे लिए परिचित चेहरा थे, क्योंकि मेरी उनसे पहले किसी सामाजिक सभा में मुलाकात हो चुकी थी। उन्होंने नृत्यांगन में वॉल्ट्ज में उत्साहपूर्वक भाग लिया था।

मुझे मधुर मुस्कान के साथ देखकर उन्होंने कहा, "जेम्स, दुनिया के सबसे ऊँचे युद्धक्षेत्र में आपका स्वागत है।" उन्होंने आगे कहा, "आप सही समय पर आए हैं। हेमा और रेखा एक ग्लेशियर में फंस गई हैं। यह हमारी सर्वोच्च प्राथमिकता है।" मैंने सोचा कि प्रसिद्ध अभिनेत्रियाँ हेमा मालिनी और रेखा इस उच्च ऊंचाई वाले स्थान पर क्यों होंगी। उनके मजाक का अंदाजा लगाते हुए मैंने कहा, "ए.वी., क्या उनका बचाव ब्रिगेड कमांडर की जिम्मेदारी नहीं है?"

उन्होंने तुरंत स्पष्ट किया, "जेम्स, हेमा और रेखा हमारे इटली से आयातित नए स्नो स्कूटरों के नाम हैं। हिम दरार ग्लेशियर में एक गहरी खाई होती है, और ऐसे मामलों का प्रबंधन EME की जिम्मेदारी है।" मैंने जवाब दिया, "सर, क्या आप मुझ पर थोड़ी दया कर सकते हैं? मुझे इस तरह से अचम्भित मत कीजिए," जिस पर उन्होंने हंसते हुए मुझे आश्वस्त किया, "ठीक है, आराम करो। मैं सब कुछ ऑफिस में समझा दूंगा। अगर आप तैयार हैं, तो हम अभी शुरू कर सकते हैं या पहले ऑफिसर्स मेस में कुछ गर्म कॉफी पीने चल सकते हैं।"

---

44 एक द्रविड़ भाषा जो केरल राज्य में बोली जाती है और यह आधिकारिक भाषा है।

45 एक EME इकाई जो ब्रिगेड के सभी उपकरणों की रखरखाव के लिए जिम्मेदार है।

ब्रीफिंग से पहले कॉफी पीना तय करने के बाद, हम ऑफिसर्स मैस की ओर बढ़े। ए.वी. की खुशी ने माहौल को हल्का कर दिया, और जैसे-जैसे हम कमांडर और अन्य स्टाफ अधिकारियों से मिलने के लिए तैयार होते गए, मैं अधिक सहज महसूस करने लगा।

ब्रिगेड कमांडर, ब्रिगेडियर सी. एस. नुग्याल (बाद में मेजर जनरल सी. एस. नुग्याल, पीवीएसएम, यूवाईएसएम), एक ऊंचे कद के प्रतिष्ठित अधिकारी पहले से ही अपने स्टाफ अधिकारियों के साथ उपस्थित थे। ए.वी. ने उनसे मेरा परिचिय कराया, "सर, यह हमारे नए ओसी वर्कशॉप, जेम्स हैं।" कमांडर ने गर्मजोशी से मेरा स्वागत किया और मैस हवलदार[46] को सभी के लिए कॉफी लाने को कहा। जब हम अपनी कॉफी का आनंद ले रहे थे तब मैंने सुना कि कमांडर एक स्टाफ अधिकारी को डांट रहे थे, "फिर से ऐसा मत करना! मैं इस तरह की असंवेदनशीलता बर्दाश्त नहीं करूंगा।"

ग्लेशियर पर रोजाना चोटें लगतीं थीं और दुर्घटनाएं होती थीं। इन परिस्थितियों के लिए विशेष रूप से डिज़ाइन किए गए बॉडी बैग, वापस आने वाले चीता[47] हेलीकॉप्टर के स्ट्रेचर से मजबूती से जुड़े होते थे। अधिक हताहतों की आशंका में, स्टाफ अधिकारियों ने अगली वापसी उड़ान में अतिरिक्त बॉडी बैग भेजने की योजना बनाई। यह निर्णय कमांडर को परेशान कर गया। उन्होंने इसे वर्तमान स्थिति के प्रति असंवेदनशील और अनुपयुक्त मानते हुए इस योजना को सख्ती से रद्द कर दिया।

ब्रिगेड ने पाकिस्तानी बलों के खिलाफ एक निर्णायक विजय हासिल की थी और कैद नामक पोस्ट[48] पर कब्जा कर लिया था, जो बिला फोंड ला में भारतीय स्थिति पर नजर रखती थी। 25 जून 1987 को इस ऑपरेशन की शुरुआत हुई। मैं ऑपरेशन की शुरुआत के महज एक सप्ताह बाद ब्रिगेड में पहुँचा था। मुख्यालय ऑपरेशन के बाद की अनेकों गतिविधियों में व्यस्त था।

---

46 एक गैर-कमीशन अधिकारी जो ऑफिसर मेस के दैनिक संचालन के लिए जिम्मेदार होता है।

47 एक पांच-सीटर हेलीकॉप्टर जो भारतीय सेना द्वारा हिमालय में उपयोग किया जाता है।

48 यह पोस्ट सियाचिन ग्लेशियर के सबसे ऊंचे शिखर पर 6500 मीटर की ऊंचाई पर स्थित है और इसे भारतीय बलों द्वारा बाना सिंह PVC के सम्मान में कब्जे के बाद अब बाना टॉप कहा जाता है।

सियाचिन दुनिया का सबसे ऊँचा युद्धक्षेत्र है। सियाचिन ग्लेशियर, पश्चिमी ओर स्थित कराकोरम की उपश्रेणी साल्टोरो रिज और पूर्व की ओर स्थित मुख्य कराकोरम[49] रेंज के बीच में स्थित है। यह 75 किलोमीटर (47 मील) लंबा है और ताजिकिस्तान के फेडचेंको ग्लेशियर के बाद दुनिया का दूसरा सबसे लंबा गैर ध्रुवीय ग्लेशियर है। सैनिकों को सियाचिन में तीन महीने के लिए तैनात किया जाता है, फिर उन्हें घुमाया जाता है।

सर्दियों में ग्लेशियर पर हिमस्खलन और भू-स्खलन सामान्य होते हैं, और तापमान -60 डिग्री सेल्सियस तक गिर सकता है। ग्लेशियर पर चिकित्सा समस्याओं में उच्च ऊंचाई पर होने वाला फुफ्फुसीय एडेमा, तीव्र पर्वत रोग, शीतदंश चिलब्लेन्स, हाइपोथर्मिया, हिमांधता, हिमविदरों में गिरना, और कार्बन मोनोऑक्साइड विषाक्तता शामिल हैं।

मुझे अगले दिन ब्रिगेड कमांडर के साथ अपनी मुलाकात के लिए ब्रिगेड मुख्यालय में रिपोर्ट करना था। कार्यालय में प्रवेश करते ही माहौल में एक अलग बदलाव आया। वहां एक अधिकार की भावना थी। कमांडर, जो शारीरिक रूप से एक मजबूत और ऊंचे व्यक्ति थे, ने कठोर और गंभीर व्यक्तित्व का प्रदर्शन किया।

उन्होंने गहरी और खुरदुरी आवाज, जो उनके व्यतित्व से साथ मेल खाती थी, में कहा, “जेम्स, कृपया बैठें”। यह स्वागत एक पारंपरिक सैन्य शिष्टाचार था। उन्होंने अपने डेस्क पर विभिन्न कागजात को कुशलता से छान मारा, उन्हें तब तक अलग रखा जब तक कि उनकी चिड़िया जैसी निगाहें प्रत्येक को स्कैन नहीं कर लिया। फिर, उनका ध्यान मुझ पर केंद्रित हो गया, उनकी नजर स्थिर और अडिग थी।

“स्वागत है, जेम्स,” उन्होंने शुरू किया, “आपके पूर्ववर्ती ने उत्कृष्ट काम किया है। सुनिश्चित करें कि हमारे जवान प्रेरित रहें और अच्छा काम करें। साथ ही आप ऑफिसर्स मैस का भी ध्यान रखें।”

मैंने सिर हिलाया। “जी, सर।”

---

49 एक पर्वत श्रृंखला जो पूर्वी अफगानिस्तान से कश्मीर क्षेत्र तक 480 किलोमीटर फैली हुई है, जिसमें समुद्र स्तर से 8000 मीटर से अधिक ऊँचाई वाले चौदह शिखर हैं।

आप 'ऑपरेशन राजीव' का अध्ययन करें। हमने एक 'एक्शन के बाद की रिपोर्ट' और एक विस्तृत रेत मॉडल (sand model) तैयार किया है। कृपया इन्हें पढ़ें ताकि आप इसकी बारीकियों को समझ सकें।

"बिल्कुल, सर," मैंने कहा।

"और एक और बात," उन्होंने आगे कहा, "जिन अधिकारियों और जवानों ने इस ऑपरेशन में वीरता दिखाई है, उनकी बहादुरी को उचित मान्यता मिलनी चाहिए। मुझे उनके लिए तैयार किये गये साइटेशन Citation को परिष्कृत करने में आपकी सहायता की आवश्यकता है।

"जी, सर," मैंने जवाब दिया और उन्हें सलामी दी। हर कार्य मुझे ब्रिगेड में योगदान देने का एक अवसर प्रदान करता था, और मैं इस चुनौती का सामना करने के लिए प्रतिबद्ध था।

मुझे अच्छे से याद है कि प्रतिष्ठित बन सिंह (बाद में मानद कैप्टन) और मेजर वीरेंद्र सिंह (बाद में ब्रिगेडियर) ने अपने योगदान के लिए क्रमशः परमवीर चक्र और महवीर चक्र प्राप्त किये थे। मैं साइटेशन के शब्दों को परिष्कृत करने में मदद कर सका था। प्रतिकूल जलवायु के बीच, हमारे अथकनीय दल, जिसमें कमांडिंग अधिकारियों और अन्य स्टाफ अधिकारियों का समावेश था, लगभग चार दिन और रात तक निरंतर परिश्रम करते रहे। हमारी सामूहिक मेहनत और अडिग प्रतिबद्धता ने प्रासंगिक दस्तावेजों को समय पर पूरा करने और अगले उच्च स्तर के कमांड में भेजने को सुनिश्चित किया।

एक OC के रूप में, मेरी प्राथमिक जिम्मेदारी यह सुनिश्चित करना था कि हथियार और उपकरण, जिनमें सियाचिन ग्लेशियर में तैनात नए आयातित हिम स्कूटर (Snow Scooters) भी शामिल थे, काम करने योग्य बने रहेंगे। मुझे सैनिकों को इसके लिए विश्वस्त करना था ताकि वे अपने मिशन पर ध्यान केंद्रित कर सकें। मुझे पता था कि मेरे लिए सैनिकों के हेतु सर्वश्रेष्ठ प्रदर्शन करने का यह सुनहरा अवसर था।

सियाचिन ग्लेशियर केवल एक युद्धक्षेत्र नहीं है, बल्कि यह उन सैनिकों की भावना और अडिग इच्छाशक्ति का प्रतीक है, जो देश के लिए अपने जीवन का बलिदान देने के लिए तैयार रहते हैं। मुझे और मेरे सैनिकों को उपकरणों के स्थान पर जाने, उनकी सेवा सुनिश्चित करने, निरीक्षण करने, मरम्मत करने

और निवारक रखरखाव करने की आवश्यकता थी। सैनिकों को अपने मनोबल को बनाए रखने के लिए मजबूत इरादों की जरूरत होती है। आपका ईश्वर में विश्वास और वह विश्वास, जो आप अपने माता-पिता, स्कूल, और कॉलेज से लेते हैं, आपको आगे बढ़ने के लिए प्रेरित करता है।

मैं अक्सर उन अंधेरी सुनसान रातों में, ऊंचाई पर स्थित रेंज में अपने स्कूल की प्रार्थना की पंक्तियाँ याद करता था:

"रात अंधेरी है, और मैं घर से दूर हूँ।

मुझे आगे बढ़ाने का मार्ग दिखाओ।

मेरे कदमों को थामे रखो; मैं दूर का दृश्य नहीं देखना चाहता।

एक कदम ही मेरे लिए काफी है।" (कार्डिनल न्यूमैन)

मैं ब्रिगेड की संस्कृति और वातावरण में एकीकृत होने लगा था। तभी मुझे बैटालियन मुख्यालय (Bn HQ) से एक जरूरी फोन कॉल आया कि मुझे यूनिट की कमान एक कैप्टन को सौंपनी है और फिर सेना मुख्यालय (AHQ) नई दिल्ली जाना है। मुझे स्वीडन में इलेक्ट्रॉनिक उपकरण पर एक कोर्स के लिए चुना गया। मुझे लेह के लिए एयरलिफ्ट किया गया और फिर बैटालियन मुख्यालय पहुचाया गया। अगले दिन, मैं AN-32 (एक द्वि-इंजन टर्बोप्रॉप सैन्य परिवहन विमान, जिसे यूक्रेन के एंटोनोव डिज़ाइन ब्यूरो ने डिज़ाइन और निर्मित किया है) से चंडीगढ़ गया और फिर नई दिल्ली।

मेरा कार्यकाल वास्तव में छोटा रहा। लेकिन मैंने सैनिकों के साथ रहते हुए एक महत्वपूर्ण सबक सीखा। मुझे पता चला कि सैन्य नेतृत्व केवल अपने लोगों को सशक्त बनाना नहीं है बल्कि व्यक्तिगत उदाहरण, साझा बलिदान और विश्वास को प्रेरित करना भी है। कोई प्रबंधन गुरु, प्रबंधन संस्थान या डिग्री आपको ऐसे नेतृत्व की कला नहीं सिखा सकती जिससे आपके अधीनस्थ आपके लिए निर्धारित किए गए कार्य के लिए अपने जीवन का बलिदान देने के लिए तैयार हो जायें।

*****

सेना मुख्यालय (Army HQ) ने मुझे स्वीडन और नॉर्वे में RRX[50] कोर्स में नियुक्त किया। मेरे साथ तीन और अधिकारी और दो जेसीओ थे। हम सितंबर के दूसरे सप्ताह में स्टॉकहोम पहुंचे। तापमान 14 डिग्री सेल्सियस था, और ठंड थी। हमारी ट्रेनिंग एरिक्सन ट्रेनिंग एस्टेब्लिशमेंट में हुई। हमें ओडेन गेट (Oden Gate) पर स्थित होटल ओडेन में ठहराया गया।

हवाई अड्डे पर हमें रिसीव करने के लिए कंपनी के प्रतिनिधि श्री बो नॉर्डिन मौजूद थे। उन्होंने हमें अगले चौदह दिनों के लिए ट्रेन पास दिए। एरिक्सन ने प्रशिक्षण को बहुत ही व्यवस्थित ढंग से संचालित किया। श्री टॉरे ज़ांडर ने हमें सर्किट डायग्राम पढ़ने और समझने का तरीका सिखाया। वह अपने काम में कुशल थे। उन्होंने हमें व्यापक मैनुअल, सर्किट डायग्राम और अन्य संसाधन प्रदान किए। एरिक्सन ट्रेनिंग सेंटर हमारे होटल से लगभग 35 मिनट की दूरी पर था, और हम इलेक्ट्रिक ट्रेन से यात्रा करते थे। स्टॉकहोम मेट्रो (स्वीडिश: Stockholms tunnelbana) एक त्वरित परिवहन प्रणाली है।

हम होटल में नाश्ता करते थे और ट्रेनिंग सेंटर में दोपहर का भोजन करते थे। कंपनी के उदार आतिथ्य का आनंद लिया। कुल मिलाकर, वातावरण और परिवेश अच्छे अध्ययन और शिक्षा के लिए अनुकूल थे।

कोर्स का दूसरा भाग, जो मल्टीप्लेक्स उपकरण पर केंद्रित था, नॉर्वे के ओस्लो में ईबीए कॉर्पोरेशन द्वारा संचालित किया गया। हमें ओस्लो में एक महीने से भी कम समय के लिए प्रशिक्षित किया गया। हम एक अद्भुत आरामदायक होटल ट्राइएंगल में ठहरे। कोर्स के अंतिम भाग के लिए, हम फिर से स्टॉकहोम लौटे।

दोनों देशों ने मेरे मन पर एक अद्भुत छाप छोड़ी। स्वीडन और नॉर्वे महान देश हैं, जो यूरोप की बेहतरीन चीज़ों का प्रतिनिधित्व करते हैं।

*****

कोर्स पूरा करने के बाद, मैंने अपने साले, श्री जॉय मुल्लोंकल, से स्विट्ज़रलैंड के ज़्यूरिख में मिलने के लिए दो सप्ताह की छुट्टी ली। मैं उनके साथ और उनके परिवार के साथ क्रिसमस मनाना चाहता था। जॉय 1978 में ज़्यूरिख आए थे और पहले से ही अच्छी तरह बस गए थे। मैंने सोचा कि मैंने पिछले

50 एक रेडियो रिले उपकरण।

सौ दिनों में यूरोप का काफी दौरा किया है, विभिन्न खाद्य पदार्थों का स्वाद लिया है, अब मुझे कुछ आराम करना चाहिए और भारतीय खाना खाना चाहिये। लेकिन मेरे साले के पास कुछ और योजनाएँ थीं। उन्होंने पहले ही पेरिस के लिए टिकट खरीद लिए थे। बहुत आग्रह के बाद, मैंने उन्हें टिकट रद्द करने के लिए राजी कर लिया। अगले दिन, हम ज़्यूरिख शहर का दौरा करने निकले।

क्रिसमस के मौसम में ज़्यूरिख एक जादुई शहर प्रतीत होता है। जैसे-जैसे तापमान घटता है और बर्फ गिरती है, शहर एक आश्चर्यजनक दुनिया में बदल जाता है, जहां चमचमाते प्रकाश बल्ब तथा सड़कों और इमारतों की सजावट मन को प्रफुल्लित करते हैं। प्रसिद्ध बानहॉफस्ट्रैसे[51] विशेष रूप से उल्लेखनीय है जिसके ऊपर सहस्त्रों की संख्या में जगमगाते विविध प्रकार के प्रकाश पुंजों की अवलियां ऐसा चमत्कारिक दृश्य बनाती हैं जिसे नजर अंदाज करना मुश्किल है। जब हम ज़्यूरिख झील के किनारे टहलते थे, तो पहाड़ी का सुंदर दृश्य इतना आकर्षक लगा कि हमने लुसेर्न की ओर जाने की योजना बनाई। जॉय ने तुरंत अपनी दोस्तों, मार्था और ब्रूडी से बात की और उनकी कार से अगले दिन सुबह तड़के हम सब लुसेर्न की ओर सड़क यात्रा पर निकल पड़े।

मार्था गाड़ी चला रही थी और ब्रुडी फ्रंट सीट पर को-ड्राइवर थीं और दोनों को रास्ता अच्छी तरह पता था। मार्था स्विट्ज़रलैंड में जन्मी और पली-बढ़ी थी। दोनों जॉय के साथ भारत आई थीं। उनके घर ठहरीं थी और संयोग से उन्होंने मेरे बच्चों के दीक्षा संस्कार में भाग लिया था। सड़क हरे भरे जंगलों और खूबसूरत गांवों के बीच से गुजरती थी तथा वहां बर्फ से ढके पहाड़ों का अद्भुत दृश्य था। जब हम लुसेर्न पहुंचे, तो हमने ट्राम स्टेशन पर स्वचालित विक्रय मशीन से ट्राम के टिकट खरीदे। शहर में एक प्रभावी और सुविधाजनक ट्राम प्रणाली थी। हमने लुसेर्न झील के अद्भुत दृश्य का आनंद लिया, जो बर्फ से ढकी आल्प्स पहाड़ियों से घिरी हुई थी। यह चित्रात्मक शहर प्राकृतिक सुंदरता और ऐतिहासिक आकर्षण का एक शानदार मिश्रण था, जिसने हमें अविस्मरणीय यादें दीं।

क्रिसमस की पूर्व संध्या पर, हम एक मध्यरात्रि चर्च सेवा में शामिल हुए और हमने कैरोल गाए। उत्सव में हमारा भोजन भारतीय और स्विस व्यंजनों

51 ज्यूरिख में एक प्रसिद्ध सड़क, जो उच्च श्रेणी की दुकानों के लिए जानी जाती है।

का मिश्रण था। हवा में हंसी और प्यार का माहौल था, जो क्रिसमस की भावना को संजोए था।

आखिरकार, लगभग चार महीनों के बाद, मैं भारत लौट आया, और न्यू ईयर 1987 की पूर्व संध्या को भोपाल पहुंचा। **मैरी** और बच्चे मुझे देखकर फूले नहीं समा रहे थे। मैं उनके लिए कई उपहार लाया था, जिनमें एक VCR—वीडियो कैसेट रिकॉर्डर शामिल था। यह इलेक्ट्रॉनिक उपकरण 1980 और 1990 के दशक में वीडियो और ऑडियो को मैग्नेटिक कैसेट्स पर रिकॉर्ड और प्ले करने के लिए व्यापक रूप से इस्तेमाल होता था। आज, यह पुराना हो गया है, जिसे डिजिटल रिकॉर्डिंग तकनीकों ने स्थानतरित कर दिया है। हम नए साल के स्वागत में नाचते रहे, मेरी वापसी और 1988 के आगमन का जश्न मनाते रहे। इसी समय, मुझे अपनी नई पोस्टिंग का आदेश भी मिला; मुझे असम के संयुक्त कार्यशाला में शामिल होना था।

अनुकूलनशीलता, सहानुभूति, धैर्य और ईमानदारी में पाठ

मैंने जनवरी के तीसरे सप्ताह में इकाई में रिपोर्ट किया। कमांडिंग ऑफिसर एक कर्नल रैंक के अधिकारी थे। इसमें एक फील्ड वर्कशॉप कंपनी थी, जो मुख्यालय कोर और कोर इकाइयों के सभी उपकरणों की मरम्मत और रखरखाव करती थी, एक इंटरमीडिएट वर्कशॉप कंपनी थी जो कोर क्षेत्र में फील्ड मरम्मत[52] से आगे की मरम्मत और रखरखाव का ध्यान रखती थी, और एक रिकवरी कंपनी थी जो कोर क्षेत्र[53] में टूटे हुए वाहनों और उपकरणों की रिकवरी करती थी।

अनुकूलनशीलता: मैंने असम में RRX रेडियो रिलेज़ उपकरण (स्वीडन) और अन्य दूरसंचार उपकरणों की मरम्मत को सबसे कुशलता से व्यवस्थित करने और कार्य संस्कृति में विश्व मानकों को लाने की महत्वाकांक्षा के साथ

52 भारतीय सेना में, उपकरणों की मरम्मत को फील्ड, इंटरमीडिएट और बेस मरम्मत के श्रेणियों में वर्गीकृत किया जाता है, जो मरम्मत के स्तर और तीव्रता के आधार पर होती हैं।

53 एक भारतीय सेना का कोर एक फील्ड फॉर्मेशन है जिसमें 3 से 5 डिविजन होते हैं और इसमें 20,000 से 45,000 सैनिक होते हैं।

कदम रखा। मैंने एक अत्याधुनिक RRX मरम्मत केंद्र की योजना बनाना शुरू किया और उसके लिए चित्र बनाए। दुर्भाग्यवश, मेरे लिए ऐसे किसी भूमिका में कोई पद उपलब्ध नहीं था। रिकवरी कंपनी में ही वैकेंसी थी। इसलिए, मैंने रिकवरी कंपनी का आफीसर कमांडिंग (OC) बनकर कार्यभार संभाला। इसके साथ ही, मैं मेस सचिव[54] भी बन गया। किसी ने भी मेरी विशेषज्ञता के बारे में नहीं पूछा। यह स्थिति मेरे लिए थोड़ी निराशाजनक रही। किंतु मैंने सीखा था कि संगठन व्यक्तिगत महत्वाकांक्षाओं से अधिक महत्वपूर्ण है, इसलिए मैंने इस निर्णय को सहजता से स्वीकार किया।

सहानुभूति: मेरे कमांड के दौरान एक भयावह घटना हुई। सिपाही केरकेट्टा, जो एक रिकवरी वाहन के चालक थे, दुर्भाग्यवश एक घाटी में गिरने से उनकी जान चली गई। यह दुखद घटना अरुणाचल प्रदेश के अक्ष पर भालुकपुंग से सेसा-बोमडिला जाते समय हुई। दुख में डूबा, मैंने अपने आंखों में भारी आंसू लेकर कमांडिंग ऑफिसर को सिपाही केरकेट्टा की मौत की सूचना दी। सिपाही केरकेट्टा रांची के एक उत्कृष्ट हॉकी खिलाड़ी थे। पास के चर्च में उनके अंतिम संस्कार के समय मेरा मन गहरी पीड़ा से व्यथित हो गया। उनकी शोकाकुल युवा पत्नी का करुण क्रंदन और असहनीय दुख मुझे विशेष रूप से परेशान करता रहा। उसके नेत्रों से निरंतर बहते आंसू और पति के शव से लिपटकर बिलख बिलख कर रोना मेरे हृदय पटल पर आज भी जीवंत है। भविष्य में ऐसी हृदय विदारक दुर्घटना की पुनरावृति न हो उसके लिए हमने अधिक जागरूकता अपनाई। आज के दृष्टिकोण से, मुझे इस बात की तसल्ली है कि उस समय के बाद, मेरे कार्यकाल में किसी भी वाहन का कभी कोई हादसा नहीं हुआ। मैंने अपनी कमान के तहत हर जीवन की रक्षा की, जब तक कि मैं सेवानिवृत्त नहीं हुआ।

मैंने रिकवरी कंपनी की कमान कई महीनों तक जारी रखी और कोर जोन (Corps Zone) में एक प्रभाव डाला। मैं Corps Zone के रिकवरी एक्सिस के ऊपर-नीचे घूमता रहा। मुझे अरुणाचल प्रदेश की इन पहाड़ी सड़कों में आनंद आता था। ये सड़कें ऊबड़ खाबड़, घुमावदार और धोखेदार थीं। हालाँकि, नजारा अद्भुत था। कई बार सड़क मलबे और मिट्टी में बदल गई, और बड़ी हेयरपिन मोड़ें पेट में मरोड़न पैदा करनेवाली थीं, लेकिन दृश्य, निस्संदेह, मंत्रमुग्ध

54 एक अधिकारी जो ऑफिसर मेस के संचालन को भोजन और एकल अधिकारियों के आवास के संदर्भ में समन्वयित करता है और अधिकारियों के लिए सभी मनोरंजन की व्यवस्था करता है।

कर देने वाले थे। उन दिनों, लेफ्टिनेंट जनरल एफ टी डियास PVSM[55], AVSM[56], VrC[57]कोर कमाण्डर थे। उन्होंने हमारी रिकवरी कंपनी के निरीक्षण के दौरान टिप्पणी की कि मैं एक वर्गाकार नट था जो गोल छेद में फिट नहीं हो रहा था। उन्होंने मेरे स्वीडन और नॉर्वे में प्रशिक्षण के बारे में जानकारी इकट्ठा की थी।

उस समय, इलेक्ट्रॉनिक्स और मैकेनिकल इंजीनियरिंग (DDEME) के उप निदेशक ब्रिगेडियर (जो बाद में लेफ्टिनेंट जनरल और डायरेक्टर जनरल EME बने) जे.एस. अहलूवालिया पीवीएसएम थे। साथ ही, कमांडिंग ऑफिसर (CO) थे कर्नल (बाद में ब्रिगेडियर) एम.के. देवान। 1989 के मध्य में, ब्रिगेडियर आर श्रीधरन, जो थिरुवनंतपुरम में हमारे ऑफिसर कमांडिंग (OC) के रूप में गतिशील और प्रभावशाली नेता थे, ने अहलूवालिया की जगह DDEME के रूप में कार्यभार संभाला। उन्होंने CO को निर्देशित किया कि मुझे रिकवरी कंपनी से जल्द से जल्द फील्ड वर्कशॉप कंपनी में ऑफिसर कमांडिंग के रूप में पुनः असाइन किया जाए। इस यूनिट की मुख्य जिम्मेदारी Corps HQ के वाहनों को बनाए रखना थी। जल्द ही, मैंने फील्ड रिपेयर वर्कशॉप के ऑफिसर कमांडिंग के रूप में कार्यभार संभाला। एक शांति समय के Corps Zone परिदृश्य में OC वर्कशॉप की भूमिका को OC रिकवरी कंपनी की भूमिका की तुलना में अधिक मान्यता और प्रशंसा प्राप्त हुई, जिसने मेरे करियर की प्रगति में महत्वपूर्ण योगदान दिया।

उन दिनों को देखकर, मुझे गर्व है कि फील्ड वर्कशॉप कंपनी के ऑफिसर कमांडिंग के रूप में मेरा प्रदर्शन उत्कृष्ट था और सभी द्वारा सराहा गया। इसके परिणामस्वरूप, मैं और बेहतर प्रदर्शन करने के लिए प्रेरित हुआ।

अखंडता: अक्टूबर 1989 में, कमांडिंग ऑफिसर्स के खिलाफ कई वित्तीय अनियमितताओं का विवरण देने वाला एक गुमनाम पत्र सामने आया, और कोर कमाण्डर ने इस पर कार्रवाई की। इससे अधिकारियों के बीच स्पष्ट अविश्वास फैल गया। यह स्पष्ट था कि कुछ अधिकारियों ने CO को लक्षित किया था। कोर कमाण्डर ने एक कोर्ट ऑफ इंक्वायरी बुलाई, जिसका नेतृत्व एक ब्रिगेडियर और दो कर्नलों ने किया, ताकि आरोपों की जांच की जा सके।

55 परम विशिष्ट सेवा पदक, भारतीय सेना में विशिष्ट सेवा के लिए एक पुरस्कार।

56 अतिविशिष्ट सेवा पदक।

57 एक युद्धकालीन सैन्य पुरस्कार जो वीरता के कार्यों के लिए दिया जाता है।

सौभाग्य से, मुझे कोई आरोप नहीं लगा क्योंकि मैं रिकवरी कंपनी का OC था और मेरे पास कोई स्थानीय खरीद निधि या अनुदान नहीं थे।

जांच के दौरान, CO को अवकाश पर जाने के लिए कहा गया, और मैं कार्यवाहक CO (Officiating CO) बन गया। मैंने बोर्ड ऑफ ऑफिसर्स के सामने सभी तथ्यात्मक विवरण प्रस्तुत किए। रिकॉर्ड से पता चला कि CO मुख्य रूप से दस्तावेजों पर काउंटरसाइन करते थे, जबकि उनके OC Workshops ने सभी स्थानीय खरीद पर हस्ताक्षर किए। अगर उन्होंने CO को दंडित किया, तो युवा OC Workshops को इसमें शामिल किया जा सकता था। कुछ हफ्तों के भीतर, CO को उनकी पोस्टिंग आदेश मिल गया और वे चले गए।

कर्नल देवान के कार्यकाल के आधार पर, मैंने सीनियर EME ऑफिसर्स कोर्स के दौरान एक case study प्रस्तुत की। इस अध्ययन ने कमान में नैतिक नेतृत्व और अंतर्वैयक्तिक संबंधों के महत्व पर जोर दिया। मुझे इस कोर्स में इंस्ट्रक्टर ग्रेडिंग दी गई, जिससे बाद में MCEME, सिकंदराबाद में इंस्ट्रक्टर के रूप में मेरी पोस्टिंग का रास्ता प्रशस्त हुआ।

चुने हुए मार्ग पर: मैं हमेशा एक वर्कशॉप कंपनी का नेतृत्व करना चाहता था। हालांकि, मुझे दो साल तक यह पद नहीं मिला। लेकिन जब मैंने वित्तीय कदाचार और उसके परिणामस्वरूप जटिलताओं को देखा, तो मुझे एहसास हुआ कि इस भूमिका में नहीं होना एक बुद्धिमानी भरा निर्णय था। ऐसा लगा जैसे एक दिव्य योजना ने मुझे सुरक्षित रखा, बाइबिल के शब्दों का प्रतिध्वनित करते हुए,

"जब समय सही होगा: मैं, प्रभु, इसे संभव करूंगा" (यशायाह 60:22) ।

मैंने आभार महसूस किया, यह सोचते हुए कि शायद दिव्य दृष्टि ने मुझे सुरक्षित रखा।

दृढ़ता: अंततः जून 1990 में, पद रिक्त होने पर मैं फील्ड रिपेयर वर्कशॉप कंपनी से इंटरमीडिएट रिपेयर वर्कशॉप कंपनी में चला गया। मेरी शीर्ष प्राथमिकता स्वीडन और नॉर्वे से आए RRX रेडियो रिले उपकरण को बनाए रखना था। मैंने इस नियुक्ति के लिए दो साल से अधिक समय तक इंतजार किया था। मैंने तुरंत RRX मरम्मत बोगी स्थापित की और RRX रेडियो रिले उपकरण पर एक प्रबंधन मूल्यांकन रिपोर्ट लिखी। मैंने इसे पूर्वी कमान

के इलेक्ट्रॉनिक्स और मैकेनिकल इंजीनियरिंग के मेजर जनरल (MGEME) कोलकाता और DDEME, ब्रिगेडियर आर श्रीधरन को Corps HQ में सौंप दिया।

जब MGEME ने सिलिगुड़ी यूनिट का दौरा किया, तो उन्होंने RRX मरम्मत बोगी की सराहना की और मेरे समकक्ष Combined Workshop, सिलिगुड़ी को हमारे सफल व्यवस्था का अध्ययन करने के लिए निर्देशित किया। इंटरमीडिएट वर्कशॉप कंपनी के ऑफिसर कमांडिंग के रूप में, मैंने मध्यम रेजिमेंट के Bofors तोप[58] और उनके प्राइम मूवर्स के रखरखाव की देखरेख की। मैंने वाहन घटकों, इलेक्ट्रॉनिक उपकरणों और RRX रेडियो रिले उपकरण की मध्यवर्ती मरम्मत का भी प्रबंधन किया। इस कार्यकाल ने मुझे अपनी पेशेवर क्षमता को बढ़ाने और असाधारण परिणाम प्राप्त करने का अवसर दिया। मेरे प्रयासों की Corps और Command स्तर पर सराहना हुई। मेरा कार्यकाल तीन साल और छह महीने तक चला, जो सबसे लंबा था।

Combined Workshop में अपने अनुभव को देखते हुए, मुझे गर्व और विनम्रता की एक मार्मिक अनुभूति हुई। यह मार्ग अनपेक्षित बाधाओं और मोड़ों से भरा था, लेकिन प्रत्येक ने समानुभूति, अनुकूलनशीलता, ईमानदारी, नैतिक नेतृत्व और दृढ़ता के मूल्यवान पाठ सिखाए। अंततः, मुझे एक पोस्टिंग आदेश मिला, और मेरी अगली नियुक्ति EME बटालियन, देहरादून में हो गई।

*****

असम में आतंकवाद विरोधी अभियान में प्रमुख भूमिका (1988-1991)

1980 के दशक के अंत और 1990 के दशक के आरंभ में, भारत के पूर्वोत्तर राज्य असम ने विद्रोही आंदोलनों और आतंकवादी गतिविधियों के कारण गंभीर अस्थिरता का सामना किया। यह क्षेत्र विभिन्न अलगाववादी समूहों, जैसे कि यूनाइटेड लिबरेशन फ्रंट ऑफ असम (ULFA), द्वारा व्यापक हिंसा

58 एक 155 मिमी स्वीडिश होवित्जर जिसे AB Bofors द्वारा निर्मित किया गया है, और जो असाधारण रूप से उच्च रेंज और फायरिंग दर के लिए जाना जाता है।

और सरकार विरोधी कार्रवाइयों से प्रभावित था। इस अस्थिरता ने भारतीय सेना को कई विद्रोहरोधी (काउंटर-इंसर्जेंसी) अभियानों, जैसे ऑपरेशन बजरंग (1990) और ऑपरेशन राइनो (1991), को शुरू करने के लिए प्रेरित किया, जिनका उद्देश्य विद्रोही गतिविधियों को दबाना और असम में व्यवस्था को पुनर्स्थापित करना था।

इस महत्वपूर्ण समय के दौरान, मेरी भूमिका सेना के आतंकवाद विरोधी अभियानों में उपयोग होने वाले संचार और अन्य प्रमुख उपकरणों की संचालन स्थिरता और दक्षता सुनिश्चित करने से जुड़ी हुई थी। मैं उस मूल इकाई का हिस्सा था जो सेना के संचार प्रणालियों की देखभाल और मरम्मत के लिए जिम्मेदार थी, और मुझे विभिन्न संचार उपकरणों, विशेष रूप से आरआरएक्स (रेडियो रिले एक्सचेंज) प्रणालियों की मरम्मत और पुनर्प्राप्ति प्रक्रियाओं का आयोजन और पर्यवेक्षण करने का कार्य सौंपा गया।

शुरुआत में, मेरा ध्यान मरम्मत और पुनर्प्राप्ति प्रक्रियाओं के मानकों को वैश्विक मानकों के अनुरूप उन्नत करने पर था। मेरा लक्ष्य एक प्रभावी और सुव्यवस्थित प्रणाली बनाना था, जिससे तहत हमारे उपकरणों की मरम्मत और रखरखाव का कार्य सुचारु रूप से किया जा सके और किसी भी खराबी को त्वरित रूप से दुरूस्त किया जा सके। यह आने वाले अभियानों के लिए अत्यंत महत्वपूर्ण साबित होने वाला था, क्योंकि विद्रोहरोधी (काउंटर-इंसर्जेंसी) प्रयासों में उपयोग होने वाले उपकरणों का भरोसेमंद और कार्यात्मक होना आवश्यक था, विशेष रूप से उच्च दबाव वाली परिस्थितियों में। संचार प्रणालियों की मरम्मत में मेरे अनुभव ने मुझे उन प्रक्रियाओं में खामियों को पहचानने में मदद की, जिन्होंने पहले मरम्मत के कार्यों को धीमा कर दिया था, और मैं इन चुनौतियों का सामना करने के लिए दृढ़ संकल्पित था ताकि सेना की संचालन तैयारियों में किसी प्रकार का अवरोध न हो सके।

संचार सहायता में भूमिका और चुनौतियाँ

सैन्य अभियानों के लिए संचार अवसंरचना एक महत्वपूर्ण घटक है, जो विभिन्न इकाइयों के बीच सुचारू समन्वय सुनिश्चित करता है, विशेषकर उन शत्रुतापूर्ण वातावरणों में, जो आतंकवाद विरोधी अभियानों के दौरान सामने आते हैं। असम के अभियानों में, सेना को मोबाइल संचार इकाइयों और त्वरित प्रतिक्रिया उपकरणों पर भारी निर्भर रहना पड़ा, जिन्हें कठिन भूभाग वाले दूरदराज के क्षेत्रों में तैनात किया जा सकता था। इसके लिए हमारी इकाई

को किसी भी टूट-फूट या तकनीकी समस्याओं के प्रति लचीला और त्वरित प्रतिक्रिया देने में सक्षम होना आवश्यक था।

मेरे सामने एक प्रमुख चुनौती आरआरएक्स प्रणालियों की मरम्मत और रखरखाव थी क्योंकि ये प्रणालियां अग्रिम मोर्चे पर तैनात इकाइयों और कमांड केंद्रों के बीच संचार बनाए रखने के लिए आवश्यक थीं। ऑपरेशन बजरंग और ऑपरेशन राइनो जैसे अभियानों की गति और तीव्रता को देखते हुए, संचार में कोई भी विघटन जमीनी स्तर पर सैनिकों के लिए भयानक परिणाम उत्पन्न कर सकता था। मैंने इन अभियानों की बदलती आवश्यकताओं के अनुरूप स्वयं को तेजी से ढाला और अपने ध्यान को केवल उपकरणों के उन्नयन से हटा कर यह सुनिश्चित करने पर केंद्रित किया कि सभी प्रणालियाँ पूरी तरह से कार्यशील रहें और उनकी किसी भी समय मरम्मत या प्रतिस्थापन किया जा सके।

इस अवधि के दौरान मेरा एक प्रमुख योगदान नई मरम्मत तकनीकों और कार्यप्रणालियों का चालन करना था, जिसने हमारे अभियानों की गति और दक्षता को काफी बढ़ा दिया। मैंने सभी तैनात संचार उपकरणों के लिए निरंतर-निगरानी-प्रणाली लागू की, जिससे हमें संभावित समस्याओं के गम्भीर होने से पहले उनकी पहचान और समाधान करने का मौका मिल सके। यह सक्रिय दृष्टिकोण उपकरण प्रबंधन में अप्रत्याशित विफलताओं की संभावना को कम करता है और अंततः सेना के मिशनों को प्रभावी ढंग से अंजाम देने की क्षमता को बढ़ाता है।

गतिशील वातावरण के प्रति अनुकूलन

आतंकवाद विरोधी अभियानों की गतिशीलता और अक्सर अप्रत्याशित प्रकृति का मतलब था कि हमारी इकाई विभिन्न परिदृश्यों के लिए तैयार रहे। ऐसा उपकरण जो एक वातावरण में सही ढंग से काम करता था, वह अलग क्षेत्र या विभिन्न मौसम की परिस्थितियों में तैनात करने पर टूट सकता था या खराब हो सकता था। मेरी भूमिका केवल मरम्मत के आयोजन से आगे बढ़कर उपकरण पुनर्प्राप्ति और पुनर्वितरण के तंत्र को सक्रिय रूप से प्रबंधित करने में बदल गई। यह सुनिश्चित करना आवश्यक हो गया कि पूरी तरह से कार्यात्मक उपकरण प्राथमिकता से उन इकाइयों के लिए उपलब्ध हों जिन्हें इसकी सबसे अधिक आवश्यकता थी, चाहे वे विद्रोही-नियंत्रित क्षेत्र के बीच में हों या असम की सीमाओं पर कार्यरत हों।

हमारी मरम्मत प्रक्रियाओं के तकनीकी पहलुओं में सुधार के अलावा, मैंने अपने इकाई और ज़मीनी संचालन टीमों के बीच समन्वय बढ़ाने पर भी ध्यान केंद्रित किया। इन टीमों के बीच प्रभावी संचार महत्वपूर्ण था, क्योंकि यह हमें मिशन की आवश्यकताओं के आधार पर मरम्मत को प्राथमिकता देने की अनुमति देता था। मैंने मरम्मत अनुरोध प्राप्त करने और संसाधित करने की प्रक्रिया को अधिक सुव्यवस्थित बनाया, जिससे आवश्यक मरम्मत के लिए समयसीमा को कम करने में मदद मिली और यह सुनिश्चित हुआ कि सेना अपनी संचालन गति बनाए रख सकी।

जैसे-जैसे अभियान आगे बढ़े, हमारी इकाई की उपकरण टूटने पर तेजी से प्रतिक्रिया देने की क्षमता और भी महत्वपूर्ण होती गई। संचालन की तेज़ गति का मतलब था कि संचार में कोई भी देरी सेना की विद्रोही गतिविधियों का मुकाबला करने की प्रभावशीलता के लिए गंभीर परिणाम पैदा कर सकती थी। मेरी टीम और मैंने यह सुनिश्चित करने के लिए दिन-रात काम किया कि प्रत्येक संचार उपकरण अपनी सर्वोत्तम स्थिति में रहें और इसके लिए हमें अक्सर चल रहे अभियानों के करीब, कभी-कभी गोलीबारी के बीच, तत्काल मरम्मत करने के लिए काम करना पड़ता था।

ऑपरेशन बजरंग और ऑपरेशन राइनो में योगदान

ऑपरेशन बजरंग, जो 1990 के अंत में शुरू हुआ, असम में विद्रोही बलों के खिलाफ पहला प्रमुख सैन्य अभियान था। यह अभियान ULFA और अन्य विद्रोही समूहों को राज्य के ग्रामीण और शहरी क्षेत्रों में उनके गढ़ों से बाहर निकालने पर केंद्रित था। इस ऑपरेशन की सफलता सेना की विभिन्न इकाइयों के बीच व्यापक दूरी और कठिन भूभाग में संचार बनाए रखने की क्षमता पर बहुत निर्भर थी। इस प्रयास में हमारी इकाई का काम महत्वपूर्ण था क्योंकि हमने सुनिश्चित किया था कि सबसे चुनौतीपूर्ण वातावरण में भी सभी संचार लाइनें खुली और कार्यशील बनी रहेंगी।

जब 1991 में ऑपरेशन राइनो शुरू हुआ, तब सेना ने अपनी विद्रोहरोधी रणनीति को और अधिक परिष्कृत किया, जिसमें त्वरित प्रतिक्रिया और गतिशीलता पर अधिक जोर दिया गया। इसके लिए न केवल पूरी तरह से कार्यात्मक संचार उपकरणों की आवश्यकता थी, बल्कि उपकरणों की त्वरित मरम्मत और प्रतिस्थापन की क्षमता भी आवश्यक थी, क्योंकि इकाइयाँ एक स्थान से दूसरे स्थान पर जाती थीं। मेरी टीम और मैंने इस संभार-तंत्र रूपी

मेरुदण्ड को बनाए रखने में महत्वपूर्ण भूमिका निभाई जिससे सेना अपने संचालन को बिना रुकावट जारी रखना सुनिश्चित कर सकी ।

हमारे काम का प्रभाव दोनों अभियानों की प्रगति के साथ स्पष्ट होता गया। सेना की अपनी इकाइयों के बीच निरंतर संचार बनाए रखने की क्षमता ने उसे विद्रोही खतरों का तुरंत जवाब देने की अनुमति दी, और हमारी त्वरित मरम्मत और पुनर्प्राप्ति प्रयासों ने यह सुनिश्चित किया कि कोई भी इकाई बिना आवश्यक उपकरण के अपने मिशन को पूरा करने के लिए नहीं रही। यह संभारतांत्रिक योगदान सेना को योगदानअपनी गति बनाए रखने और अंततः असम में विद्रोही गतिविधियों को नियंत्रित करने में सफल होने में अत्यंत महत्वपूर्ण था।

स्थायी विरासत और सीखे गए सबक

असम में आतंकवाद विरोधी अभियानों में अपनी भूमिका पर नजर डालते हुए, मुझे एहसास होता है कि इस अवधि में हमारे द्वारा किया गया काम न केवल अभियानों की सफलता पर स्थायी प्रभाव डालता है, बल्कि भविष्य के अभियानों में सेना के उपकरण प्रबंधन के दृष्टिकोण को भी बदलता है। हमने जो प्रणालियाँ और प्रक्रियाएँ विकसित कीं, वे संचार उपकरणों की त्वरित मरम्मत और पुनर्प्राप्ति सुनिश्चित करने के लिए थीं, और इन्हें अन्य इकाइयों द्वारा अपनाया गया है। हमने लचीलेपन और अनुकूलनशीलता के जो महत्वपूर्ण पाठ सीखे हैं, सैन्य अभियानों में वे आज भी प्रासंगिक हैं।

असम में मेरे अनुभव ने मुझे टीमवर्क, लचीलापन, और विपरीत परिस्थितियों में नवाचार का मूल्य सिखाया। जिन चुनौतियों का सामना हमें करना पड़ा, वे विकराल थीं, लेकिन मेरी टीम के समर्पण और पेशेवरता ने हमें उन्हें पार करने और सेना के मिशन की सफलता में योगदान करने की अनुमति दी। यह जानकर कि हमारा काम जीवन बचाने और असम के लोगों को और अधिक हिंसा से बचाने में मददगार रहा, मुझे हमेशा गर्व रहेगा।

अंततः असम में आतंकवाद विरोधी अभियान मेरे करियर में महत्वपूर्ण मोड़ थे, क्योंकि उन्होंने मुझे क्षेत्र में शांति और स्थिरता बहाल करने के लिए सेना के प्रयासों में सार्थक योगदान देने का अवसर प्रदान किया। संचार उपकरणों की संचालन तत्परता सुनिश्चित करने में मेरी भूमिका इन अभियानों

की सफलता के लिए महत्वपूर्ण थी, और इस चुनौतीपूर्ण अवधि में हमने जो मैं काम किया, उस पर मैं गर्व महसूस करता हूँ।

*****

मेजर डी. पी. सिंह (जो बाद में ब्रिगेडियर बने) और मैं अपनी अपनी नई पोस्टिंग के लिए असम से बाहर जाने की तैयारी कर रहे थे। हमने अपने सामान को परिवहित करने के लिए एक ट्रक साझा करने का निर्णय लिया। उनका सामान आगरा जाना था, जबकि मेरा देहरादून। हम 21 मई 1991 को निकले तो हमारे परिवारी जन हमें गुवाहाटी रेलवे स्टेशन तक छोड़ने आए। जैसे ही हमारा सामान से भरा हुआ ट्रक चलने लगा, हमें पूर्व प्रधानमंत्री श्री राजीव गांधी के हत्या की चौंकाने वाली खबर मिली। इस दुखद घटना ने परिवहन व्यवस्था में हड़कंप मचा दिया। ट्रेनों के रद्दीकरण और सड़क परिपवहन के डगमगाने से यात्रियों के समक्ष अप्रत्याशित बाधायें उत्पन्न हो गईं।

इस उलझन के बीच, छोटे बच्चों की देखभाल करते हुए, हमारी सबसे बड़ी चिंता ट्रक पर रखे सामान की सुरक्षा थी। ट्रेन की पुनर्निर्धारित समय पर प्रस्थान की खबर का इंतज़ार करते-करते लगने लगा जैसे समय ही रुक गया हो। आठ घंटे की तनावपूर्ण देरी के बाद, हम अपनी ट्रेन में सवार हुए और गुवाहटी को पीछे छोड़ आगे बढ़े।

देहरादून पहुँचने पर, मैंने डिविजनल (Div) ट्रूप्स वर्कशॉप कंपनी का ऑफिसर कमांडिंग का कार्यभार संभाला, जो डिव HQ और डिव ट्रूप्स के वाहनों और उपकरणों के रखरखाव की देखरेख करती थी। सबसे चुनौतीपूर्ण पहलू यह था कि मैं एक ऐसी यूनिट का कार्यभार संभाल रहा था, जो पहले से ही चल रही थी, पूरी तरह से लदी हुई और ऑपरेशनल लोकेशन के लिए तैयार थी।

मेजर जनरल (बाद में लेफ्टिनेंट जनरल और क्वार्टरमास्टर जनरल, AHQ) एम एस भुल्लर, जो डिव का GOC थे, एक कठोर कार्यकर्ता थे। उन्होंने प्रमोशन पर डिवीजन का कार्यभार संभाला था। जनरल ने स्पष्ट किया कि अगर मरम्मत की गुणवत्ता असंतोषजनक रही, तो वह यूनिट को युद्ध के लिए अनुपयुक्त घोषित करने में संकोच नहीं करेंगे। ~~उन्होंने कहा कि~~ पिछले स्थान पर EME के साथ उनके अनुभव संतोषजनक नहीं थे इसलिए उन्होंने

मुझसे सावधानी बरतने को कहा। मेरी नियुक्ति के एक महीने के भीतर, हम ऑपरेशनल (OP) स्थान के लिए निकल गए।

केवल दो अधिकारियों के साथ डिव ट्रूप्स वर्कशॉप कंपनी का नेतृत्व करना आसान नहीं था। पिछले यूनिटों के विपरीत, यह फॉर्मेशन चल रहा था। आंदोलन और आने वाले तैनाती के दौरान, हर उपकरण का पूरा उपयोग किया जाएगा। उपकरणों का डाउनटाइम सफल परिणाम प्राप्त करने के लिए महत्वपूर्ण था। इसलिए, हम मोबाइल रिपेयर टीमों (MRTs) द्वारा यथास्थान मरम्मत करते थे। इसको हम "MOVE,"कहकर संबोधित करते थे। ये टीमें रिकवरी वाहनों पर चलती थीं और बिगड़े हुए उपकरणों की मरम्मत करती थीं। मैं अपनी मरम्मत टीमों को बार-बार कहता रहा, "MOVE," और उन्हें अधिकतम स्पेयर प्रदान करता रहा। जहाँ भी संभव हो सका कलपुर्जों के प्रत्यारोपण का प्रयास किया गया। हमारी यूनिट ने अत्यधिक सफलतापूर्वक कार्य किया और उसकी सराहना हुई।

*****

मैं क्लेमेंटन, देहरादून में दो साल तक रहा, और यह वह समय था जब EME Corps यूनियन[59] चल रही थी। लेफ्टिनेंट जनरल जे.एस. अहलूवालिया, DGEME, तीव्र नद जल राफ्टिंग (white water river rafting) में भाग लेने आए थे। यह जानकर कि मैंने असम में जनरल के अधीन सेवा की थी, मेरे कमांडिंग ऑफिसर ने मुझे उनकी देखभाल करने का कार्य सौंपा। लेफ्टिनेंट जनरल अहलूवालिया मुझे देखकर बेहद खुश हुए और मेरी कुशलक्षेम पूछी।

जब मेरी नियुक्ति का समय निकट था, उन्होंने मेरी पसंदीदा पोस्टिंग में मदद करने की इच्छा व्यक्त की। बिना किसी हिचकिचाहट के, मैंने बैंगलोर (बेंगलुरु) की मांग की। मेरी खुशकिस्मती से, उन्होंने इसे संभव बना दिया। देहरादून में लेफ्टिनेंट जनरल अहलूवालिया के साथ यह सौभाग्यशाली मुलाकात और उसके बाद बैंगलोर के बेस वर्कशॉप में मेरी पोस्टिंग ने हमारे जीवन पर गहरा असर डाला, खासकर हमारे बच्चों की शिक्षा के मामले में। इस प्रतिष्ठित जनरल का कुछ महीने पहले निधन हो गया है।

*****

59 सेवानिवृत्त और कार्यरत अधिकारियों की एक बैठक हर पांच साल में आयोजित की जाती है, जिसमें कोर के गठन और उसकी उपलब्धियों का जश्न मनाया जाता है।

जून 1993 में, मैं बैंगलोर के एक आर्मी बेस वर्कशॉप में गया, जहां ब्रिगेडियर आर. श्रीधरन कमांडेंट थे। यह मेरे लिए उनके नेतृत्व में काम करने का तीसरा अवसर था। ब्रिगेडियर श्रीधरन ने मुझे निर्माण एवं संयोजन प्रभाग (फैब्रिकेशन और असेंबली डिवीजन) का प्रभार सौंपा, जिसे मैंने विकास और परिवर्तन का एक अवसर माना, क्योंकि इस प्रभाग ने अभी तक उल्लेखनीय परिणाम नहीं दिए थे। मैंने उत्पादन, प्रबंधन, वाहन निर्माण और असेंबली लाइन सेटिंग के बारे में बहुमूल्य ज्ञान प्राप्त किया, और इलेक्ट्रॉनिक्स और मैकेनिकल इंजीनियरिंग के कोर में आधार कार्यशाला (बेस वर्कशॉप) की महत्वपूर्ण भूमिका को समझा।

इस पेशेवर विकास के दौरान, मेरे व्यक्तिगत जीवन में दुर्भाग्यपूर्ण मोड़ आया। मेरे पिता को ग्रसनी (फेरींजियल) कैंसर का निदान हुआ, और हमने त्रिचूर, केरल के अमाला अस्पताल में इलाज कराने का निर्णय लिया। चूंकि उनकी स्थिति को विकिरण चिकित्सा की आवश्यकता थी, मैं केरल में कई बार गया ताकि उनके साथ रह सकूं।

सन 1995 में, मुझे खुशी और दुख दोनों का सामना करना पड़ा। मुझे कर्नल के पद के लिए चयन-ग्रेड अनुमोदन मिलने की खुशी थी, लेकिन अपने पिता की बिगड़ती सेहत से मैं बेहद दुखी हो गया। इसी समय, मेरे बच्चे अपनी महत्वपूर्ण 11वीं कक्षा में प्रवेश कर रहे थे। नियमों के अनुसार, यदि मैं उस क्षेत्र में तैनात रहता और वे 12वीं कक्षा में पढ़ते, तो वे कर्नाटक कोटा में इंजीनियरिंग कॉलेजों के लिए योग्य हो जाते। इस प्रकार, जब मेरा कर्नल के पद पर प्रमोशन आया और मुझे स्थानांतरित होना पड़ा, तो मैंने एक प्रतिकूल करियर प्रमाणपत्र प्रस्तुत किया और बैंगलोर में अधिक समय तक रहने का अनुरोध किया। मैंने अपने बच्चों के लिए अपने करियर को बलिदान देने के लिए तैयार था।

दुर्भाग्यवश, 21 मई 1996 को मेरे पिता का निधन हो गया। जब उन्होंने अंतिम सांस ली तब हमारा समस्त परिवार उनके पास था। वे मेरे लिए सहारा, आशा का दीप, मार्गदर्शक, हीरो और आदर्श थे। मैंने अपनी भावनाओं को दबाया और उनके अंतिम संस्कार में भाग लिया। पचहत्तर की उम्र में, मेरे पिता ने एक स्थायी विरासत छोड़ी। बीमार होने से पहले, उन्होंने हमारे परिवार का घर बनवाया। हर विवरण को एक नोटबुक में दर्ज किया। वह नोटबुक, जिसमें हर रसीद और खाता विवरण है, उनके समर्पण का प्रतीक है।

इस निर्माण के दौरान, उन्होंने 18 महीनों में 2,000 किलोमीटर की दूरी तय की थी। संत समान व्यक्तित्व के धनी, वे परिवार में सभी के प्रिय हैं। निधन से पहले उन्होंने कहा था कि वे अपने जीवन से संतुष्ट थे। हम अभी भी उस घर में रहते हैं जिसे मेरे पिता ने बनवाया था।

उत्कृष्टता की खोज

मैं बेंगलुरु से पंजाब में पठानकोट के पास ममुन कैंट में अपनी नई पोस्टिंग पर चला गया। चूंकि हमारे बच्चे 12वीं कक्षा में थे, हमने बेंगलुरु में अपना आवास बनाए रखा।

मेरे जीवन में, 18 जुलाई 1996 को एक नया अध्याय शुरू हुआ। मैंने 629 EME बटालियन का कार्यभार संभाला, जो कर्नल (बाद में ब्रिगेडियर) बी.सी. शुक्ला से मिला। मैंने वर्षों से इस क्षण का सपना देखा था। यह बटालियन महत्वपूर्ण थी, जो एक इन्फैंट्री डिवीजन को इंजीनियरिंग समर्थन प्रदान करती थी। हम डिविजनल मुख्यालय की टुकड़ियों, चार इन्फैंट्री ब्रिगेडों और एक आर्टिलरी ब्रिगेड को सहयोग देते थे। हमारी बटालियन में एक HQ कंपनी और चार वर्कशॉप कंपनियाँ थीं। हमारे पास लगभग चौदह प्रतिभाशाली अधिकारी थे, फिर भी हम अधिकारियों की कमी महसूस कर रहे थे।

मेजर जनरल अरविंद कुमार, जो बाद में आर्म्ड कोर के कमांडिंग जनरल बने, ने अपने कार्यालय में हमारी प्रारंभिक बैठक के दौरान मुझे अमूल्य जानकारी प्रदान की। इसके बाद, मैंने बटालियन मुख्यालय में सभी अधिकारियों को एकत्रित किया और उन्हें हमारे प्रमुख परिणाम क्षेत्रों (KRAs) पर एक PowerPoint प्रेजेंटेशन दिया। मैं चाहता था कि सभी केंद्रित और प्रेरित रहें। मैंने हमारा नया आदर्श वाक्य पेश किया: "Pursuit of Excellence।" यह केवल एक आकर्षक नारा नहीं था, बल्कि यह हमारे मिशन का सार था।

अधिकारियों ने कठिन मेहनत की। मुझे खुशी हुई कि अपने कार्यकाल के दौरान, मैंने आर्टिलरी और दूरसंचार उपकरणों के लिए लगभग शतप्रतिशत स्पेयर पार्ट्स की उपलब्धता सुनिश्चित की। ये सक्रिय कदम उपकरणों की

Off-road state को लगभग शून्य तक ले गए। GOC ने हमारे प्रयासों की सराहना की।

हमारे लिए अपने निकटवर्ती ऑपरेशनल (OP) स्थान पर जाने का समय आ गया था। सभी प्रकार के इलाकों से परिचित होने के नाते, बटालियन मुख्यालय (Bn HQ) और संभागीय सैन्य वर्कशॉप (Div Tps Wksp) कंपनी को ऑपरेशनल स्थान पर ले जाना मेरे लिए आसान था। ब्रिगेड फील्ड रिपेयर वर्कशॉप (FRWs) अपने ऑपरेशनल आदेशों के अनुसार चले गए। मेरी भूमिका एक प्रशिक्षक की तरह थी, जिसमें मैं OC FRWs को उनके कार्य और आगे के रास्ते के बारे में सिखा रहा था। मैं उनके प्रदर्शन से वास्तव में खुश था। इतना कहना काफी होगा कि हमारी बटालियन ने अभ्यास के दौरान सभी फॉर्मेशनों को बेहतरीन इंजीनियरिंग सहयोग प्रदान किया और इसकी सराहना हुई।

जीओसी अरविंद कुमार की पत्नी, परिवार कल्याण बैठकों, महिलाओं की बैठकों और अन्य कल्याण और सामाजिक समारोहों के प्रति उत्साही थीं। वह एक खुशमिजाज महिला थीं जो पूरे स्टेशन की महिलाओं को प्रेरित करती थीं। उन्होंने अन्य महिलाओं के साथ बहुत स्नेहपूर्वक बातचीत की।

श्रीमती अरविंद कुमार के दूरदर्शी मार्गदर्शन में, मेरी पत्नी**, मैरी**, जो जून 1997 में मेरे साथ रहने आईं, हमारे बटालियन के परिवारों की स्थितियों को सुधारने के लिए उत्साहपूर्वक काम करने लगीं। उनका प्रारंभिक ध्यान लेडीज़ क्लब पर था, जो एक सामाजिक हब था जहाँ समुदाय की महिलाएँ एक-दूसरे से जुड़ती, समस्याएं साझा करती और सहयोग करती थीं। **मैरी** एक समर्पित सहयोगी और समानुभूतिशील नेता थीं, जिन्होंने सभी जिम्मेदारियों को गरिमा के साथ निभाया।

मैरी के 629 EME बटालियन के परिवार कल्याण में योगदान उल्लेखनीय थे। श्रीमती अरविंद कुमार के साथ मिलकर उन्होंने मनोरंजक गतिविधियों, जैसे कि स्थानीय सिनेमा हॉल को सुधारने और नए हिंदी फिल्म रिलीज़ सुनिश्चित करने, पर ध्यान केंद्रित किया। इस पहल के तहत, अधिकारियों और उनके परिवारों के लिए विशेष शो आयोजित किए गए, जिसने सिनेमा हॉल को सामाजिक संपर्क और सामुदायिक मनोरंजन का केंद्र बना दिया। GOC और फॉर्मेशन कमांडरों ने सिनेमा हॉल में इस कार्यक्रम का आनंद लिया। श्रीमती अरविंद कुमार को **मैरी** और उनका सरल स्वभाव विशेष रूप से पसंद था।

मैरी कल्याण बैठक में।

कमांडिंग का अर्थ है सैनिकों को उनके रोल को निडरता से समझने के लिए मार्गदर्शन देना। मैं हमेशा अपने सैनिकों से जुड़ने के लिए काम करता था। प्रभावी नेतृत्व हेतु प्रशिक्षण, मार्गदर्शन और टीम में आत्मविश्वास पैदा करना जरूरी है। उचित प्रतिनिधित्व मिशन की सफलता के लिए महत्वपूर्ण है।

जीओसी ने सितंबर में मेरी वार्षिक गोपनीय रिपोर्ट (ACR) लिखी। मुझे "आउटस्टैंडिंग" का दर्जा दिया गया। यह रिपोर्ट हर मायने में असाधारण थी। इससे पहले मैंने कभी भी "आउटस्टैंडिंग" ACR नहीं प्राप्त किया था।

प्रतिकूलता से उपलब्धि तक: लचीलापन की जादूगरी

जब मैं अपनी ACR पर हस्ताक्षर करने गया तो जीओसी ने मुझसे कहा कि मैं फॉर्मेशन के कुछ महत्वपूर्ण उपकरणों पर एक प्रशंसा रिपोर्ट लिखूं, और यदि वे "फेंकने के लिए फिट" पाए जाएं, तो उन्हें नष्ट कर दूं। लेकिन वह मेरी प्रशंसा रिपोर्ट पूरी करने और उसे सौंपने से पहले ही पोस्टिंग पर चले गए।

नई जीओसी थे मेजर जनरल पवन छिब्बर, जो कुमाऊं रेजिमेंट से थे। इस नियुक्ति से पहले, वह सैन्य सचिव (MS) शाखा, AHQ में थे। उन्होंने जीओसी बनने से पहले कुछ ब्रिगेड कमांडरों को स्वयं चुना। Brig (बाद में COAS, जनरल) V K Singh PVSM AVSM YSM[60] ADC ने ब्रिगेड कमांडर के रूप में जम्मू-कश्मीर के सांभा में ब्रिगेड वधवान का स्थान लिया। शीर्ष स्तरों पर कुछ और परिवर्तन भी हुए। Brig V K Singh, आर्मी की भाषा में, एक प्रतिष्ठित और उच्च सुयोग्य अधिकारी थे।

उनके पदभार संभालने के कुछ हफ्तों बाद, मैंने ब्रिगेड वी.के. सिंह से मुलाकात की। वह अपने दृष्टिकोण में बहुत स्पष्ट और परिष्कृत थे। उन्होंने मुझे बताया कि उनकी ब्रिगेड का OC Field Workshop शानदार काम कर रहा है। मैंने उन्हें सूचित किया कि मैं एक महत्वपूर्ण आर्मर्ड रेजिमेंट के टैंकों पर उपकरण मूल्यांकन लिख रहा हूं और इसे जल्दी ही जीओसी को सौंप दूंगा। मेरी याददाश्त के अनुसार, उन्होंने उपकरण के मूल्यांकन के बारे में कुछ नहीं कहा। हालांकि, जब मैंने DDEME, स्वर्गीय ब्रिगेड सुरिंदर सिंह के साथ जीओसी से मुलाकात की, तो जीओसी नाराज नजर आए।

हमने जीओसी को पूर्व निर्धारित अपॉइंटमेंट के साथ बुलाया था। लेकिन उन्होंने वरिष्ठ ब्रिगेडियर, जो Corps HQ से DDEME थे, को सामान्य शिष्टाचार नहीं दिखाया और उपकरण की मूल्यांकन पढ़ने के लिए अनिच्छुक थे। उन्होंने मुझसे कहा, "जनरल इस तरह काम नहीं करते। आप मुझे बताइए कि मूल्यांकन का नेट परिणाम क्या है। आप क्या करना चाहते हैं?" मैंने कहा कि मैं अधिकांश उपकरणों को चरणबद्ध तरीके से नष्ट कर दूंगा, जो अपनी उम्र पार कर चुके हैं। उन्होंने कहा, "मुझे खेद है, आप ऐसा नहीं करेंगे।" उन्होंने मेरे मूल्यांकन को आउट ट्रे में धकेल दिया और मुझसे उसे ले जाने को कहा। शुक्र है, उन्होंने उसे फेंका नहीं। वह स्पष्ट रूप से गुस्से में थे। यहीं मेरी उपकरण की मूल्यांकन समाप्त हो गई। पिछले जीओसी, जो एक आर्मर्ड रेजिमेंट से थे, और वे जो चाहते थे, उसने उन्हें प्रभावित नहीं किया। DDEME बिना GOC के साथ चाय पीने चला गया।

DDEME और मैं अपनी यात्रा के दौरान कार में एक-दूसरे से बात नहीं की। वह बहुत ही परिष्कृत व्यक्ति थे। उन्होंने अपमानित और निराश महसूस

60 युद्ध सेवा पदक भारतीय सेना में ऑपरेशनल संदर्भ में उच्च स्तर की विशिष्ट सेवा के लिए एक सम्मानित सेवा पदक है।

किया होगा। मुझे इतनी अनुभवहीन और सरल दृष्टिकोण नहीं अपनाना चाहिए था। यह मेरी गलती थी। एक कार्यात्मक समाधान दफन हो गया। उपकरणों को सेवा से हटाने में और सात साल लग गए। यह कोई मतलब नहीं था कि एक बहाने या दूसरे के तहत उपकरणों को उनकी क्षमता से बहुत नीचे छिपाया जाए और लगातार उन्हें ठीक किया जाए, यह डरते हुए कि नए उपकरण नहीं लाए जाएंगे। यही मेरा दृष्टिकोण था। शायद और भी मुद्दे थे जिनसे मैं अवगत नहीं था, जो जीओसी को पता थे।

अपने युवा दिनों में, मैंने यह मूल्यवान कौशल हासिल किया कि मैं विफलताओं से प्रभावित नहीं होता, बल्कि उन्हें एक स्प्रिंगबोर्ड के रूप में इस्तेमाल करता हूँ, ताकि जब मुझे कोने में धकेला जाए, तो मैं और अधिक उत्साह के साथ वापस उछल सकूँ। मैंने जीओसी के गुस्से का सामना किया क्योंकि मैंने उनके कुछ कीमती संपत्तियों को फेंकने का सुझाव दिया था। फिर भी, मैं और अधिक उत्साह और सक्रियता से काम करने लगा और बटालियन मुख्यालय में एक कंप्यूटर मरम्मत केंद्र (CRC) स्थापित किया। सेना फॉर्मेशनों में कंप्यूटरों को काफी मात्रा में शामिल कर रही थी। जब कंप्यूटर खराब होते थे, तो हम इसे मरम्मत के लिए नागरिक क्षेत्रों को नहीं दे सकते थे, जाहिर है कि सुरक्षा कारणों से।

कंप्यूटर मरम्मत केंद्र की लोकप्रियता तेजी से बढ़ी। इसे पूरे कोर क्षेत्र में पहचान मिली। कई डिवीजन ने अपने कंप्यूटर मरम्मत के लिए हमारे केंद्र में भेजे।

जीओसी केंद्र की सफलता से खुश थे। उन्होंने समझा कि हमारे पास कुछ कंप्यूटर-सक्षम जादूगर हैं जो उनके जनरल स्टाफ (GS)[61] शाखा के लिए अच्छे इनपुट बिंदु तैयार कर सकते हैं। एक दिन, उन्होंने मुझे अपने कार्यालय बुलाया और कहा कि वह सीमा पर पिछले दस वर्षों में फायरिंग का पूरा पैटर्न Digitise करना चाहते हैं और मुझसे पूछा कि क्या मैं यह कार्य ले सकता हूँ। और मैंने तुरंत स्वीकार किया—यह अपने आप में एक विशाल कार्य था।

Data इनपुट करना और फिर उसका विश्लेषण करना कई महीनों का समय लेगा। मैंने जीओसी को सूचित किया कि मुझे Data इनपुट करने के लिए एक अलग कमरे में कम से कम छह कंप्यूटरों की आवश्यकता है, और मैं ईएमई

61 वह शाखा जो किसी गठन में संचालन, प्रशिक्षण और खुफिया से संबंधित मुद्दों से निपटती है।

बटालियन से दो अधिकारियों और दो कंप्यूटरों की व्यवस्था करूंगा। जी शाखा को चार और कंप्यूटर और चार ऑपरेटर प्रदान करने चाहिए। लेफ्टिनेंट कर्नल सैनी (बाद में लेफ्टिनेंट जनरल और Vice Chief) ने तुरंत सभी बुनियादी ढांचे की व्यवस्था की और प्रयासों का समन्वय किया। मुझे आज भी जीओसी का खिलता हुआ चेहरा याद है जब हम दो महीने तक दिन-रात काम करके यह काम पूरा कर पाए। कंप्यूटरीकरण पूरा करना और जीओसी में इस बाद के मानसिक बदलाव ने ईएमई बटालियन के लिए एक महत्वपूर्ण उपलब्धि हासिल की। यह प्रतिकूलता का विकास के लिए एक लॉन्च पैड में परिवर्तन था, जैसे एक रसायनज्ञ सीसा को सोने में बदलता है।

नेतृत्व शैलियों के विभिन्न और विपरीत अनुभवों ने मुझे नेतृत्व की परिवर्तनकारी शक्ति के बारे में एक महत्वपूर्ण पाठ सिखाया है और इसकी क्षमता को प्रतिकूलताओं को सुनहरे अवसरों में बदलने की। सही दृष्टिकोण, क्षमता और योजना चुनौतियों का सामना करते समय महत्वपूर्ण हैं। ये तत्व टीम के सदस्यों की क्षमता को साकार कर सकते हैं और महत्वपूर्ण परिणामों की ओर ले जा सकते हैं। सारांश में, बाधाओं को अवसरों में बदलने की क्षमता हमारे हाथ में है, और नेतृत्व उस परिवर्तन को सुगम बनाने वाला कुंडल है।

छायाओं से सलामों तक: सैन्य में महिलाओं का उदय

यह वो दिन थे जब सेना महिलाओं के अधिकारियों को शामिल कर रही थी, और हमारे बटालियन में अधिकारियों की कमी थी। इसलिए, मैंने मिलिट्री सेक्रेटरी ब्रांच (MS) EME से अनुरोध किया कि वे हमें एक महिला अधिकारी पोस्ट करें। मेरे पहले यूनिट में चंडीमंदिर में मेरे मार्गदर्शक अब डिप्टी मिलिट्री सेक्रेटरी थे, जो अधिकारियों की पोस्टिंग के लिए जिम्मेदार थे (ब्रिगेडियर आर एस बत्रा), और उन्होंने मुझे मदद करने का निर्णय लिया। इस प्रकार, उन्होंने एक महिला अधिकारी, कैप्टन करिश्मा, को बटालियन में पोस्ट किया। वह एक प्रतिभाशाली, सुशोभित, उत्साही महिला अधिकारी थीं, जो एक कंप्यूटर इंजीनियर थीं, हमेशा मुस्कुराती रहती थीं, और उनमें बहुत सारा उत्साह और साहस था। मैंने उन्हें एडजुटेंट के रूप में नियुक्त किया और दूसरे कमांडर (2 IC) को उन्हें प्रशिक्षित करने के लिए कहा।

बटालियन में एकल महिला अधिकारी की उपस्थिति ने प्रशासनिक चुनौतियाँ पैदा कीं, विशेष रूप से शौचालय सुविधाओं और रात की ड्यूटी के मामलों में, खासकर अभ्यास के दौरान। इसके अलावा, उनके सामने अधिकारियों के व्यवहार के लिए उचित शिष्टाचार का पालन करने में भी मुद्दे थे, विशेष रूप से ऑफिसर मेस बार और डिनर टेबल पर। हमें फायरिंग रेंज, BPET[62], और PT[63] में तुलनात्मक सैन्य दक्षता सुनिश्चित करनी थी। चूंकि वह एक जूनियर अधिकारी थीं, इसलिए उनके खिलाफ लिंग भेदभाव से उनकी रक्षा करना मेरी अतिरिक्त जिम्मेदारी बन गई। वह अन्य बैचलर अधिकारियों के साथ रह रही थीं और उनके साथ मित्रता थी। ऑफिसर मेस बार में एक युवा अधिकारी द्वारा की गई एक अजीब मजाक को उसने गंभीरता से लिया और मुझसे उसकी शिकायत की। कैप्टन सुधीर एक बहुत मजबूत और बड़े शरीर के अधिकारी थे। उसने ऑफिसर मेस में उनके साथ बहस की। कैप्टन सुधीर ने उससे पूछा कि महिलाओं को सेना में Combat Arms में क्यों आना चाहिए जब वे शारीरिक शक्ति में समान नहीं हैं। उसने कहा, “हम कुछ भी कर सकते हैं, जो आप करते हैं। इजरायली सेना या अमेरिकी सेना को देखिए। क्या आप सोचते हैं कि हम कमजोर हैं?” इसके जवाब में उन्होंने कहा, “हाँ, आप कमजोर हैं। युद्ध के मैदान पर, यदि आपको एक सैनिक को फायरमैन लिफ्ट करना पड़े, तो क्या आप उसे उठाकर भागेंगी?” और उसने कहा, “हाँ।” अब कैप्टन ने कहा, “ठीक है, अब आप मुझे उठाओ।”

सभी अन्य बैचलर अधिकारी वहां थे। उन्होंने एक साथ कहा, “आओ, करिश्मा, उठाओ... उठाओ।” जैसे ही सुधीर ने अपना चैलेंज फेंका, करिश्मा के उत्साह में थोड़ी कमी आ गई। फिर भी, उसकी नाज़ुक कद-काठी के साथ एक हल्की सी सुडौलता ने एक ऐसी आत्मा को छिपा रखा था, जो बिल्कुल भी छोटी नहीं थी। उसने सुधीर की ओर देखा, जो अधिकांश से ऊँचा था, उसकी आँखों में संकल्प की चमक थी। फिर, उसकी आँखों में चमक के साथ, करिश्मा ने अपनी आस्तीनें ऊपर कीं और सुधीर की ओर देखा, उसकी नजरें अडिग थीं। उसने कहा, “कैप्टन, युद्ध के मैदान में पुरुष और महिलाओं के बीच कोई अंतर नहीं होता। यह साहस, रणनीति, और सहनशीलता के बारे में है।”

---

62 बैटल फिजिकल एफिशिएंसी टेस्ट, जिसमें पूर्ण युद्ध वर्दी में हथियार के साथ कई कठिन शारीरिक परीक्षण शामिल होते हैं।

63 शारीरिक प्रशिक्षण।

जब उसने फायरमैन लिफ्ट के लिए स्टांस लिया, तो कमरे में सन्नाटा छा गया। फिर, एक प्रयास के साथ, उसने ऊँचे सुधीर को अपने कंधों पर उठाया। उसकी चेहरा थकान से लाल था, लेकिन उसमें एक विजयी मुस्कान थी। कमरे की चुप्पी को तड़कते हुए उत्साह की आवाज़ों ने तोड़ दिया। करिश्मा ने न केवल सुधीर को उठाया बल्कि उसने युद्ध भूमिकाओं में महिलाओं के बारे में पूर्वग्रहों को भी उठाकर एक तरफ फेंक दिया। कमरे में एक हड़बड़ी सी हुई, जिसके बाद जोरदार तालियाँ गूंज उठीं।

करिश्मा की ताकत और साहस की यह घटना बटालियन में एक कहानी बन गई, जिसने उसे सहनशीलता और समानता की प्रतीक बना दिया। उसकी चमकती मुस्कान वापस आ गई, अब न केवल उसकी गर्मजोशी का प्रतीक थी बल्कि उसकी अटूट आत्मा का भी। उसने दिखाया कि एक सैनिक की माप उसके शारीरिक आकार में नहीं, बल्कि उसके साहस के आकार में होती है। मैंने महसूस किया कि एक लड़ाई के गठन में अधिकारियों और सैनिकों का मनोबल और प्रेरणा सबसे महत्वपूर्ण है। इसलिए, कमान का अर्थ है उन्हें उचित प्रशिक्षण देना और एक टीम के रूप में प्रेरित रखना।

*****

आखिरकार दो साल अत्यंत संतोषजनक रूप से EME Bn की कमान संभालने के बाद जहां मैंने दो GOC के अलग-अलग दृष्टिकोण और रवईये देखे अब मेरे लिए Mamun छावनी को अलविदा कहने का समय आ गया था। मुझे बेहतरीन अधिकारियों का एक समूह प्राप्त हुआ। मेरी पोस्टिंग का आदेश आया। मुझे एमसीईएमई में क्लास ए इंस्ट्रक्टर के रूप में भेजा जा रहा था। यह मेरे लिए गर्व का क्षण था।

मैं मिलिटरी कॉलेज ऑफ इलेक्ट्रॉनिक्स एंड मेकैनिकल इंजीनियरिंग (एमसीईएमई) के औद्योगिक इंजीनियरिंग और रणनीतियों के संकाय (एफआईईटी) में इंस्ट्रक्टर के रूप में शामिल हुआ। छह महीने बाद, इलेक्ट्रॉनिक्स संकाय ने मुझे ईएमई जर्नल का संपादक चुना। यह निर्णय मेरे संचार इंजीनियरिंग के बैकग्राउंड और विदेशी पाठ्यक्रमों (आरआरएक्स) को देखते हुए तर्कसंगत था। जल्द ही, कॉलेज में संचार इंजीनियरिंग विभाग के प्रमुख (एचओडी, सीई) के लिए एक रिक्ति होगी। इसलिए, मुझे उस विभाग का प्रमुख और ईएमई जर्नल का संपादक बनाने पर विचार किया गया।

Dean FEL, स्वर्गीय ब्रिगेडियर सुरिंदर सिंह, जो मेरे पिछले स्थान पर मेरे डीडीईएमई थे, के साथ कार्य संबंध बहुत अच्छे थे। 629 ईएमई बटालियन की तरह, मेरे पास कुछ बेहतरीन युवा अधिकारी थे जो चौबीसों घंटे काम कर सकते थे और सबसे उत्कृष्ट परिणाम प्रदान कर सकते थे। उनकी प्रतिबद्धता और ईमानदारी असाधारण थी। हमने कुछ बेहतरीन Journals तैयार किए, मेरी दो साल की FEL सेवा के दौरान 7th Corps पुनर्मिलन संख्या भी शामिल है।

जून 2000 में, मैंने दो साल की अध्ययन अवकाश लिया और बेंगलुरु के लिए रवाना हुआ। इस अध्ययन अवकाश के दौरान, मैंने एक निजी कॉलेज में एमटी निदेशालय द्वारा स्वीकृत पाठ्यक्रम में भाग लेकर अपने कंप्यूटर कौशल को बढ़ाया।

*****

मेरे बच्चे, शारोन और कैरोलिन, स्नातक हो गए और इंजीनियर बन गए। कैरोलिन को बेंगलुरु में एक नौकरी मिली, जबकि शारोन अमेरिका में उच्च अध्ययन की तैयारी कर रही थी। कैरोलिन को अमेरिका के मैरीलैंड में ऑफशोर काम करने का मौका भी मिला और वह तीन महीने तक वहां काम करने के लिए काफी उत्साहित थी। बाद में, उसने अपनी नौकरी बदली और एचएसबीसी बैंक में बैक-एंड ऑपरेशंस में शामिल हो गई। सितंबर 2002 में, शारोन ने अमेरिका के विस्कॉन्सिन में इलेक्ट्रिकल और कम्युनिकेशन इंजीनियरिंग में मास्टर डिग्री के लिए दाखिला लिया। इस बीच, मेरी पत्नी **मैरी** और कैरोलिन बेंगलुरु में थीं।

इस समय तक, मुझे ब्रिगेडियर के अगले रैंक में पदोन्नति भी मिली थी। इसलिए, हम वास्तव में खुश थे कि मैं एक एक-सितारा जनरल बन रहा हूं। लेकिन इसमें कुछ समय लगेगा; इसलिए, इस बीच, मुझे अध्ययन अवकाश समाप्त होने पर एक क्षेत्र का DDEME के रूप में पदस्थ किया गया।

चंगनाचेरी से एक ब्रिगेडियर

मैं 508 आर्मी बेस वर्कशॉप[64], इलाहाबाद पहुंचने पर ब्रिगेडियर के पद पर पदोन्नत हुआ। [65]चांगनाचेरी से आने वाले एक एक-सितारा[66]-जनरल के रूप में पदोन्नति पाना एक महत्वपूर्ण अवसर था, जो खुशी की पराकाष्ठा थी। मैंने 1 अक्टूबर 2003 को 508 वर्कशॉप में रिपोर्ट किया। मैंने ब्रिगेडियर आर संगम से पदभार संभाला। ब्रिगेडियर के रूप में पदोन्नति मेरे लिए विशेष गर्व का क्षण था, खासकर चांगनाचेरी के छोटे से शहर से होने के नाते। मेरी जानकारी के अनुसार, चांगनाचेरी में उस समय तक इस समान सैन्य रैंक के किसी स्थायी निवासी का निवास नहीं था। इसलिए, यह उपलब्धि, अपने तरीके से, मेरे लिए जितनी महत्वपूर्ण थी, उतनी ही मेरे गृह नगर के लिए भी थी। यह समाचार मलयालम[67] समाचार पत्रों में भी प्रकाशित हुआ।

बेस वर्कशॉप ऐतिहासिक इलाहाबाद किले[68] के भीतर स्थित था, जिसे 1583 में मुग़ल सम्राट अकबर द्वारा बनाया गया था और यह यमुना नदी[69] के किनारे, गंगा नदी[70] के संगम के करीब स्थित है। ब्रिटिशों ने बाद में किले में सुधार किए, जिसमें एक निवास भी था, जिसे अकबर ने मरियम-उज़-ज़मानी के लिए बनाया था, जिन्हें सामान्यतः जोधा भाई के नाम से जाना जाता है। उनके सम्राट के साथ संबंध को लेकर इतिहासकारों में बहस चलती रहती है; कुछ उन्हें उनकी पत्नी या बहू मानते हैं। हमें इस ऐतिहासिक निवास को 508 आर्मी बेस वर्कशॉप के कमांडेंट और MD के आधिकारिक निवास के रूप में प्राप्त हुआ। इस प्रतिष्ठित स्थान पर अध्ययन, जीवन और सेवा करने का अवसर पाना एक सम्मान की बात थी।

---

64 एक सेना इकाई जो उपकरणों के ओवरहॉल और फैक्ट्री मरम्मत के लिए जिम्मेदार होती है।

65 प्रयागराज 2018 से शहर का नया नाम है।

66 अधिकांश पश्चिमी सेनाओं में, इस रैंक को ब्रिगेडियर जनरल कहा जाता है।

67 केरल राज्य में बोली जाने वाली भाषा।

68 प्रयागराज (इलाहाबाद) में मुग़ल सम्राट अकबर द्वारा निर्मित एक ऐतिहासिक किला।

69 भारत की एक प्रमुख नदी जो दिल्ली और उत्तर प्रदेश से होकर बहती है।

70 एक प्रमुख नदी जो पश्चिमी हिमालय में उत्पन्न होती है और भारत के उत्तरी मैदानों से होते हुए बांग्लादेश में बहती है।

जब मैंने आर्मी बेस वर्कशॉप का पदभार संभाला, तो पहली चीज जो मैंने महसूस की, वह यह थी कि सेना के उपकरणों की मरम्मत और ओवरहाल के अलावा, हमें नागरिक अधिकारियों के साथ कुछ प्रशासनिक पहलुओं का समन्वय भी करना था। इसके अंतर्गत माघ मेला[71], कुम्भ मेला[72], और तीर्थयात्रियों की अन्य धार्मिक आवश्यकताओं का ध्यान रखना शामिल था, जो 'त्रिवेणी संगम'[73] पर आते थे। 'त्रिवेणी संगम' हिंदुओं के लिए एक पवित्र स्थल है, और मान्यता है कि संगम में डुबकी लगाने से भक्तों के पाप धुल जाते हैं और उन्हें पुनर्जन्म के चक्र से मुक्ति मिलती है, जिससे वे मोक्ष प्राप्त कर सकते हैं।

हमारे पास आपदा प्रबंधन, नागरिक प्राधिकारी को सहायता, और सैन्य क्षेत्रों में नागरिकों की अवैध कब्जेदारी को हटाने के लिए मानक संचालन प्रक्रियाएँ (SOPs) थीं।

इन सभी प्रशासनिक कार्यों और लगभग 1250 पुरुषों की कमान संभालना एक चुनौती थी। इसके साथ ही, यूनिट में अधिकारियों की गंभीर कमी भी एक समस्या थी। सामान्य धारणा थी कि 508 एबीडब्ल्यू में एक ऐसे श्रमिक वर्ग का समावेश था जो प्रबंधन की परवाह नहीं करता था।

---

71 माघ (जनवरी/फरवरी) के महीने में हिंदुओं द्वारा नदी किनारे मनाया जाने वाला वार्षिक त्योहार।

72 प्रयागराज में गंगा, यमुना और सरस्वती नदियों के संगम पर हर 12 साल में मनाया जाने वाला एक बड़ा त्योहार।

73 प्रयागराज में गंगा, यमुना और पौराणिक सरस्वती नदियों का संगम।

मेरी बेटी की शादी में ओट्टाथेंगल परिवार

मैंने कुछ समय इंतजार किया ताकि चीज़ें ठीक हो सकें। कोर दिवस समारोह बहुत ही सुचारू रूप से सम्पन्न हुआ। मुझे नए अधिकारियों का एक समूह मिला। कर्नल एस. एस. ठाकुर ने मुझे वर्क्स मैनेजर[74] के रूप में जॉइन किया। कर्नल (बाद में ब्रिगेडियर) डी. एम. राजू प्रोडक्शन मैनेजर के रूप में शामिल हुए। कैप्टन एस. सुगंधा, एक महिला अधिकारी, यूनिट में शामिल हुईं और उन्हें ओआईसी वर्कशॉप सर्विसेस ग्रुप बनाया गया। वह एक कंप्यूटर इंजीनियर थीं।

इस अवधि के दौरान, मैंने वार्षिक छुट्टी ली क्योंकि मेरी बेटी कैरोलिन ने सिजो जोसे, एक यू.एस.-आधारित आईटी पेशेवर, से शादी की। उन्होंने अपनी शादी का समारोह केरल में मनाया और जल्द ही अमेरिका चले गए। बाद में, **मैरी** ने फिर से मेरे साथ इलाहाबाद में शामिल हो गईं।

*****

74 एक आर्मी बेस वर्कशॉप में, वह सभी सुविधाओं का समन्वय करता है, जिसमें उत्पादन और ओवरहाल/मरम्मत के लिए आवश्यक स्पेयर पार्ट्स की व्यवस्था शामिल है।

मेरे कार्यकाल के पहले छह महीनों में, मुख्यालय एमपी क्षेत्र द्वारा प्रशासनिक निरीक्षण एक प्रमुख घटना थी। प्रशासनिक निरीक्षण के बाद, मैंने अपने कार्यालय के पास मैदान में एक ओपन सैनिक सम्मेलन आयोजित किया। सैनिक सम्मेलन में, मैंने घोषणा की कि निरीक्षण अच्छे से होने के कारण सभी के लिए तीन दिन की छुट्टी होगी। पूरे बेस वर्कशॉप के कर्मचारी चौंक गए। उन्होंने अपने जीवन में कभी भी ऐसी घोषणा और कमान की शैली नहीं देखी थी। मेरे पास कुछ बुद्धिमान जूनियर कमीशन अधिकारी (JCOs) थे, जिन्होंने ध्यान से नागरिक स्टाफ को इकट्ठा किया ताकि वे परेड में दिखें, लेकिन उन्हें घर जाने की अनुमति दी गई। सभी अधिकारियों ने कार्यालय में भाग लिया। मुझे इसके जोखिम का पता था, लेकिन यही मेरा आगे बढ़ने का तरीका था।

एक और घटना हुई जिसने कार्यशाला के कामकाजी माहौल पर सकारात्मक प्रभाव डाला। एक दिन, मैंने सुना कि क्विला कर्मचारी संघ का सचिव कैप्टन सुगंधा पर बाहर चिल्ला रहा है। मैंने अपने कार्यालय के प्रवेश द्वार पर तैनात कर्मचारियों से पूछा कि क्या हुआ। उसने कहा कि संघ के नेता ने महिला अधिकारी को सार्वजनिक रूप से अपमानित किया। मैंने तुरंत अपने व्यक्तिगत सहायक, श्री गुहा, से कहा कि वह संघ के नेता श्री एस.के. दुबे के लिए निलंबन आदेश तैयार करें। मैंने तत्काल जांच का आदेश दिया और गेट मस्टरिंग JCO को उन्हें बाहर ले जाने को कहा। यह निलंबन पूरे कार्यबल के लिए एक झटका था।

विपरीत संघ ने इस घटना का जश्न मनाया। कार्य समितिं पहले प्रबंधन के मुद्दों के प्रति उदासीन थी। अब, वे मेरी बात सुनने लगे, जो कि गतिशीलता में एक सकारात्मक बदलाव था।

अपने कार्यकाल के दौरान, मैंने यह पाया कि प्रभावी नेतृत्व का सार उन चुनौतीपूर्ण निर्णय लेने में है, जो आपके गहरे सिद्धांतों के साथ गूंजते हैं और संगठन के सामूहिक कल्याण में योगदान करते हैं। यह यात्रा पारंपरिक से हटने की मांग कर सकती है। लेकिन ये क्षण वास्तव में नेतृत्व को परिभाषित करते हैं। इसलिए, भविष्य की दिशा को मार्गदर्शित करने वाले लोगों के लिए, मेरा यह सलाह है: नेतृत्व द्वारा मांगे गए कठिन विकल्पों से पीछे न हटें। इसके बजाय, उन्हें अपनाएं; ये आपके चरित्र को आकार देने और आपकी विरासत को परिभाषित करने वाले तीव्र अनुभव हैं।

स्थानीय हीरो

कमांडेंट के रूप में, मुझे यह साझा करते हुए खुशी हो रही है कि मैंने अनजाने में यमुना नदी पर एक महत्वपूर्ण पुल के अनाधिकारिक उद्घाटन में भूमिका निभाई।

DGEME की यात्रा नजदीक आने पर, मैंने एक पहचान मिशन करने का निर्णय लिया ताकि हमारे विशिष्ट अतिथि को नए की लोकेशन प्लान (KLP) स्थान तक ले जाने का सबसे कुशल मार्ग निर्धारित कर सकूं। पारंपरिक मार्ग, पुराना नैनी पुल, अपनी भीड़ और लंबी यात्रा समय के लिए प्रसिद्ध था। अतल सेतु को एक विकल्प के रूप में विचार करना बहुत लुभावना था।

अपने वफादार सुभेदार मेजर के साथ, हम साइट पर पहुंचे और देखा कि कुछ बोल्डर यातायात को अवरुद्ध कर रहे थे। अतल सेतु, जो चार लेन वाला एक आधुनिक केबल-स्टे पुल है, को ऐतिहासिक पुराने नैनी पुल, जो 1860 का है, पर पड़ने वाले दबाव को कम करने के लिए बनाया गया था। हालांकि, यह पुल अभी तक उद्घाटन नहीं हुआ था।

सरकार ने नए पुल का निर्माण किया ताकि प्रयागराज को नैनी और 508 आर्मी बेस वर्कशॉप के नए KLP साइट, चेओकी, से जोड़ने के लिए एक अत्यावश्यक वैकल्पिक मार्ग प्रदान किया जा सके। इसके अलावा, यह पवित्र शहर वाराणसी से जुड़ने का एक महत्वपूर्ण लिंक था, जो हिंदुओं के लिए एक प्रमुख तीर्थ स्थल है।

स्थानीय लोगों की एक छोटी भीड़ भी इस आर्किटेक्चरल चमत्कार को देखने के लिए इकट्ठा हो गई थी। बिना पुल का आधिकारिक उद्घाटन करने का इरादा किए बिना, मेरे सुभेदार मेजर डी. मधुसूदनन नायर ने स्थानीय लोगों से कहा कि वे बोल्डर हटाएं ताकि हम अस्थायी रूप से पुल पर जा सकें। बाधाएं हटाने के बाद, मैं अद्भुत अतल सेतु पर पहली बार ड्राइव करने वाला बना, जिसे देखकर दर्शक बहुत खुश हुए।

मुझे हैरानी हुई कि स्थानीय हिंदी अखबारों ने मेरे अगले दिन मेरे अगले दिन के गोपनीय पल पार करने को सनसनी खेज फैला दिया, और मुझे पुल के अनौपचारिक उद्घाटन का श्रेय दे दिया। यह खबर तेजी से फैली, और

स्थानीय लोगों ने इसे इस संकेत के रूप में लिया कि पुल अब जनता के लिए उपलब्ध है। जैसे कि कोई योजना हो, यातायात बहने लगा। उस महत्वपूर्ण पहचान मिशन के अनपेक्षित परिणामों पर मुझे मुस्कान आती है। स्थानीय हीरो बनने या पुल का उद्घाटन करने की कोई इच्छा न होते हुए भी, ऐसा लगता था कि किस्मत ने कुछ और ही सोचा था।

उत्पादन लक्ष्यों को कई गुना बढ़ाने के बाद, ध्यान चेओकी में KLP[75] स्थान पर केंद्रित था। हमने अधिकतम विशेष वाहन लोड को उस स्थान पर स्थानांतरित किया। आज, 508 आर्मी बेस वर्कशॉप को छेओकी साइट पर स्थानांतरित हुए 18 साल हो चुके हैं। बाद के कमांडेंट्स ने इस परियोजना में गहरा रुचि ली थी।

508 आर्मी बेस वर्कशॉप का मेरा कमांड छोटा था और केवल 18 महीनों का था। एक दशक बाद, 2015 में, मैंने यूनिट का दौरा करने का निर्णय लिया। कार्यबल से मिली प्रेम की बौछार ने मुझे अभिभूत कर दिया। मैरी, जो मेरे साथ दौरे पर गई थी, ने अपनी हैरानी व्यक्त की और कहा कि उसे हमारे इलाहाबाद के समय में नहीं पता था कि वे हमारे लिए कितनी गहरी भावना रखते थे।

*****

मेरी 508ABW की कहानी एक अद्भुत आश्चर्य के साथ खत्म हुई, जो क्रिसमस के मौसम में 2005 में हुआ। अचानक, मुझसे एक दिन के लिए उप क्षेत्र कमांडर के रूप में सेवा देने का अनुरोध किया गया, और मैंने बिना किसी हिचकिचाहट के जिम्मेदारी स्वीकार कर ली। जब मैं इलाहाबाद छावनी क्षेत्र में उप क्षेत्र कमांडर के कार्यालय में था, Colonel Q[76] ने मुझसे एक रक्षा मंत्रालय के नागरिक अधिकारी के लिए सहायता मांगी। अधिकारी ने अयोध्या जाने के लिए नागरिक परिवहन की आवश्यकता जताई।

मैंने सकारात्मक दृष्टिकोण से स्थिति को संभाला। उस समय, मुझे अधिकारी की पहचान का पता नहीं था। हालांकि, बाद में, उन्होंने मुझसे संपर्क किया और अपने परिवार के साथ मेरे घर आने की इच्छा व्यक्त की। उन्होंने

75 यह एक सैन्य इकाई का निर्धारित स्थायी स्थान है। यह केवल तब साकार होता है जब रक्षा बजट में फंड आवंटित किए जाते हैं।

76 उप क्षेत्र AHQ में स्टाफ अधिकारी।

खुद को भारतीय सेना के ब्रिगेडियर्स की नियुक्तियों से संबंधित अनुभाग के प्रमुख के रूप में बताया और बताया कि वह MSX, AHQ[77] में हैं।

जब वह मेरे घर पर थे, तो उन्होंने मुझसे पूछा कि क्या मेरी अगली नियुक्ति के लिए कोई स्थान पसंद है। हमने उन्हें बताया कि हम दक्षिण में कहीं पोस्टिंग को प्राथमिकता देंगे।

"EME कोर से बाहर जाने के बारे में क्या?" उन्होंने पूछा।

"ठीक है। मुझे कोई समस्या नहीं है," मैंने उत्तर दिया।

"तो, सर," उन्होंने एक सेकंड के लिए रुका। उन्होंने **मैरी** की ओर देखा।

"तिरुवनंतपुरम में एक पद खाली है। यह नेशनल कैडेट कोर (NCC) में है। मैं आपका नाम NCC के महानिदेशक के पास रख सकता हूं। अगर वह सहमत हो जाते हैं, तो आपको अगले तीन महीनों में पोस्टिंग मिल जाएगी।"

मैं इस अद्वितीय अवसर के लिए उत्साहित और आभारी था।

जैसा कि वादा किया गया था, उन्होंने तीन महीनों के भीतर पोस्टिंग आदेश जारी कर दिया।

जब मैंने पोस्टिंग आदेश अपने हाथ में पकड़ा, तो मुझ पर भावनाओं का एक सैलाब उमड़ आया। मुझे तिरुवनंतपुरम के लिए भेजा गया था, और आश्चर्य की बात यह थी कि यह मेरी सेना के करियर में दूसरी बार था। मैंने इस तरह की घटना की दुर्लभता को पूरी तरह से समझा। इस बार इस रमणीय स्थान पर एक बार पोस्टिंग मिलना तो एक आशीर्वाद था, लेकिन दूसरी बार? ऐसा लग रहा था जैसे सितारे संरेखित हो गए हैं, और यह कहानी हमारे लिए विशेष रूप से बनाई गई है।

परिवार के बीच रहने, मातृभाषा की गर्माहट और यादगार स्थलों के साथ अपने सैन्य जीवन के अंतिम वर्षों को जीने का विचार मेरे दिल को गर्मी से भर देता था। यह केवल एक पोस्टिंग नहीं थी; यह उस स्थान पर पूर्ण चक्र का प्रतीक था, जहाँ मैंने और **मैरी** ने जीवनसाथी के रूप में अपने सैन्य सफर की शुरुआत की थी। और अब हम उसी स्थान पर इसे समाप्त करने जा रहे थे जहाँ हमने शुरुआत की थी।

77 सैन्य सचिवालय शाखा, AHQ।

मुझे कोवलम के अन मनमोहक समुद्र तटों, नीले आसमान में झलकते शांत बैकवाटर्स और मुनार की लहराती पहाड़ियाँ और अंतहीन चाय बागानों की यादें थीं। लेकिन अब, सेवा के दौरान उन्हें फिर से अनुभव करने का विचार और **मैरी** के साथ होना मेरे दिल को खुशी से भर देता था।

कई लोगों को यह केवल एक और पोस्टिंग लग सकती है। लेकिन यह ऐसा था जैसे मैंने दो बार स्लॉट मशीन खेली और दोनों बार जैकपॉट हिट किया। यह याद दिलाता है कि जीवन की विशाल और अनिश्चित यात्रा में, कभी-कभी भाग्य आपको उसी तरह से, एक बार नहीं, बल्कि दो बार पसंद कर सकता है। कुछ को मिलता है एक सवेरा, मैंने तो पाए हैं भाग्य का फेरा, खुशियों की राह में जो हैं, उनसे भी मेरे ख्वाब बड़े हैं, ईश्वर मुझे सुरक्षित रखे। ईश्वर मुझे पूरे रास्ते में मार्गदर्शन कर रहे हैं। मुझे यह बहुत स्पष्टता से दिखाई दे रहा है। **मैरी** की आँखें उत्साह से चमक रही थीं। मदर **मैरी** ने हमेशा मेरा मार्गदर्शन और सहायता की है। यह मेरे विश्वास और उसके दिव्य मार्गदर्शन में मेरे भरोसे का प्रमाण था। मैं 2005 के क्रिसमस मौसम में मिले इस अद्भुत आश्चर्य के लिए अत्यधिक आभार महसूस कर रहा था। जीवन रहस्यमय तरीकों से काम करता है, कभी-कभी हमें उसी जगह वापस ले आता है जहाँ हमारे दिल हैं।

युवाओं को तैयार करना

23 जून, 2023 को, मैं एक कार के पीछे की सीट पर सेंट बर्चमन्स कॉलेज[78] के लिए नई बनी बर्चमन्स डिफेंस अकादमी की बैठक के लिए जा रहा था। जब हम मुख्य सड़क पर आए, तो कार हल्की-सी गुनगुनाने लगी। ड्राइवर ने मेरी ओर रियरव्यू मिरर में देखा। "सर, क्या मैं पूछ सकता हूँ कि आप कब सेवा से रिटायर हुए?" उन्होंने पूछा।

मैं आगे झुक गया, मेरी जिज्ञासा बढ़ गई। "मैं 2008 में रिटायर हुआ। क्यों पूछ रहे हो?" "खैर, सर," ड्राइवर ने शुरू किया, "मैं 2009 में NCC में था। मैं वहाँ आपका नाम और फोटो देखा करता था। मेरा मानना है कि आपकी रिटायरमेंट के बाद वे अपडेट नहीं हुए।" मेरी चेहरे पर एक हल्की मुस्कान आई, जैसे उन दिनों की प्यारी यादें लौट आईं। "समझ गया। क्या आप स्कूल के बाद NCC के साथ जुड़े रहे?"

उनकी आंखें मुझसे मिरर में मिलीं। "हाँ, सर। मुझे 2010 में दिल्ली में गणतंत्र दिवस परेड में भाग लेने के लिए चयनित किया गया था।" "बधाई हो!" मैंने कहा, लेकिन साथ ही एक उदासी की लहर भी महसूस की। यह आशाजनक युवा अब कार चला रहा था, न कि सेना में सेवा कर रहा था। मैंने सोचा, हम अपनी युवा पीढ़ी को नेतृत्व के लिए तैयार करने में कहाँ चूक गए? हम एक क्षण तक चुप रहे, फिर मैंने पूछा, "तो, आप यहाँ कैसे पहुँचे, सेंट बर्चमन्स कॉलेज के लिए ड्राइव करते हुए?"

उन्होंने एक लंबी सांस ली; उनकी नजरें सड़क पर स्थिर थीं। "मैं इस काम से लगभग 15,000 रुपये प्रति माह कमाता हूँ, सर। मेरे पिता इसी

78 केरल का एक प्रसिद्ध कला कॉलेज, जिसने 2022 में अपना शताब्दी समारोह मनाया, और यह मेरा उच्च माध्यमिक विद्यालय भी है।

कॉलेज में काम करते थे। मेरे पिता की मृत्यु तब हुई जब मैं स्कूल में था। स्कूलिंग पूरी करने के बाद, मेरे पास नौकरी स्वीकार करने के अलावा कोई विकल्प नहीं था।" उनके शब्द गहराई से गूंजे, मुझे चिंतन की गहराई में ले जाते हुए।

ड्राइवर की कहानी ने पुरानी यादों को ताजा कर दिया और एक unsettling सवाल उठाया। यह ड्राइवर का अनुभव उन कई प्रतिभाशाली युवाओं का प्रतिनिधित्व करता है, जिन्हें मैंने 2005 से 2008 के बीच तिरुवनंतपुरम, केरल में NCC के उप निदेशक जनरल (DDG) के रूप में देखा। इसने मुझे अपनी यात्रा, चुनौतियों और उन परिवर्तनों पर विचार करने के लिए प्रेरित किया, जो मैंने हमारे देश के युवाओं को मार्गदर्शन देने के लिए अपनाए।

DDG के रूप में मेरा कार्यकाल केवल लक्ष्यों को पूरा करने या मील के पत्थर पार करने से परे था। मैंने जीवन को छुआ, भविष्य का निर्माण किया, और सचमुच में एक फर्क डाला। यह यात्रा उन अद्भुत लोगों के बारे में है, जिन्हें मैंने देखा, और उन जीवन के बारे में, जिन पर हमने असर डाला, जैसे कि यह मेरी व्यक्तिगत अनुभवों के बारे में है।

NCC के लक्ष्य की आत्मा स्पष्ट रूप से गूंजती है: हम केवल परेड के लिए व्यक्तियों को प्रशिक्षित नहीं कर रहे हैं, बल्कि कल के नेताओं का निर्माण कर रहे हैं। हर कैडेट और हर व्यक्ति महत्वपूर्ण है, और यही NCC की आत्मा है, जिसे मैं इस अध्याय में सामने लाना चाहता हूँ।

जब मैं 2005 में तिरुवनंतपुरम, केरल में NCC के उप निदेशक जनरल (DDG) बना, तो मुझे एक बड़ी टीम का नेतृत्व करना था। इसमें अधिकारी, सैन्य स्टाफ, नागरिक कर्मचारी, और सहायक NCC अधिकारी शामिल थे। सबसे रोमांचक हिस्सा 75,000 NCC छात्रों का मार्गदर्शन करना था।

Lt Gen M C Bhandari AVSM & Bar, DG NCC, ने मुझे 2005 के गणतंत्र दिवस परेड में आमंत्रित किया, क्योंकि मेरा DDG NCC K&L के रूप में पदस्थ होना पहले से ही आधिकारिक था। NCC कैडेटों की उत्कृष्ट वर्दी, मार्चिंग शैली, सलामी और समग्र व्यवहार प्रभावित करने वाला था।

अपने पहले वर्ष में, **मैरी** और मैंने केरल में व्यापक यात्रा की, लगभग 150,000 किलोमीटर की यात्रा की और ग्रुप मुख्यालय और बटालियनों का दौरा किया। मैंने जल्दी ही महसूस किया कि नई दिल्ली में जो स्थिति दिखती है, वह इतनी परिपूर्ण नहीं है। कई छात्रों की वर्दियाँ ठीक से फिट नहीं थीं। मैं चाहता था कि वे अपनी सर्वश्रेष्ठ स्थिति में दिखें, इसलिए मैंने नई दिल्ली से एक टीम लाई ताकि वे वर्दियाँ ठीक कर सकें। हमें छात्रों के लिए बेहतर जूते और टोपी की भी जरूरत थी।

सहायक NCC अधिकारी (ANOs) कॉलेजों और स्कूलों के शिक्षक होते हैं। मैंने उनके लिए विशेष बैठकें शुरू कीं ताकि वे और अधिक सीख सकें। शुरुआत में, मेरा मुख्य उद्देश्य केरल की NCC टीम को भारत की सबसे अच्छी टीम बनाना था। लेकिन जल्द ही मुझे यह एहसास हुआ कि मेरा बड़ा लक्ष्य सभी छात्रों को अच्छे नेता बनने में मदद करना था। हमने अपनी टीम की रैंक को सुधारने में सफलता हासिल की, लेकिन मुझे छात्रों के विकास में मदद करने पर गर्व था। हमें NCC के नारे "एकता और अनुशासन" से परे काम करना था।

मीडिया ने मुझे पूरे दिल से समर्थन दिया। प्रिंट और विजुअल मीडिया का समर्थन इतना जबरदस्त था कि मैं एक झटके में एक सेलिब्रिटी बन गया। मुख्यमंत्री, श्री ओमन चंडी, और मैं सेंट बर्चमन्स कॉलेज के पूर्व छात्र थे, इसलिए मैं कभी भी उनसे संपर्क कर सकता था; वह हमेशा NCC के किसी भी कार्यक्रम में मेरी आमंत्रण को स्वीकार करते थे।

यह सब मिलकर एक सकारात्मक वातावरण बनाने में सहायक साबित हुआ, जिससे छात्रों में आत्मविश्वास और नेतृत्व कौशल का विकास हुआ।

मुख्यमंत्री ओमन चांडी और DG NCC के साथ।

मैंने केरल सरकार के साथ मिलकर एनसीसी के छात्रों को स्कूल परीक्षाओं में ग्रेस मार्क्स दिलाने में भी मदद की। इन अतिरिक्त अंकों की वजह से उन्हें अच्छे कॉलेजों में दाखिला मिल सका। मुख्यमंत्री और अन्य अधिकारियों ने हमारी बहुत मदद की।

*****

केरल राज्य विधान सभा चुनाव अप्रैल और मई 2006 में तीन चरणों में हुए, और मतगणना 11 मई 2006 को हुई। इस दौरान केरल में चुनावी जोश का माहौल था। लोग अक्सर चुनावों को लोकतंत्र का पर्व कहते हैं, और मैंने इसे खुद देखा। यूडीएफ सरकार, जिसका नेतृत्व श्री ओमन चंडी कर रहे थे, को बाहर कर दिया गया। वाम लोकतांत्रिक मोर्चा, जिसका नेतृत्व कम्युनिस्ट पार्टी के नेता श्री वी. एस. अच्युतानंदन ने किया, को सत्ता में लाया गया। वी. एस. मुख्यमंत्री बने और श्री एम. ए. बेबी शिक्षा मंत्री बने।

उनके सक्रिय समर्थन से NCC को आकलम, क्विलोन, और इडुक्की में जमीन मिली। मुझे गर्व है कि इसके बाद के डी.डी.जी./ए.डी.जी. ने इन स्थलों पर कई व्यापक प्रशिक्षण सुविधाएँ स्थापित कीं।

हमने लक्षद्वीप में एक विशेष राष्ट्रीय एकीकरण शिविर (NIC) आयोजित किया। इस विशेष NIC में केंद्रीय रक्षा राज्य मंत्री श्री पल्लीराम राजू और डीजीएनसीसी ने भाग लिया। यह शिविर NCC के इतिहास में पहली बार लक्षद्वीप द्वीपों पर आयोजित हुआ। यह उपलब्धि NCC संगठन और के&एल निदेशालय के लिए एक नया मुकुट का आभूषण बनी।

चाहे हम तिरुवनंतपुरम में एयर स्क्वाड्रन के संपत्ति उन्नयन की चर्चा करें या मानुथी में रेमाउंट और वेटरनरी (R&V)[79] स्क्वाड्रन की, डीजीएनसीसी ने हमेशा हमें पूरा समर्थन दिया। संक्षेप में, केंद्रीय और राज्य सरकारों ने हमें अटूट समर्थन प्रदान किया।

चंगनाचेरी का भव्य आलिंगन: 555 एनसीसी कैडेटों की कहानी

मेरा प्रिय विद्यालय, सेंट बर्कमन्स कॉलेज, एक राष्ट्रीय एकता शिविर का मंच बनी, जिसने विभिन्न संस्कृतियों के बीच एकता को जन्म दिया। शहर एक शानदार परेड का गवाह बना, जिसमें युवा NCC कैडेट्स शामिल थे – बच्चे कंधे से कंधा मिलाकर मार्च कर रहे थे, उनकी ऊर्जा स्पष्ट थी। इस माहौल को और भी समृद्ध किया चार सौ कैडेट्स ने, जो केरल राज्य से आए थे। उनकी नारों की गूंज ने भारत की समृद्ध सांस्कृतिक विविधता का प्रमाण प्रस्तुत किया। वे रंग-बिरंगे संकेत लिए हुए थे, जो हमारे समुदाय के लिए गहराई से गूंज रहे थे। पारंपरिक वेशभूषा में कैडेट्स एक अतिरिक्त आकर्षण थे।

चंगनाचेरी शहर का दिल छू लेने वाला और नवोन्मेषी निर्णय कैडेट्स को अपनाने का था, जिसने इस राष्ट्रीय एकता शिविर को खास बना दिया। नगरपालिका के प्रत्येक वार्ड के काउंसलरों ने लगभग पंद्रह कैडेट्स को अपनाने का बीड़ा उठाया, और चंगनाचेरी नगरपालिका क्षेत्र में कुल सत्ताईस वार्ड थे। इन दयालु व्यक्तियों ने 555 कैडेट्स का अपने घरों में स्वागत किया, उन्हें पारंपरिक व्यंजनों का स्वाद चखाया और स्थानीय जीवन शैली का परिचय दिया। कैडेट्स को महत्वपूर्ण स्थलों और स्थानों का guided tour भी

79 इसमें तेरह घोड़े हैं और NCC कैडेट घुड़सवारी सीख सकते हैं और घुड़सवारी कार्यक्रमों में भाग ले सकते हैं।

दिया गया। ये गतिविधियाँ उन्हें शहर की आत्मा से जोड़ने का मौका प्रदान करती थीं।

यह अनूठी पहल एकता और भाईचारे की भावना को बढ़ावा देती थी, जिससे कैडेट्स और स्थानीय समुदाय के बीच की दूरी कम होती थी। भारत के विभिन्न क्षेत्रों के कैडेट्स ने मुस्लिम त्योहार की ऐतिहासिक परेड को देखा, जिसे पास के हिंदू मंदिर में "चंदनकुडम[80]" कहा जाता है।

कैडेट्स ने अभूतपूर्व रूप से प्रतिक्रिया दी, चंगनाचेरी के नागरिकों द्वारा प्रदर्शित गर्मजोशी, स्नेह और मेहमाननवाजी से गहराई से प्रभावित हुए। इसने चंगनाचेरी की समावेशी प्रकृति को उजागर किया, जहाँ पीढ़ियों के बीच संबंध बनते और सराहे जाते हैं। यह सभी भाग्यशाली व्यक्तियों पर अमिट छाप छोड़ गया, जिन्होंने इसे देखा, चंगनाचेरी की सुंदरता और हमारी टाउन की सामंजस्यपूर्ण भावना को प्रदर्शित किया।

यह चंगनाचेरी का भव्य आलिंगन था। यह मानव संबंधों की शक्ति और विभिन्न जीवन पथों के लोगों की एकता के प्रति इच्छाशक्ति का सुंदर प्रमाण था।

जैसे-जैसे NCC ने गति पकड़ी, हमने स्कूलों और कॉलेजों के साथ कई सामाजिक सेवा गतिविधियाँ कीं, जिसमें रक्तदान शिविर और AIDS, कैंसर, वृक्षारोपण, पर्यावरण के बिगड़ने और दहेज समस्या जैसे महत्वपूर्ण मुद्दों पर जागरूकता अभियानों का आयोजन शामिल था। हमने उन वीर सैनिकों के परिवारों को सम्मानित करने की जिम्मेदारी भी ली, जिन्होंने हमारे राष्ट्र की सेवा में अंतिम बलिदान दिया। हमने साहसिकता और खेल गतिविधियों को बढ़ावा दिया: ट्रेकिंग और रॉक-क्लाइम्बिंग कैंप का आयोजन किया। कुछ कैडेट्स ने माइक्रो-लाइट उड़ान और हॉट-एयर बैलूनिंग का भी आनंद लिया। हमारे R&V स्क्वाड्रन ने मन्नुथी में ईक्वेस्ट्रियन चैंपियनशिप में भाग लिया और कई पुरस्कार जीते।

हमारी मेहनत का फल तब मिला जब K&L NCC निदेशालय के कैडेट्स ने नई दिल्ली में आयोजित थल सैनिक कैंप में भाग लिया, और कई पुरस्कार

80 दिसंबर के महीने में पवित्र चंदन के बर्तन के साथ एक मुस्लिम उत्सव की झांकी, जिसे पांच या छह हाथियों के ऊपर ले जाया जाता है।

जीते। लड़कियों के कैडेट्स ने हमें गर्वित किया जब उन्होंने कई ट्रॉफियाँ जीतीं।

केरल के मुख्यमंत्री हमेशा NCC डे समारोहों में मुख्य अतिथि रहे, जो तिरुवनंतपुरम के प्रतिष्ठित कन्वेंशन हॉल, विक्टोरिया जूबली टाउन हॉल (VJT[81] Hall) में आयोजित होते थे। श्री ओमन चांडी ने 27 नवंबर 2005 को इस अवसर की शोभा बढ़ाई, जबकि श्री वी. एस. अच्युतानंदन ने नवंबर 2006 में मुख्य अतिथि के रूप में भाग लिया। एक और उल्लेखनीय उपलब्धि तब हुई जब लड़कियों के कैडेट्स ने 2006 और 2007 में गणतंत्र दिवस कैंप में सर्वश्रेष्ठ समूह नृत्य ट्रॉफी जीती। उनकी सफल वापसी पर, उन्हें उनके उपलब्धियों की सराहना करते हुए राज भवन में राज्यपाल द्वारा स्वागत किया गया। NCC डे 2007 बहुत सुचारू रूप से संपन्न हुआ। मुख्यमंत्री की अनुपस्थिति में, दक्षिणी कमान के AOC-in-C और आर्ट ऑफ लिविंग के आध्यात्मिक गुरु श्री श्री रवि शंकर ने समारोह में भाग लिया।

*****

जैसे ही मैं खिड़की के पास बैठकर अपनी शाम की चाय पीता हूँ, मेरे अतीत की यादें मेरे मन में उमड़ आती हैं। जीवन में कुछ घटनाएँ और समय ऐसे होते हैं जो हमारे भविष्य को आकार देते हैं, और राष्ट्रीय कैडेट कोर (NCC) के साथ बिताया गया मेरा समय उनमें से एक है।

एक याद जो विशेष रूप से मुझे छूती है, वह है NCC ग्रुप कोट्टायम के प्रयासों का, जो प्रतिष्ठित शिक्षा मंत्री का बैनर प्राप्त करने के लिए था। यह केवल एक पुरस्कार की खोज नहीं थी; यह ग्रुप कमांडर और बटालियन कमांडरों की कठिनाई में धैर्य का प्रतीक था। पूर्व की असफलताओं की छाया के बावजूद, कैडेट्स की अडिग भावना, अधिकारियों की चतुराई और प्रत्येक सदस्य की निरंतर विश्वास ने उनकी अंतिम विजय के लिए आधारभूत कदम रखा। इस सफलता के सितारे थे कैडेट जीथू एल्सा चेरियन चाको, बेसिलियस कॉलेज, कोट्टायम से; कैडेट जस्टिन जॉर्ज वायलिल, के ई कॉलेज, मननम; कैडेट अप्पू जॉर्ज, सेंट थॉमस कॉलेज, पाला; और **बिनेश थॉमस, एस बी**

81 अब इस हॉल को महात्मा अय्यंकली हॉल कहा जाता है, जिसे श्री Moolam थिरुनाल वर्मा, त्रावणकोर के पूर्व शासक ने 1896 में रानी विक्टोरिया के राज्याभिषेक के स्वर्ण जयंती को commemorate करने के लिए बनवाया था।

कॉलेज, चंगनाचेरी। बिनेश, अपने सीनियर अधिकारियों की sage guidance में, कई के लिए एक चमकता उदाहरण बनकर उभरा।

एक और कहानी है कैलिकट ग्रुप की **शानिद निलफौर** की। उसकी कहानी NCC की परिवर्तनकारी शक्ति को संजोती है। एक युवा लड़की, जो सामाजिक अपेक्षाओं और भाषा की बाधाओं को पार करने की कोशिश कर रही थी, वह प्रेरणा की एक किरण बन गई, अपने मेंटर्स और सहपाठियों से ताकत प्राप्त करते हुए, और सबसे बढ़कर, अपने माता-पिता और दादा की सलाह से। उसने अपनी तीसरी कोशिश में गणतंत्र दिवस कैंप के लिए चयनित किया। वह भारत की सर्वश्रेष्ठ कैडेट बनने वाली थी, लेकिन दुख की बात है कि वह अंतिम राउंड की फायरिंग प्रतियोगिता से पहले कीचड़ में गिर गई। वह राइफल को ठीक से साफ नहीं कर पाई और अंक के आधार पर सर्वश्रेष्ठ कैडेट हार गई। उसने युवा आदान-प्रदान कार्यक्रम के लिए चयनित किया। आज, वह दुबई में एक सफल उद्यमी के रूप में रहती है और खुशहाल विवाहित जीवन जीती है।

इसी तरह, कोल्लम ग्रुप से **विद्या प्रभा** की कहानी है, जो एक आकस्मिक मुलाकात के माध्यम से कॉर्पोरेट दुनिया में प्रवेश करती है, जो NCC कैंटीन में ग्रुप कमांडर से हुई। यह इस बात का उदाहरण है कि कैसे अच्छे मेंटर्स कैडेट्स के भविष्य को आकार दे सकते हैं। हमारे पास मौजूद प्रत्येक सफलता की कहानी इस महान संगठन में हर व्यक्ति द्वारा गाई गई एक स्वर में गाई गई एक धुन है।

एक बार, जब मैं न्यू जर्सी, अमेरिका में ओणम महोत्सव में भाग ले रहा था, मुझे कैडेट वंदना से मिलकर खुशी हुई, जो त्रिवेंद्रम ग्रुप से थीं और एक समूह नृत्य प्रस्तुत कर रही थीं। वह एक फिल्म अभिनेता, निर्देशक, और प्रमाणित स्वास्थ्य पेशेवर हैं, जो खुशी से शादीशुदा हैं और अमेरिका में बसी हुई हैं।

*****

अपने तीन साल के कार्यकाल पर विचार करते हुए, मेरा दिल गर्व, विनम्रता और थोड़ी सी लालसा से भर जाता है। मेरी यादों के हॉल में उन सैकड़ों युवा कैडेट्स की हंसी, ऊर्जा, और सपनों की गूंज है, जिन्हें मैंने मेंटर, मार्गदर्शक, और मित्र के रूप में जानने का सौभाग्य पाया। वे दिलों में ज्वाला और दिमाग

में सपनों को साकार करने की ललक के साथ दुनिया में निकले, रक्षा, पुलिस, आईटी, नृत्य, उद्यमिता, फिल्म निर्माण, अभिनय, संगीत, और बैंकिंग जैसे विविध क्षेत्रों में। उनकी सफलताएँ मेरे दिल को खुशी से भर देती हैं, लेकिन उन लोगों के लिए एक गहरी चाहत मुझे चुराती है जो अपने सपनों को पूरा नहीं कर पाए।

जड़ों की ओर वापसी

मेरे गृहनगर, चंगनाचेरी, हमेशा मेरे लिए एक अनूठा आकर्षण रहा है। जब मैं भारतीय सैन्य अकादमी, देहरादून के लिए निकला, तो मैंने इस प्रिय जन्मस्थल पर लौटने का वादा किया। देश की सेवा के सत्ताईस वर्षों के बाद, मैं अंततः घर लौट आया। यह मेरे दिल को खुशी से भर देता है।

इस शहर ने मेरे मूल्यों को आकार दिया और मेरे जीवन के हर कदम पर मेरा मार्गदर्शन किया। आज, मुझे गर्व है कि इसकी प्रभावशाली छाया ने मुझे वह बनाया जो मैं हूँ। मेरी प्रिय माँ, जो अभी भी हमारे साथ हैं, मेरे दिल को एक ऐसे तरीके से गर्माती हैं जिसे मैं व्यक्त नहीं कर सकता। मैं अब उनकी गाने सुन सकता हूँ, उनके पैरों पर बैठकर उनकी कहानियाँ सुन सकता हूँ, और उनके स्नेह में डूब सकता हूँ।

चंगनाचेरी लौटते हुए सुबह की पहली किरण चहचहाते पक्षियों की सिम्फनी ने जगा दी। उनके गीतों में बैरक के बुग्ले की आवाज़ और गोलियों की गूंज के साथ एक बिलकुल विपरीत था। मेरी पत्नी **मैरी** चंगनाचेरी से अपरिचित थीं, इसके सूक्ष्मताओं और विशेषताओं से। इसलिए, मैंने सोचा कि यह उन्हें मेरे जन्मस्थान से परिचित कराने का समय है—हमारा पहला पड़ाव था व्यस्त बाजार क्षेत्र।

हमारी सुबह की सैर के दौरान, पुराने दोस्त बिरन कुट्टी और उनकी पत्नी आयशा हमारी राह में आए। जिला कांग्रेस कमेटी के उपाध्यक्ष के रूप में, उन्होंने मुझे जिला कांग्रेस कमेटी के सदस्य के रूप में नामांकन की खबर दी। उनकी आवाज़ में जो आश्चर्य था, वही मेरा भी था, "ब्रिगेडियर, आप भाग्यशाली हैं, सर।"

आयशा, जो एक प्राथमिक विद्यालय की शिक्षिका हैं, बोलीं और **मैरी** की मदद करने का प्रस्ताव दिया, स्थानीय विक्रेताओं को खोजने और नौकरियों के लिए सहायता देने की पेशकश की, जिससे हमें एक गर्मजोशी का अहसास हुआ।

चंगनाचेरी मार्केट में प्रवेश करना शहर की गतिविधियों के दिल में कदम रखना था। दृश्य मंत्रमुग्ध कर देने वाला था। बाजार क्षेत्र जीवंतता और गतिविधियों से भरा हुआ था, जिसमें मछली, सब्ज़ियों, और किराने का बाजार शामिल था, जो स्थानीय समुदाय की विविध आवश्यकताओं को पूरा करता था। हालांकि बैल गाड़ियों का समय अब बीते जमाने की बात हो गया है, फिर भी बाजार एक केंद्रीय वाणिज्यिक केंद्र और सामुदायिक इंटरैक्शन का एक संगम रथक है। चंगनाचेरी मार्केट शहर के समृद्ध इतिहास और एक महत्वपूर्ण व्यापार स्थल के रूप में उसकी निरंतर प्रासंगिकता का प्रमाण है। प्रतिष्ठित "अंचू विलक्कु"[82] स्मारक ऊँचा खड़ा है, जो क्षेत्र में विभिन्न जातीय और धार्मिक समूहों के बीच एकता का प्रतीक है।

अगले हफ्तों में, हमारी दिनचर्या आकार लेने लगी। हर दिन शहर और इसके लोगों के साथ एक नई खोज थी। चंगनाचेरी लौटने के एक महीने के भीतर मुझे विभिन्न सामुदायिक गतिविधियों में भाग लेने के लिए कई आमंत्रण मिले। Lions Club और सेंट बर्कमन्स कॉलेज Alumni Association से लेकर Archbishop Kavukattu Museum Project, दीपिका समाचार पत्र, St Mary's Metropolitan Church, और Parish और Pastoral Council तक, सभी मुझे अपने प्रयासों को मजबूत करने और शहर की गतिविधियों में नए दृष्टिकोण लाने के लिए शामिल करना चाहते थे।

पूर्व सैनिकों के समुदाय ने चंगनाचेरी में Ex-Servicemen Contributory Health Services (ECHS)[83] की सुविधा शुरू करने में मेरी महत्वपूर्ण भूमिका के लिए गहरी प्रशंसा व्यक्त की। इसके अतिरिक्त, उन्होंने स्थानीय St. Thomas Hospital के साथ पैनल बनाने में मेरी मदद की भी सराहा। चंगनाचेरी लौटने पर, मेरे जीवन में आए कई बदलावों के बावजूद, समुदाय के गर्म स्वागत ने सब कुछ आसान बना दिया।

---

82 केरल का एक पारंपरिक पांच बत्ती वाला दीपक।

83 यह सुविधा पूर्व सैनिकों और उनके आश्रितों के लिए चिकित्सा उपचार, जिसमें दवाइयाँ भी शामिल हैं, प्रदान करती है।

जैसे-जैसे दिन बीतते गए, हमारे स्थानीय समुदाय में दोस्तों का दायरा बढ़ता गया। एक व्यक्ति जो विशेष रूप से सामने आया, वह था टोमी, जो पेशे से एक सम्मानित वकील था। हालांकि, उसकी असली रुचि इवेंट मैनेजमेंट में थी, और वह स्थानीय Rotary Club में गहराई से जुड़ा हुआ था। वह कभी-कभार हमारे घर आता, एक साधारण पेय का आनंद लेते हुए और शहर की ताजा खबरें और चर्चाएँ साझा करता।

एक दिन, हमारी बातचीत के दौरान, उसने मुझसे पूछा, "ब्रिगेडियर सर, क्या आप चंगनाचेरी में बसने के अपने निर्णय से संतुष्ट हैं?" मैंने उत्तर दिया, "टोमी, सत्ताईस साल पहले, जब मैं सैन्य अकादमी के लिए जा रहा था, मैंने खुद से वादा किया था कि मैं एक दिन यहाँ लौटूंगा। उसी वादे के अनुसार, मैंने यह घर बनाया।" मैंने विशाल बैठक कक्ष – सहभोजन कक्ष की ओर इशारा किया, "इस कमरे की डिज़ाइन देखो, टोमी। यह आसानी से तीस मेहमानों को बैठक के लिए समायोजित कर सकता है। मैं चाहता था कि मेरा घर सभी के लिए खुला हो।" उसने सहमति में सिर हिलाया।

मैंने अपनी सक्रिय अतीत की बातें करते हुए कहा, "जब मैं देहरादून के लिए निकला, तो मुझे पाँच सचिवीय पदों को छोड़ना पड़ा। ये थे सेंट बर्कमन्स कॉलेज के केरल छात्र संघ, कैथोलिक युवा सेमिनार आयोजन समिति, कैथेड्रल विंसेंट डी पॉल समाज, कैथेड्रल उद्देश्य लीग, और सेंट बर्कमन्स कॉलेज अंग्रेजी संगठन।"

अपने सपनों पर विचार करते हुए, मैंने जारी रखा, "मैं इन गतिविधियों से फिर से जुड़ना चाहता हूँ ताकि देख सकूँ कि मैं समाज की भलाई के लिए कैसे योगदान कर सकता हूँ।" टोमी ने एक और पेय डाला और बर्फ के साथ लिया। उसकी प्रतिक्रिया मुझे प्रभावित नहीं कर पाई। उसने एक खाली कागज़ मांगा और कुछ लिखने लगा। कुछ क्षण बाद, उसने उसे ज़ोर से पढ़ा।

"हे ईश्वर," मैंने कहा, भाषा की काव्यात्मक सुंदरता से प्रभावित होकर। वह सेंट बर्कमन्स कॉलेज के नवथी[84] समारोह के लिए प्रचार सामग्री तैयार कर रहा था। उसकी लिखी हुई मलयालम की शक्ति और गूंज ने मुझे मंत्रमुग्ध कर दिया। दुर्भाग्यवश, वह कुछ साल पहले एक दुर्घटना में चल बसा। हवा की फुसफुसाहट में, मुझे लगता है कि टोमी आज हमारे शहर में सबसे गर्वित

84 90 वर्षों का उत्सव मनाने के लिए एक शब्द: नवेत्तर।

आत्मा होता, यह जानकर कि मैंने इस किताब को लिखा है, जो उसकी निरंतर प्रोत्साहना और मेरे प्रयासों के प्रति उसकी सद्भावना का प्रतिबिंब है।

मेरे कई बचपन के दोस्त अभी भी चंगनाचेरी में हैं, और मैं उनके साथ नियमित संपर्क में रहा हूँ। समय के बीतने के बावजूद, हमारी बातचीत लगातार जारी रही है।

जब मैंने अपने शहर में बसने का निर्णय लिया, तो मैंने 1961-67 के कुछ सहपाठियों के लिए अपने घर पर एक सभा का आयोजन किया, जो सेंट बर्कमन्स हाई स्कूल के अंग्रेजी माध्यम के बैच से थे। यह विचार काफी लोकप्रिय हो गया। अब, हर तीन महीने में, मेरे सहपाठी और हमारी पत्नियाँ मिलते हैं।

हमने एक अनौपचारिक संगठन भी बनाया, जिसका नाम था चंगनाचेरी रक्षा अधिकारियों का संघ (DOAC)। यह समूह तेजी से बढ़ा, और अब हम नियमित रूप से मिलते हैं। हमारी परिवारें भी इन मिलनों का हिस्सा बन गई हैं। कुल मिलाकर, हमारी सामाजिक भागीदारी बढ़ रही है।

संक्षेप में, मैं घर वापस आ गया था, जहाँ से सब कुछ शुरू हुआ था। अपनी जड़ों की फिर से खोज का मेरा सफर अभी शुरू हुआ था। मैं अपने अतीत को अपनाने, वर्तमान का आनंद लेने और भविष्य की आशाओं के साथ आगे बढ़ने के लिए तैयार था। मुझे पता था कि मुझे सीखना, भुलाना और फिर से सीखना होगा ताकि मैं इस अनोखे वातावरण में ढल सकूँ।

चंगनाचेरी रक्षा अधिकारी संघ (DOAC) 2023

एस बी कॉलेज पूर्व छात्र संघ

2005 में, थिरुवनंतपुरम के NCC निदेशालय से मुझे एक कॉल आया, जो मेरे अल्मा मेटर, सेंट बर्कमन्स कॉलेज से था। डॉ. स्टीफन मैथ्यू ने मुझे राष्ट्रपति डॉ. ए. पी. जे. अब्दुल कलाम के साथ एक कार्यक्रम में आमंत्रित किया। पुरानी यादों से अभिभूत होकर, मैंने खुशी-खुशी स्वीकार कर लिया। 2008 में, सेवानिवृत्ति के बाद, डॉ. जोस पी. जैकब का एक और आमंत्रण आया, जिसमें मुझे पूर्व छात्रों के संघ का कार्यकारी सदस्य नामित किया गया। कॉलेज से सेना तक, फिर वापस उसी बिंदु पर लौटना—घर की अपील अपराजेय थी। अब मैं अपनी जड़ों में लौट आया था, ऐसा मुझे महसूस हुआ।

ये आमंत्रण मेरी संस्था के साथ फिर से जुड़ने की शुरुआत का प्रतीक थे और 2012 में कॉलेज की नब्बेवीं वर्षगांठ के नवाथी उत्सव में योगदान करने का एक अवसर था। साम्वित विज्ञान प्रदर्शनी और कला महोत्सव प्रमुख आकर्षण बने, जिसने राज्यभर से 125,000 से अधिक छात्रों को आकर्षित किया। मैं वित्त समिति का सदस्य था और फादर रेगी पी. कुरियन, जो उस समय बर्सर थे और अब सेंट बर्कमन्स कॉलेज के प्रिंसिपल हैं, के साथ मिलकर कला महोत्सव की सफलता सुनिश्चित करने के लिए काम किया।

नवाथी उत्सव के दौरान सबसे यादगार घटनाओं में से एक थी सेंट बर्कमन्स कॉलेज परिसर में मराठा लाइट इन्फेंट्री रेजिमेंट के आर्मी ब्रास बैंड का प्रदर्शन। ब्रिगेडियर सी. संदीप कुमार, जो मराठा लाइट रेजिमेंट के पूर्व छात्र हैं, ने इस कार्यक्रम को सफल बनाने में मदद की। हमने थ्रिसूर के मन्नूथी में R & V स्क्वाड्रन से सजाए गए घोड़े लेकर बैंड प्रदर्शन को और भी आकर्षक बना दिया।

बैंड टीम रात के समय 'क्रिस्टु राजा' टॉवर के सामने मैदान में मार्च कर रही थी और विभिन्न मार्चिंग धुनें बजा रही थी। 'क्रिस्टु राजा'[85] टॉवर के शानदार दृश्य के बीच मार्चिंग बैंड का प्रदर्शन स्थानीय लोगों और छात्र समुदाय के लिए एक मंत्रमुग्ध कर देने वाला अनुभव था। सेंट बर्कमन्स

85 क्राइस्ट द किंग की मूर्ति, जिसमें क्रॉस को उनकी चषक के रूप में दिखाया गया है, स्पेन से आयात की गई थी और इसे प्रतीकात्मक टावर के शीर्ष पर स्थापित किया गया था।

कॉलेज के लिए सेना के एक कार्यक्रम का पहला अनुभव एक स्थायी छाप छोड़ गया।

इसके अलावा, वहाँ एक स्टेज भी था जहाँ उन्होंने अन्य संगीत नृत्य प्रस्तुत किए। जब बैंड ने बीटल्स का,

"अरे जूड, मुझे निराश मत करना।

तुमने उसे पा लिया है, अब जाओ और उसे ले आओ',

मेरे रोंगटे खड़े हो गए"।

जहाँ तक कार्यकारी समिति में शामिल होने का सवाल है, पहले वार्षिक पूर्व छात्र बैठक के लिए कोई निश्चित तिथि नहीं थी। हालांकि, मेरी सिफारिश के आधार पर, संघ ने 26 जनवरी को वार्षिक बैठक के लिए निश्चित तिथि निर्धारित की। मैंने पहले के वर्षों में गणतंत्र दिवस संदेश दिया है। आज भी, एक दशक बाद, मुझे सेंट बर्कमन्स कॉलेज पूर्व छात्र संघ के सभी कार्यक्रमों में सक्रिय रूप से शामिल होकर उनके कार्यक्रमों में मूल्य जोड़ने में खुशी होती है।

आज, जब कॉलेज अपने शताब्दी समारोह मना रहा है, विभिन्न कार्यक्रम निर्धारित किए गए हैं और हो रहे हैं। कोविड महामारी के प्रतिबंधों के कारण, शताब्दी समारोह की शुरुआत ठंडी रही। लेकिन जब सितंबर 2022 में स्थिति सुधरी, तो सम्वित II, अखिल भारतीय विज्ञान और औद्योगिक प्रदर्शनी की शुरुआत हुई। इसने लगभग 140,000 छात्रों को आकर्षित किया और यह एक महत्वपूर्ण सफलता थी। एक बार फिर, हमें सेना के बैंड की उपस्थिति मिली, और इस बार, यह 23 मराठा लाइट इन्फेंट्री रेजिमेंट का पाइप बैंड था जो पंगोडे सैन्य कैम्प से आया। हमने कोच्चि नौसेना बेस से भी नौसेना बैंड प्राप्त किया, जिससे आकर्षण बढ़ गया। मुझे खुशी हुई कि चंगनाचेरी के लोग सेंट बर्कमन्स कॉलेज में इन बैंडों का प्रदर्शन देख सके। सेंट बर्कमन्स कॉलेज को अपनी प्रतिष्ठित ऐतिहासिक पृष्ठभूमि में सेना और नौसेना बैंड की मेज़बानी करने का बड़ा सम्मान मिला।

हालाँकि, मेरी उपलब्धियों का शिखर तब था जब कॉलेज ने मेरी प्रस्तावना को सेंट बर्कमन्स कॉलेज में एक रक्षा अकादमी शुरू करने के लिए स्वीकार किया। यह अकादमी उन छात्रों को प्रशिक्षित करेगी जो रक्षा सेवाओं के अधिकारी बनने की आकांक्षा रखते हैं। इसे कॉलेज के शताब्दी परियोजना

के रूप में लॉन्च किया गया। प्रिंसिपल, फादर रेगी प्लाथोट्टम, और फादर मोहन, बर्सर, ने हरी झंडी दिखाई। आर्चबिशप ने 13 अगस्त 2022 को बर्कमन्स डिफेंस एकेडमी (BEDA) का औपचारिक उद्घाटन किया। कॉलेज के वाइस-प्रिंसिपल, डॉ. जॉब जोसेफ, ने इस परियोजना को सक्रिय रूप से आगे बढ़ाया।

SSB के अनुभव के आधार पर, हमने BEDA में एक पूर्ण आकार का बाधा कोर्स बनाया। हमने छात्रों को NDA, CDS, और AFCAT के लिए UPSC परीक्षा की तैयारी के लिए एक बाहरी एजेंसी को भी शामिल किया। कर्नल अनिल, तीन मनोवैज्ञानिक (ऑनलाइन), और मैं SSB कोचिंग की देखरेख कर रहे हैं। हम सभी ने अपनी सेवा के दौरान SSB इंटरव्यू बोर्ड में काम किया है।

*****

मैथ्यू कावुकट् संग्रहालय परियोजना

भविष्य में सामने आने वाले विशाल कार्य को देखते हुए, मैंने अपने पिता के अंतिम शब्द याद किए, “कावुकट्ट्र पिता की प्रार्थना करो, और वह आपके लिए मध्यस्थता करेंगे।” उनके ये शब्द मुझे सांत्वना देते थे, जो अनिश्चितता की उठती लहरों के बीच मेरा सहारा बने। पादरी और पारिश परिषदों के सदस्य के रूप में, आर्चबिशप मार जोसेफ पेरुंथोट्टम ने मुझे मात्यू कावुकट्ट्र संग्रहालय परियोजना का सामान्य समन्वयक नियुक्त किया। यह एक महत्वाकांक्षी सपना था, जिसमें न तो तत्काल धन उपलब्ध था और न ही इसे साकार करने का स्पष्ट मार्ग, फिर भी मुझे इसे स्वीकार करने के लिए मजबूर होना पड़ा।

सितंबर 2009 की बात है, जब इस संग्रहालय के विचार की शुरुआत हुई थी। यह बैठक दिवंगत रेव. फ्र. मात्यू मट्टोम और सिस्टर जेन कोट्टारम द्वारा आयोजित की गई थी। वह समय जीवंत था, उम्मीदों और अपेक्षाओं से भरा, खासकर क्योंकि मैंने एक साल पहले ही सेवानिवृत्ति की यात्रा शुरू की थी। आर्चबिशप ने मुझे सामान्य समन्वयक के रूप में बड़ी जिम्मेदारी सौंपी।

योजना बनाने की बैठकों की एक श्रृंखला शुरू हुई, जिसमें दूसरी सामान्य बैठक में स्थानीय प्रसिद्ध आर्किटेक्ट, श्री जॉन कोच्चेरी द्वारा प्रस्तावित निर्माण योजना को मंजूरी दी गई।

संग्रहालय का निर्माण एक कठिन यात्रा थी; असहमति उठीं, और मदद मिलना दुर्लभ था। हमने एक वेबसाइट बनाने, एक थिएटर स्थापित करने, ऑडियो-विजुअल डिज़ाइनरों और प्रदर्शनी विकासकर्ताओं को चुनने, कहानी रेखाएं और आगंतुक प्रवाह आरेख बनाने, और बजट और वित्त के मुद्दों का समाधान करने का निर्णय लिया।

पैसा सबसे बड़ा रोड़ा बना, क्योंकि धन जुटाने से केवल मामूली राशि प्राप्त हुई। चित्रण बनाने, आर्किटेक्ट का चयन करने और सरकारी एजेंसियों से योजनाओं को स्वीकृत कराने की प्रारंभिक चरण में श्री स्करिया जोसे कट्टूर, एक प्रमुख स्थानीय व्यवसायी और आर्किटेक्ट श्री जॉन कोच्चेरी ने मदद की।

जब निर्माण प्रक्रिया सुचारू नहीं रही, तो दिवंगत श्री एम.सी. मात्यू मुक्कादन, मेरे पड़ोसी और बचपन के दोस्त, निर्माण समन्वयक के रूप में जिम्मेदारी लेने लगे। उनकी शक्तिशाली और रहस्यमय व्यक्तित्व ने परियोजना को आगे बढ़ाने में मदद की। धन जुटाने के प्रयास, हालांकि कठिन, अंततः 9 अक्टूबर 2010 को पत्थर की पूजा समारोह को संभव बना पाए।

हमने अपने मूल समिति का विस्तार भी किया, जिसमें श्री मात्यू जोसे थारकनपरम्बिल, श्री रॉय पुल्लुकट्टू और श्री टॉमिचन आय्यरुकुलंगारा को शामिल किया गया। मात्यू जोसे थारकनपरम्बिल, जिसे सिबीचेन के नाम से जाना जाता है, ने उदारता से हमारे धन जुटाने के प्रयासों के लिए एक वाहन और उसका चालक प्रदान किया। दिवंगत फादर मट्टोम, दिवंगत सिस्टर जेन और दिवंगत प्रोफेसर के.के. जॉन के साथ, सिबीचेन और मैंने धन संग्रह के लिए यात्रा की, जबकि टॉमिचन आय्यरुकुलंगारा ने खातों का प्रबंधन किया। हमारी टीम की अथक मेहनत से, हमने अक्टूबर 2013 में नागरिक निर्माण पूरा किया।

मार्च 2018 में, बिशप थॉमस थरायिल ने कोर समिति के सदस्यों को बिशप पैलेस में बुलाया। हमने ऑडिट की गई रिपोर्ट प्रस्तुत की, जिसमें 88,42,594 रुपये का आंकड़ा था। बिशप ने हमें सूचित किया कि प्रोक्युरेटर[86] सीधे परियोजना का समन्वय करेगा, जिसमें एक युवा पादरी, फादर अलेन, सहायता करेंगे। फादर अलेन ने इस कठिन कार्य को एकल रूप से स्वीकार किया और हमारे सामूहिक दृष्टिकोण में जान डाल दी। अंततः, 5 फरवरी 2023 को, हमने अपने सपने को साकार किया और मात्यू कावुकट्टू संग्रहालय

86 बिशप की ओर से वित्तीय शक्तियों के साथ सौंपा गया पुजारी।

का उद्घाटन किया। यह गर्व से खड़ा है, जो सायरो-मलाबार आर्चीपार्ची की विरासत, आध्यात्मिक इतिहास और परमेश्वर के सेवक, मात्यू कावुकट्टू के गुणों का प्रतीक है।

यह स्वीकार करना आवश्यक है कि फादर मात्यू मट्टोम और सिस्टर जेन के योगदान इस उपलब्धि में अद्वितीय थे, जिनकी आत्माएँ निश्चित रूप से इस सफलता का जश्न आकाश में मना रही हैं।

पीछे मुड़कर देखने पर, मैं अपने सह-संवेदकों और सभी अन्य लोगों के प्रति गहरी कृतज्ञता महसूस करता हूँ जिन्होंने इस कठिन कार्य में अनेक तरीकों से योगदान दिया। हमने बाधाओं का सामना किया, सहनशक्ति दिखाई, और अपने साझा लक्ष्य में एकता बनाई। हमारी यात्रा आसान नहीं थी, लेकिन यह एक ऐसी यात्रा है जिसका हिस्सा बनकर मुझे गर्व है। संग्रहालय के गलियारों में चलते हुए, जहाँ चित्र और कलाकृतियाँ सजी हुई हैं, एक अवर्णनीय गर्व और उपलब्धि का अनुभव मुझे घेर लेता है। हमने कई पाठ सीखे; कुछ को हमें भुलाना पड़ा और कुछ को फिर से सीखना पड़ा।

*****

राजनीति: कांग्रेस पार्टी ने मुझे 2010 में जिला कांग्रेस समिति का सदस्य नामित किया। हालांकि, मैंने जल्दी ही यह महसूस किया कि राजनीति कोई मज़ेदार चीज़ नहीं है। इसमें पूर्ण प्रतिबद्धता की आवश्यकता होती है। मैं न्याय नहीं कर सका। कुछ महीनों बाद, मैंने किसी भी बैठक में भाग लेने से पीछे हटने का निर्णय लिया। लेकिन पांच साल की अवकाश के बाद, मैं फिर से राजनीति में सक्रिय हो गया। इस बार यह मेरे शिक्षक और पड़ोसी, श्री सी. एफ. थॉमस के लिए था, जो 1980 से 2020 तक विधायक रहे। वे नौ बार लगातार चुने गए और केरल कांग्रेस (मणि समूह) से संबंधित थे। 2016 के चुनाव में, श्री सी. एफ. थॉमस ने मुझे सोशल मीडिया समूह का संयोजक चुना। यह संयोजक पद नया था और उनके पिछले अभियानों में कभी नहीं था। हालांकि, उन्होंने आज की दुनिया में सोशल मीडिया के महत्व को समझा और जाना कि उन्हें नए रुझान के अनुसार ढलना होगा। हमें यह भी पता चला कि उनके विपक्षी उम्मीदवार ने पहले ही अपनी सोशल मीडिया अभियान शुरू कर दी थी।

मुझे कई युवाओं की आवश्यकता थी जो हमें अपने संदेश फैलाने में मदद करें। हमें एक मुख्य रणनीति समूह की भी आवश्यकता थी जो विपक्ष

की रणनीतियों, एजेंडे, और प्रमुख बिंदुओं का अध्ययन करे और हर सोशल मीडिया प्लेटफॉर्म पर उनका मुकाबला करे। यह कार्य बहुत बड़ा था, और हमने सीखा कि विपक्षी उम्मीदवार ने पहले ही बीस पेशेवर कंप्यूटर विशेषज्ञों को नियुक्त किया था।

हमारी शुरुआत धीमी रही। हमने चुनाव अभियान के लिए एक कंप्यूटर पेशेवर को 50,000 रुपये में नियुक्त किया और दोस्तों से कई लैपटॉप प्राप्त किए। हमने छह और तकनीकी छात्रों का स्वागत किया, जिनमें से तीन युवा कांग्रेस से और कुछ केरल स्टूडेंट्स यूनियन के सदस्य थे। कंप्यूटर पेशेवर और मैं मिलाकर, हमारी टीम में पंद्रह लोग थे। जैसे-जैसे हम अभियान को तेज करते गए, मेरा काम विभिन्न वॉयस कॉल सेवाओं, एसएमएस सेवाओं, फेसबुक बूस्टर सेवाओं, इंस्टाग्राम विशेषज्ञों, कंटेंट प्रदाताओं और वीडियो क्लिप विशेषज्ञों के लिए पेशेवरों का साक्षात्कार लेना था। वे कई क्षेत्रों से आए थे, उनके पास काम कर रहे उम्मीदवारों की एक सूची और उनके द्वारा किए जा रहे कार्यों का विवरण था।

हमने कुछ को चुना, लेकिन तुरंत भुगतान नहीं किया। सी. एफ. सर के वित्त व्यक्ति थे श्री जॉर्जकुट्टी मैप्पिलस्सेरी। जब भी हमें किसी को नियुक्त करना होता, मैं उनकी ओर देखता। वे कभी एक शब्द नहीं बोलते। एक बार, मैंने सी. एफ. सर से पूछा कि हमें क्या करना चाहिए। उन्होंने कहा, "जेम्स, हम जो कुछ भी खर्च करें, उसे लिख लो।" जॉर्जकुट्टी ने केवल सिर हिलाया। वे पहले कई बार वित्त प्रमुख रह चुके थे। उन्होंने अपनी जिम्मेदारी बहुत अच्छी तरह निभाई, बिना अधिक बोले। लोग उनकी ईमानदारी और दया के लिए उनकी सराहना करते थे।

सी. एफ. सर चाहते थे कि मैं हमेशा उनके साथ रहूं। हम उनकी कार में यात्रा करते, पीछे की सीट पर बैठते, जबकि उनका सहायक आगे बैठता। भले ही उनकी सेहत में समस्याएं थीं, वे बहुत दृढ़ निश्चयी थे। यह मुझे कुछ प्रसिद्ध सेना के नेताओं की याद दिलाता था। हम सुबह जल्दी निकलते। वे दोपहर का भोजन नहीं करते, लेकिन जब वे लोगों से बात कर रहे होते, तो मैं थोड़ा-बहुत खा लेता। हम देर रात तक बैठकें करते। उनके कुछ टीम के सदस्य उनके कार्यालय में उनकी प्रतीक्षा करते। लौटते समय, वे मुझे पहले घर छोड़ने के लिए एक शॉर्टकट लेते, बजाय मुख्य सड़क से जाने के। फिर

वे जल्दी-जल्दी अपने कार्यालय चले जाते। वे वास्तव में दयालु थे। आश्चर्य नहीं कि लोग उन्हें बार-बार वोट देते रहे।

सी. एफ. सर ने अपने अभियान के दौरान बहुत योजना बनाई। उन्होंने श्रमिकों, सामाजिक समूहों, धार्मिक समूहों, शिक्षकों, नगर नेताओं और अन्य के कई समूहों पर ध्यान केंद्रित किया। नगर में कई बैठकें, मोटरसाइकिल रैलियां, नेताओं की सभाएं, चुनावी दौरे और बड़े मिलनसार कार्यक्रम हुए।

एक शोध छात्र की तरह, मैं सी. एफ. सर के साथ घूमता, नई-नई बातें सीखता, जीवन के विभिन्न पहलुओं को खोजता, और अपने नगर के कई गरीब लोगों की समस्याओं और आकांक्षाओं को समझता। चुनावी अभियान एक मांगलिक कार्य है।

*****

मैंने 2009 में लायंस क्लब में शामिल हुआ और 2019 तक जारी रखा। मैं कुछ बार बोर्ड सदस्य और क्लब की चालीसवीं वर्षगांठ, रुबी वर्ष के लिए कोषाध्यक्ष रहा। मैरी, महिलाओं की शाखा की सचिव थीं। रुबी जो जलती हुई प्रेम का प्रतीक है, उस वर्ष क्लब ने समाज के प्रति अपनी प्रतिबद्धता को दर्शाने के लिए एक करोड़ रुपये के सेवा प्रोजेक्ट शुरू किए। दो प्रमुख प्रोजेक्ट थे *हृदयतलम* और *स्वंठनम* ।

हमने गरीब लोगों के लिए चालीस दिल की सर्जरी के लिए वित्तीय सहायता प्रदान की। धन जुटाने के लिए, हमने प्रसिद्ध प्लेबैक गायक मिस रिमी टोमी द्वारा एक विशाल संगीत कार्यक्रम और अभिनेता सुरज वेंजारनमूड द्वारा एक कॉमेडी शो आयोजित किया।

हमने गरीब लोगों के बीच कैंसर का पता लगाने के लिए कैंप आयोजित किए और पीड़ितों को वित्तीय सहायता प्रदान की। यह सामुदायिक सेवा का क्षेत्र मेरे लिए नया था। मैंने क्लब के अनुभवी सदस्यों से बहुत कुछ सीखा।

कई उत्कृष्ट व्यक्तियों ने सामुदायिक सेवा में अपना बहुत सारा समय और पैसा लगाया। हम उनके प्रति अत्यधिक सम्मान रखते हैं। **मैरी** ने भी क्लब की महिला शाखा से बहुत कुछ सीखा। हालांकि, 2019 में जब कई बोर्ड सदस्यों ने महिलाओं के लिए कम सदस्यता शुल्क पर लायन सदस्यों के रूप में नामांकन के अंतर्राष्ट्रीय क्लब के नियमों को स्वीकार करने का विरोध

किया, तो हमने क्लब की सदस्यता से इस्तीफा देने का निर्णय लिया। फिर भी, हम क्लब और इसके सामाजिक कल्याण गतिविधियों का बहुत सम्मान करते हैं।

*****

2009 में, हमने "स्नेहतीरम" नामक एक निवास संघ की स्थापना की (यह नाम मैंने सुझाया था) जो आस-पास रहने वाले चालीस परिवारों के लिए था। यह एक नई अनुभव था। जैसा कि नाम से स्पष्ट है, इसका उद्देश्य पड़ोसियों के बीच अच्छे संबंध और दोस्ती स्थापित करना, एक-दूसरे की मदद करना और दैनिक जीवन का आनंद लेना था। मैंने संघ को पंजीकृत कराया। मैंने 2015 में पहली बार और फिर 2016 में संघ के अध्यक्ष के रूप में सेवा की। हमारी सबसे उल्लेखनीय परंपरा ओणम का भव्य उत्सव मनाना था। हमने एक उत्सव "अथापूकलम[87]" प्रतियोगिता, एक रोमांचक मिश्रित-लिंग रस्साकशी, और एक नींबू दौड़ का आयोजन किया। सबसे यादगार हिस्सा ओणम सध्या था: केले के पत्तों पर पच्चीस से अधिक ओणम व्यंजनों के साथ एक भव्य भोज। इसके अलावा, हमने विभिन्न पर्यटन स्थलों पर सुंदर पिकनिक भी आयोजित की।

केरल में बाढ़, 2018

केरल में 1 जून 2018 से 19 अगस्त 2018 तक असामान्य रूप से उच्च वर्षा हुई। इसके परिणामस्वरूप राज्य के तेरह जिलों में गंभीर बाढ़ आई। यह एक सदी में आई सबसे खराब बाढ़ थी, इससे पहले 1924 में ऐसी बाढ़ आई थी।

मेरा शहर, चांगानाचेरी, तीन ओर से पानी से घिरा हुआ था और इसे बुरी तरह से प्रभावित किया गया। पड़ोसी कुट्टानाड ने सबसे अधिक नुकसान उठाया। जिला प्रशासन ने राहत शिविर शुरू किए, और लोग आश्रय के लिए हमारे शहर में उमड़ने लगे। मैं बाढ़ पीड़ितों की सहायता के लिए सामुदायिक नेताओं के साथ नाव घाट पर शामिल हुआ।

---

87 ओणम के दौरान पूकलम बनाना शुभ माना जाता है। "पूव" का मतलब है फूल, और "कला" का मतलब है जमीन पर रंगीन चित्र। आमतौर पर जामंती या गेंदा के फूलों का उपयोग किया जाता है।

चांगानाचेरी के लोगों के सामूहिक प्रयासों के कारण राहत कार्य तेज गति से चल रहे थे। हमने चांगानाचेरी नाव घाट, परुन्ना MC रोड, पुथनमादा, और एदथुआ जैसे विभिन्न स्थानों पर संग्रहण बिंदु स्थापित किए। हमने बाढ़ से प्रभावित लोगों के लिए भोजन और कपड़े वितरित किए। हमारे सामुदायिक संघ, स्नेहतीरम निवास संघ, ने 45,000 रुपये एकत्र किए और अतिरिक्त आपूर्ति वितरित की। महिलाओं और बच्चों ने घरों से बिस्तर की चादरें और अन्य कपड़े एकत्र किए और हम सभी राहत शिविरों में स्वेच्छा से काम करते रहे।

बाढ़ ने चांगानाचेरी और पड़ोसी शहरों जैसे पुज़हवातु, पराल, वेत्तिथुरुथु, और पूवम के कई क्षेत्रों को डुबो दिया। यहां तक कि हमारे पड़ोसी के घर में भी पानी आ गया था। राज्य स्तर पर, क्षति और हानि अभूतपूर्व और गंभीर थी। मुख्य नदियों के जलस्तर को नियंत्रित करने के लिए मोलापेरियार बांध सहित तीस-एक बांधों के दरवाजे खोले गए। अगर बांध की दीवारें टूट गई होतीं, तो यह कोचि, कोट्टायम, पठानमथिट्टा, इडुक्की, और अलप्पुझा के प्रमुख जिलों को डुबो देती, जिससे अपार मानव त्रासदी होती।

वैश्विक मलयाली समुदाय ने बेहद मदद की। मेरी पोतियां, रिया और इसाबेल, ने अपनी जर्मन टाउन, विस्कॉन्सिन, यूएसए की समुदाय में नींबू पानी बेचकर धन जुटाया। रिया केवल आठ साल की थी और इसाबेल पांच साल की। मछुआरों का समुदाय, सेना और नौसेना सभी बचाव प्रयासों में शामिल हुए।

मैं बचाव अभियानों में सहायता करता रहा और NCC बटालियन कमांडरों के साथ संपर्कों के माध्यम से स्थान संबंधी जानकारी प्रदान की। चंडी ओमन, जो अब MLA हैं, ने भी अपने रिश्तेदारों को रानी में बचाने के लिए मेरी मदद मांगी, और हम उनकी सहायता कर सके। बचाव टीमों को ज्यादातर प्रभावित लोगों के स्थान की Google मानचित्र पर जानकारी चाहिए थी। मैं इसे नियंत्रण कक्षों को प्रदान कर सकता था।

कुल मिलाकर, बाढ़ बचाव अभियानों का आयोजन उत्कृष्ट था, और समुदाय की प्रतिक्रिया दिल को छूने वाली थी। इस अनुभव ने मुझे सिखाया कि लोग अच्छे, ईमानदार, और प्यार करने वाले होते हैं। यदि आप उनसे प्यार करते हैं, तो वे आपको सभी सम्मान, प्यार, और स्नेह देंगे। आज, जब हम घूम रहे थे, मैंने यह बात **मैरी** से कही।

वास्तव में, मैंने एक सार्वभौमिक सत्य खोज निकाला है, एक वास्तविक ज्ञान का मोती जो केवल समय और जीवन के अनुभवों ने मुझे सिखाया है। मैंने अपने संबंधों, इंटरैक्शन, और दूसरों के साथ साझा क्षणों में प्यार और सम्मान का गहरा सत्य पाया है। देने में, प्राप्त किया है, प्रेम में मुझे प्रेम किया गया है। क्या मैं इस प्रेम की स्थिति में सबसे लंबे समय तक रह सकूँ।

ब्रिगेडियर @1335 दिन

18 जून, 2023, यह एक शांत रविवार था। यह फादर्स डे था। जैसे ही दिन शुरू हुआ, मेरे बच्चों की ओर से प्यार की एक लहर ने मेरे दिल को गर्मजोशी से भर दिया, हालांकि हम दूर थे। मेरा बेटा शैरोन स्विट्ज़रलैंड के वेनजन में अल्पाइन पहाड़ों की खूबसूरती का आनंद ले रहा था। वहीं, मेरी प्यारी बेटी कैरोलिन ह्यूस्टन के जीवंत दिल से अपना प्यार और स्नेह भेज रही थी।

मैं पड़ोसी घरों से भिक्षा एकत्रित करने में व्यस्त था, जो कि एक व्रत को पूरा करने की प्रक्रिया थी। मैंने यह व्रत 3 नवंबर 2019 के एक विशेष रविवार, को लिया था, जिसमें सौ घरों से भिक्षा एकत्रित करने का संकल्प लिया गया था। आश्चर्य की बात यह थी कि यह मेरी आध्यात्मिक यात्रा का 1335वां दिन था, जो दानिय्येल 12:12 के श्लोक से विशेष महत्व रखता था, जिसमें लिखा है: "धैर्य रखने वाले और धीरज रखने वाले धन्य हैं, क्योंकि वे 1335 दिन तक धैर्य रखेंगे।" इस महत्वपूर्ण दिन पर, मैं इस व्रत को पूरा करने में लगा हुआ था। एकत्रित प्रत्येक योगदान मेरे अडिग विश्वास का प्रतीक था, जो तमिलनाडु के नागपट्टिनम के निकट स्थित 'स्वास्थ्य की देवी' वेलंकन्नी तीर्थ पर मेरी आस्था का प्रमाण था।

यह चरण मेरे भीतर एक गहन आध्यात्मिक परिवर्तन का प्रतीक था, जब मुझे यीशु के एक अदृश्य आह्वान का अनुभव हुआ। जीवन की अनेक कठिनाइयों के बीच, मेरी आस्था दृढ़ रही, जो दानिय्येल 12:12 की शिक्षा द्वारा बंधी थी। यह यात्रा, जो व्यक्तिगत कठिनाइयों और दिव्य विश्वास से बंधी हुई थी, मेरे विश्वास की एक विजयगाथा में बदल रही थी। वर्षों से, मैंने अपने जीवन की सफलताओं का आकलन पांच अलग-अलग चरणों में किया

है, प्रत्येक चरण का समय 15 वर्ष है। मुझे लगता है कि ये सभी चरण मेरे लिए बहुत अच्छे रहे हैं। किंतु जब मैं अपने जीवन के अंतिम चरण में प्रवेश कर रहा था, तब मुझे एक मार्मिक अभाव का एहसास हुआ। इस भावना का स्रोत अस्पष्ट रहा, फिर भी मुझे ऐसा लग रहा था कि मैं ईश्वर के साथ एक गहरा संबंध बनाने के लिए पर्याप्त यत्न नहीं कर रहा। यह आत्म-चिंतन 2019 के आसपास और अधिक गहरा हो गया, जब मैं अमेरिका से बच्चों और पोते-पोतियों के साथ एक अविस्मरणीय छुट्टी से वापस आया।

मेरे दिल में परिवर्तन की एक गहरी इच्छा जाग उठी और मैं एक बेहतर आदमी बनने की आकांक्षा रखने लगा। 'ब्रिगेडियर' का व्यक्तित्व मेरे अस्तित्व का एक हिस्सा रहा है, और अब मुझे इससे जुड़े अहंकार को समाप्त करना होगा। मुझे दूसरों की मदद करनी चाहिए। हाल की बाढ़ों के विनाशकारी दृश्य, जिन्होंने बेतरतीब तबाही मचाई और व्यापक लोक पीड़ा का कारण बने, मेरे अंतर्मन को कचोटने लगे और परिवर्तन की आवश्यकता का अहसास दिलाने लगे। मैंने अपने मन को साफ करने और अपने जीवन का एक नया अध्याय शुरू करने का संकल्प लिया।

मैं कन्फेशनल में था, पादरी के शुरू करने का इंतजार कर रहा था। युवा पादरी ने मुझे आशीर्वाद दिया और कहा कि मुझे अपने बच्चों और पोते-पोतियों के लिए अक्सर प्रार्थना करनी चाहिए। जब मैं उस स्थान से बाहर आया, तो मेरी आंखों में आंसू थे। यह 14 फरवरी, 2019 की बात है।

ईस्टर 21 अप्रैल को और उपवास 4 मार्च से शुरू होने वाला था। **मैरी** और मैंने पहली बार पूरी तरह से उपवास का पालन करने का निर्णय लिया। सीरियन कैथोलिक होने के नाते, हमारा उपवास एश सोमवार मंडे से शुरू होता है, जबकि लैटिन कैथोलिक परंपरा में यह एश बुधवार से शुरू होता है। मैंने शराब, मांस, और मछली से परहेज करने की शपथ ली। हालांकि हमने अतीत में उपवास का पालन किया था, लेकिन हम कभी-कभार मछली खा लेते थे।

उपवास के एक महीने बाद, मैंने इस नए संकल्प के तहत मानसिक और आध्यात्मिक शुद्धता के बारे में सोचना शुरू किया। मैंने विचार किया कि एक पूरे उपवास का पालन करने से मेरे मन में भक्ति भावना कैसे जाग्रत हो सकती है। मैंने 3 अप्रैल, 2019 को अपने डायरी में लिखा कि शुद्धता जीवन में आवश्यक है। तब से शुद्ध जीवन जीने का विचार मेरे मन से कभी नहीं गया। मैंने इसे ईश्वर के परिवर्तन की तैयारी के रूप में देखा।

छाया की घाटी से होकर यात्रा

15 जून, 2019, मेरी बेटी कैरोलिन अपने परिवार के साथ छुट्टियों के लिए घर आई। उनके ससुराल वालों के साथ, हम ऊटी की तीन दिवसीय यात्रा पर गए। यात्रा के दौरान, मेरे दामाद के साथ शराब पीते समय मुझे अपने दाहिनी पेट में दर्द महसूस हुआ। क्योंकि मुझे पता था कि मैं सामान्य मात्रा में पीता हूं, इसलिए यह सिर्फ पेट की समस्या हो सकती है। एक गैस्ट्रोएंटेरोलॉजिस्ट ने मुझे एंटीबायोटिक्स का एक कोर्स लेने की सलाह दी। मैंने दो महीनेतक नियमित दवा ली यह देखने के लिए कि क्या दर्द कम होता है, लेकिन ऐसा नहीं हुआ। मैंने एक पूर्ण मेडिकल चेक-अप कराने का निर्णय लिया। हमने चिरुवल्ला के बेलिवर्स हॉस्पिटल में चेक-अप का समय निर्धारित किया। अस्पताल चंगनाचेरी से केवल पांच किलोमीटर की दूरी पर था।

एक सितंबर को, मुझे याद आया कि हमने इस महीने को "द लेडी ऑफ सॉरोज" के नाम समर्पित किया था। अपने बचपन में, मैं हमेशा कैथेड्रल में "कोचू पल्लि" में प्रार्थना करता था। वहां एक मूर्ति में मरियम (पिएटा) को यीशु के शव को अपनी बांहों में थामे हुए को दिखाया गया है, जब उन्हें क्रॉस से उतारा गया था।

निर्धारित दिन पर, मैंने बेलिवर्स अस्पताल का दौरा किया, जहां मैं अपने प्यारे दोस्त, सहपाठी, और प्राथमिक चिकित्सक डॉ. एस. के. मैथ्यू से मिला। वहां के वरिष्ठ चिकित्सा विशेषज्ञ के रूप में, वे मेरे लिए एक विश्वसनीय सलाहकार रहे हैं। हमारे परामर्श के दौरान, मैंने उन्हें अपनी गैस्ट्राइटिस की जारी समस्या के बारे में बताया। मैंने उन्हें बताया कि मैंने अमृता इंस्टीट्यूट ऑफ मेडिकल साइंसेज, कोच्चि (अमृता हॉस्पिटल) के ब्रिगेडियर (डॉ.) अनंत नारायणन के साथ फोन पर परामर्श के आधार पर रिफैक्सिमिन एंटीबायोटिक लिया था। हालाँकि, समस्याएँ एक महीने तक बनी रहीं। उन्होंने कई रक्त परीक्षण और पेट तथा पेल्विस का अल्ट्रासाउंड कराने का आदेश दिया। उन्होंने एक गैस्ट्रोएंटेरोलॉजिस्ट से परामर्श की भी सिफारिश की।

अल्ट्रासाउंड स्कैन के बाद, मैंने गैस्ट्रोएंटेरोलॉजिस्ट से परामर्श किया। उन्होंने एंडोस्कोपी और कॉलोनोस्कोपी प्रक्रियाओं के लिए अस्पताल में भर्ती होने की सलाह दी। इसके अतिरिक्त, उन्होंने जिगर के सिरोसिस के जोखिम

को समाप्त करने के लिए एक फाइब्रोसिस परीक्षण के लिए एक बाद की तारीख निर्धारित की। मैंने उन्हें आश्वासन दिया कि मुझे सिरोसिस नहीं है, तो उन्होंने जवाब दिया, "आपका यकृत लंबे समय से वसायुक्त है। यह आपके बूढे होने पर आपके बालों का सफेद होना जैसा है।" मुझे सिरोसिस के बारे में बहुत सीमित जानकारी थी। मैं हमेशा मानता था कि यह केवल अत्यधिक शराब के सेवन से जुड़ी बीमारी है।

जब मैंने अपनी खून और अल्ट्रासाउंड रिपोर्टें लीं, तब लगभग लंच का समय हो गया था। अल्ट्रासाउंड रिपोर्ट में उल्लखित था कि अल्ट्रासाउंड इमेज में "असमान हिपेटिक इको पैटर्न जिसमें अस्पष्ट हाइपोइकोइक क्षेत्र हैं, संभवतः पैरेन्काइमल रोग का संकेत देते हैं।[88]इस रिपोर्ट में लिवर फंक्शन टेस्ट (LFT) के साथ सह-संबंध खोजने की सिफारिश की गई है"। जब LFT के परिणाम सामान्य आए, तो मैंने अपनी पत्नी को सांत्वना दी और कहा, "सब ठीक है"। मैंने आगे कहा, "बीते वर्षों में अल्ट्रासाउंड में लगातार फैटी लिवर का संकेत मिलता रहा है। वे LFT के साथ सह-संबंध की बात करते हैं। मेरे LFT के परिणाम सामान्य सीमा में हैं।" अब तक दिन का एक बज चुका था, इसलिए मैंने सुझाव दिया, "हमें कुछ खाने के लिए चलना चाहिए।"

कैफेटेरिया में, डॉ. एस के मैथ्यू और चार क्लिनिकल ट्रेनी हमारे साथ शामिल हुए। उन्होंने पूछा कि क्या मैंने सभी परीक्षण पूरे करा लिए हैं। मैंने उत्तर दिया, "हाँ, सब नियंत्रण में है", मैंने आत्मविश्वास से कहा। हम खाने के बाद जाने वाले थे तभी डॉक्टर ने कहा, "जेम्स, मैं यह बताना भूल गया कि आपको एक अतिरिक्त रक्त परीक्षण 'AFP'[89] कराना होगा।" मैंने उत्तर दिया, "डॉक्टर, मैंने पहले ही खा लिया है।" उन्होंने आश्वासन दिया, "कोई बात नहीं। आप इसे खाना खा लेने के बावजूद करवा सकते हैं।" उन्होंने इसे कागज पर लिखा और मुझे लैब में प्रस्तुत करने के लिए कहा। उन्होंने बताया कि उन्होंने इसे पहले ही कंप्यूटर में डाल दिया है। मैंने AFP परीक्षण के लिए अपना खून का नमूना दिया और घर चला गया। मैं इस परीक्षण के उद्देश्य के बारे में पूछना ही भूल गया। मैंने यह मान लिया कि यह एक नियमित परीक्षण का हिस्सा है। मैंने जांच के परिणाम की परवाह नहीं की।

---

88 जिगर की बीमारी।

89 अल्फा-फेटोप्रोटीन। यह कुछ प्रकार के कैंसर का निदान करने में मदद कर सकता है।

उस दिन के बारे में सोचते हुए, मैं इसके सिवा कुछ और नहीं कह सकता कि डॉ. एस.के. मैथ्यू के साथ कैफेटेरिया में हुई आकस्मिक मुलाकात एक ईश्वरीय हस्तक्षेप थी। यदि हम आमने-सामने नहीं होते, तो मैं शायद आत्मविश्वास के साथ मान लेता कि सब कुछ ठीक है। उस अनपेक्षित मार्गदर्शन ने शायद मेरी स्वास्थ्य यात्रा की दिशा बदल दी।

8 सितंबर, रविवार को धन्य वर्जिन **मैरी** का जन्मदिन था। मैं सुबह 2 बजे जाग गया। मुझे पेट दर्द के कारण नींद नहीं आ रही थी। मैंने सोचा, शायद यह किसी अल्सर का दर्द है। इसलिए, मैं सुबह 6:30 बजे की पवित्र मास जिसमें हम आमतौर पर रविवार को सम्मलित होते हैं, नहीं जा सका। जब मैं असहजता का सामना कर रहा था, मैंने अपनी डायरी में लिखा, "ईश्वर, मेरी मदद करो। मैरी, वर्जिन मैरी, हमारी मां। इन सभी चिकित्सा समस्याओं को सुलझाने में मेरी मदद करो।"

अगले दिन, मैंने बेलिवर्स अस्पताल जाने का विचार किया ताकि संबंधित डॉक्टरों से परामर्श कर सकूं। किंतु ईश्वर की योजना कुछ और थी। मेरे पड़ोसी, स्नेहतीराम निवास संघ के प्रतिनिधि, श्री (स्व.) एम सी मैथ्यू, डॉ. पट्टाभि और श्री राजन, ओणम समारोह के लिए योगदान लेने आए। बातचीत के दौरान, मैंने बेलिवर्स अस्पताल की सफाई की प्रशंसा की और अपनी हाल की स्वास्थ्य समस्याएं साझा की। उन्होंने सलाह दी कि यद्यपि डॉ. एस के मैथ्यू बेलिवर्स अस्पताल के सबसे अच्छे चिकित्सा विशेषज्ञ हैं, किंतु सबसे अच्छे हेपेटोलॉजिस्ट और इंटरवेंशनल रेडियोलॉजिस्ट एस्टर अस्पताल में हैं। मुझे उनका परामर्श लेना चाहिए, क्योंकि यह यकृत की समस्या हो सकती है। इसलिए मैंने एस्टर अस्पताल जाने का निर्णय लिया। यह वास्तव में एक समझदारी भरी सलाह थी।

चूंकि मैं एस्टर जा रहा था, मुझे सभी परीक्षण रिपोर्टें ले जानी थीं। मैंने गूगल पर AFP के बारे में देखा। यह जानकर मुझे झटका लगा कि यह यकृत के ट्यूमर को संदर्भित करता है। मैंने चिंतित होकर प्रयोगशाला को फोन किया। प्रयोगशाला ने मुझे बताया कि AFP का स्तर सत्रह (IU/mL) था। अस्पताल के अनुसार, सामान्य सीमा छह तक थी। इस समाचार ने मुझे झकझोर दिया। मैंने तुरंत डॉ. इस्माइल सियाद KH, गैस्ट्रोएंटरोलॉजिस्ट के साथ अपॉइंटमेंट लिया। मैंने डॉ. चार्ल्स पानाकेल, हेपेटोलॉजिस्ट से भी संपर्क किया। मैंने ब्रिगेडियर (डॉ.) नारायणन से उनसे बात करने के लिए कहा।

12 सितंबर को, हम पूर्व सैनिकों के लिए बने 'कोट्टायम एक्स-सर्विसमैन कॉन्ट्रिब्यूटरी हेल्थ स्कीम (ECHS) पॉलीक्लिनिक' गए और वहां के प्रभारी अधिकारी, कर्नल जगजीव जी, से मिले। जगजीव मददगार थे और उनके सकारात्मक दृष्टिकोण ने हमारे अनुभव को बहुत ही संतोषजनक और सुखद बना दिया। हमने एस्टर अस्पताल के लिए सभी दस्तावेज़ एकत्र किए और अपनी कार में DLF में अपने अपार्टमेंट की ओर रवाना हुए। **मैरी** को हमेशा मेरी ड्राइविंग में ऐसे सफरों का आनंद आता था।

अगले दिन, हमने एस्टर अस्पताल जाने के लिए एक ऊबे कैब लिया। मैंने डॉ. इस्माइल का इंतजार किया, लेकिन उनके बजाय डॉ. चार्ल्स ने मुझे बुलाया। उन्होंने मेरी समस्या धैर्यपूर्वक सुनी, लेकिन मेरे सवालों का जवाब तुरंत नहीं दिया। हालांकि, चार्ल्स ने मुझे आश्वस्त किया कि उन्होंने ब्रिगेडियर डॉक्टर से बात की है। उन्होंने एक ट्रिपल-फेज़ एब्डोमिनल सीटी स्कैन के लिए आदेश दिया - मौखिक और IV कंट्रास्ट के साथ। यह प्रक्रिया उतनी सीधी नहीं थी जितनी मैंने सोची थी। यह लंबी और असहज थी, और आवश्यक तैयारी ने मुझे थका दिया और राहत के लिए प्रार्थना करने को मजबूर कर दिया। प्रक्रिया 30 मिनट तक चली, और फिर हम डॉ. इस्माइल से मिलने का इंतजार करने लगे। डॉक्टर ने हमें एक घंटे बाद वापस आने के लिए कहा, और इस बीच, हमने लंच किया।

लगभग 2 बजे, मैं डॉक्टर से मिला। उन्होंने अपने बड़े मॉनिटर पर सीटी स्कैन के चित्र देखे। मेरी ओर देखते हुए कहा, "डायग्नोसिस HCC है। यानी हेपेटोसेलुलर कार्सिनोमा।"[90]

इस निदान का एहसास मुझ पर भारी पड़ा। मेरा मन उलझा हुआ था, और मैं डॉक्टर के शब्दों को ठीक से समझ नहीं पा रहा था। जब उन्होंने मुझे मेरे सीटी स्कैन की तस्वीरें दिखाई, तो मेरी आंखें धुंधली हो गईं।

मैंने देखा कि मेरी पत्नी के चेहरे पर चिंता का भाव था। इससे मुझे और बुरा महसूस हुआ। फिर डॉक्टर ने कहा, "यह जिगर का कैंसर है। यह शुरुआती चरण में है।"

वह धीरे-धीरे मेरे जिगर की पूरी कहानी को खोल रहे थे। उन्होंने मुझे जिगर के प्रभावित हिस्से को दिखाया। उन्होंने मॉनिटर को हमारी तरफ

90 प्राथमिक जिगर कैंसर का सबसे सामान्य प्रकार।

घुमाया और कहा, "यहाँ, आप एक महत्वपूर्ण कंट्रास्ट वाशआउट देख सकते हैं। यह कॉडेट लोब में है।" जैसे ही डॉक्टर ने अपने मॉनिटर पर चित्रों का विवरण समझाने की कोशिश की, मैं इस निदान की गंभीरता में खो गया, और मुझे उनकी बातों में कोई रुचि नहीं रह गई।

मैंने फिर से पूछा, "क्या यह कैंसर है?" "हाँ," उन्होंने कहा।

मेरे अंदर की आवाज़ कह रही थी, "भाग जाओ।" **मैरी** ने एक शब्द भी नहीं कहा। अंत में, मैंने साहस जुटाया और पूछा, "डॉक्टर, कृपया बताएं, क्या मैं तीन साल और जी पाऊंगा?"

उन्होंने जवाब नहीं दिया। मेरे जीवन के अगले तीन सालों के बारे में मेरे निराशाजनक सवाल पर उनकी चुप्पी ने मुझे उदास कर दिया।

मैं निराश महसूस कर रहा था और मुझे पता था कि यह एक अप्रिय स्थिति है। डॉक्टर ने एक नोट लिखा और मुझे देते हुए कहा, "कल 14 सितंबर को एंडोस्कोपी के लिए आना"। "ठीक है," मैंने कहा और वहां से निकल गया। वहाँ से उतरते समय मैंने **मैरी** का हाथ मजबूती से पकड़ लिया। तुरंत ही मैंने ब्रिगेडियर (डॉ.) आनंद नारायणन को उनके घर पर फोन किया और कहा, "सर, डॉक्टर ने कहा कि मुझे जिगर का कैंसर है। मैं तुरंत आपके घर आना चाहता हूँ।" उन्होंने कहा, "ठीक है, आओ। मेरा घर 450 मेट्रो पिलर, नेशनल रेजिडेंसी, एदापल्ली, कोच्चि के सामने है।"

अपनी निराशा के बावजूद, मार्गदर्शन की उम्मीद लिए, हम ब्रिगेडियर (डॉ.) आनंद नारायणन के घर की ओर दौड़ पड़े। उनकी पत्नी, श्रीमती सोभना, भी वहां थीं। उन्होंने हमारा स्वागत किया। उन्होंने हमें कॉफी दी। दोनों ने कहा, "बस शांत रहो, सकारात्मक सोचो"। "क्या सकारात्मक?", मैं सोच रहा था। सब कुछ खत्म हो गया है। मैं खुद को टूटा हुआ महसूस कर रहा था। एक बार फिर, मैंने साहस जुटाया और उनसे पूछा, "सर, HCC का मतलब है, क्या मैं तीन और साल जी सकता हूँ?" उन्होंने उस सवाल का सीधे जवाब नहीं दिया। इसके बजाय, उन्होंने कहा, "देखो, कई विकल्प हैं। पहला विकल्प जिगर का प्रत्यारोपण है, दूसरा सर्जरी है और तीसरा माइक्रोवेव एब्लेशन है।"

उन्होंने बोलना जारी रखा, "देखो, सबसे अच्छा विकल्प जिगर का प्रत्यारोपण है और अमृता अस्पताल इस मामले में विशेष रूप से अच्छा है। मैं आपको डॉ. सुदींद्रन को संदर्भित करूंगा। मैं उन्हें फोन करूंगा, और वह

कल आपको देखेंगे। आप ऑनलाइन अपॉइंटमेंट लेलें। वह देखेंगे कि कॉडेट लोब पर सर्जरी संभव है या नहीं। यह अंदर गहराई में है।" **मैरी** अपना जिगर प्रत्यारोपण के लिए दान कर सकती है।" हम सब पूरी चुप्पी में सुनते रहे।

फिर ब्रिगेडियर ने दोहराया, "आप जाओ और डॉ. सुदींद्रन से मिलो। वह विश्व प्रसिद्ध जिगर सर्जन हैं। एस्टर अस्पताल से सीडी लीजिए और उन्हें दिखाइए।" यह एक आदेश की तरह लग रहा था। मैंने कहा, "ठीक है, सर, मैं ऐसा करूंगा।" फिर श्रीमती सोभना ने कहा, "चिंता मत करो, ईश्वर आपकी देखभाल करेंगे। हम प्रार्थना करेंगे।" मुझे सांत्वना मिली। हमने एक कैब ली और शाम 5 बजे के आसपास अपने अपार्टमेंट लौट आए।

मुझे लगा कि अब मुझे अपने बच्चों को अमेरिका में सूचित करना चाहिए। वे शायद उठ ही रहे होंगे। तभी **मैरी** ने कॉफी बनाई। जब मैं कॉफी पीने बैठा, तो मुझे अपने बच्चों को यह खबर देना बहुत कठिन लग रहा था। हर गुजरते पल में मेरी चिंता बढ़ती जा रही थीं। लेकिन मुझे पता था कि मुझे मजबूत रहना होगा। इसलिए, मैंने फोन उठाया और हिम्मत जुटाते हुए अपने बेटे को मिल्वौकी, अमेरिका में डायल किया। वह मेरी कॉल का बेसब्री से इंतजार कर रहा था।

"मोन," मैंने कहा, मेरी आवाज़ भावनाओं से कांप रही थी। "यह जिगर का कैंसर है"। मैंने सुना, उसकी आवाज़ में कंपकंपी थी जब वह आंसू रोकने की कोशिश कर रहा था। **मैरी** भी रो पड़ी। उसने मुझसे कहा, "पापा, चिंता मत करो। मैं आ रहा हूँ। हम आपकी जान बचाने के लिए सब कुछ करेंगे। चिंता मत करो। मैं जल्दी कॉल करूंगा।" मुझे महसूस हुआ कि वह और नहीं बोल पा रहा था।

लेकिन मेरे अंदर का योद्धा आंसुओं को बहने नहीं देना चाहता था। मुझे पता था कि इन कठिन समय में मुझे अपने परिवार का एक मजबूत स्तंभ बना रहना है। इसलिए, दृढ़ संकल्प के साथ, मैंने गहरी सांस ली, खुद को संयमित किया और यह ठान लिया कि मैं इस नए चुनौती का सामना करूँगा।

जब मैंने अपनी बेटी को ह्यूस्टन[91] में कॉल किया, तो मैंने मानसिक रूप से बातचीत के लिए खुद को तैयार किया। मुझे पता था कि मुझे वह शक्ति का स्तंभ बनना है जिसकी उसे ज़रूरत थी। लेकिन जैसे ही मैंने उसे यह

91 यूएसए के टेक्सास में एक शहर।

समाचार बताना शुरू किया, उसने चिंता के साथ पूछा, "क्या कुछ गंभीर है?" उसकी आवाज़ कांप रही थी। "हाँ," मैंने कहा, अपनी आवाज़ में दृढ़ता के साथ। "यह कैंसर है, लेकिन हम मिलकर इसका सामना करेंगे और विजयी होंगे।" मैंने सुना कि वह रो रही थी। मैंने उसे कहा, "तुम ब्रिगेडियर की बेटी हो, साहसी बनो।" मैं उसे ये शब्द हमेशा कहता हूँ जब वह भावनाओं में भाव विभोर हो जाती है। बस रैंक बदलती रहती है, सालों के साथ। मैं हमेशा उससे इसी तरह बात करता रहा हूँ।

फोन रखते ही, मेरा मन उन पाठों की ओर लौट गया जो मेरे पिता ने कई साल पहले मुझे सिखाए थे। "जब जीवन तुम्हें दीवार तक पीछे धकेल दे तो और अधिक उत्साह से उछल कर वापस आओ," वह कहते थे। और अब, इस नए चुनौती का सामना करते हुए, उन शब्दों की गूंज, मुझे अटल और दृढ़ रहने के लिए प्रेरित कर रही थी।

बच्चों के साथ फोन कॉल्स का बोझ उठाने के बाद, मेरी पत्नी और मैं अपने DLF[92] अपार्टमेंट की शांति में आगे की गंभीर चुनौती के बीच कुछ चैन ढूढने की कोशिश कर रहे थे। हमने चुपचाप दूसरी कॉफी पी। कमरा डर, चिंता और दृढ़ता से भरा हुआ था। घड़ी की हर टिक सुनाई दे रही थी।

जैसे-जैसे विचारों का तूफान मुझे घेर रहा था, मेरे बेटे के दृढ़ और साहसी शब्द मेरे मन में फिर से गूंजने लगे। "पापा, चिंता मत करो। मैं आ रहा हूँ। हम आपकी जान बचाने के लिए सब कुछ करेंगे।" मैंने उन शब्दों को एक जीवन रेखा की तरह पकड़ कर रखा। उसकी यह वचनबद्धता आसन्न अंधकार में उम्मीद की एक किरण थी।

विपत्ति के बीच अनुग्रह

हर गुजरते पल के साथ, मुझे अपने साहस को मजबूत करने का एहसास हुआ। मैंने अपने पिता की यादों में सुकून पाया, यह जानकर कि वह मेरी जरूरत के समय मुझे देख रहे हैं। उस रात जब मैं सो गया, तो मैंने आगे की लड़ाई के लिए खुद को तैयार महसूस किया। मैं पूरी ताकत, लचीलापन और अडिग संकल्प के साथ अपने जीवन की इस नई चुनौती का सामना करने के लिए तैयार था। मैंने अपनी डायरी में एक वाक्य लिखा जो मेरे जीवन

92 एक रियल एस्टेट कंपनी।

के इस दौर को संक्षेप में बताता है: "जीवन का परिवर्तन"। मैं समझूंगा कि यह अंत नहीं बल्कि समय के साथ मेरी असामान्य जीवन यात्रा की एक नई शुरुआत थी।

अगले दिन, मैंने अपने सी टी स्कैन की सीडी लेने के बाद अमृता अस्पताल का रुख किया। थोड़े इंतजार के बाद, मैंने दोपहर के समय डॉ. सुदींद्रन से मुलाकात की। उन्होंने अपने कंप्यूटर पर सीडी से चित्रों का अध्ययन किया। उनके कंप्यूटर का मॉनिटर डॉ. इस्माइल के मुकाबले छोटा था। उन्होंने बतया कि ब्रिगेडियर ने उनसे बात की है। दस मिनट तक चुप्पी रही, जबकि वह चित्रों का निरीक्षण करते रहे। उस समय, आशा और अटकलें मेरे मन में उमड़ रही थीं। क्या मेरी प्रार्थनाएं सुनी गई थीं, और क्या उन्होंने कैंसर का कोई निशान नहीं पाया? क्या एस्टर अस्पताल ने गलती की थी? अंततः उन्होंने कहा, "हाँ, यहाँ कैंसर है। मैं आपको डॉ. के पी श्रीकुमार, हमारे रेडियोलॉजिस्ट के पास भेज रहा हूँ। वह आपको चिकित्सा की प्रक्रियाओं के बारे में बताएंगे और आपके मामले पर अपने विचार साझा करेंगे।"

जब मैंने सीमित समय की कड़वी वास्तविकता का सामना किया, तो मेरे मन में संदेह ने जगह बना ली। क्या मुझे इस उपचार की ज़रूरत थी, या अस्पताल मुझे एक अनावश्यक कठिनाई में धकेल रहा था? क्या कैंसर की छाया मेरे ऊपर मंडरा रही थी? अपनी स्थिति की अनिश्चितता के सामने, मैंने डर और संदेह से उपजा एक सवाल पूछा: "डॉक्टर, अगर मैं उपचार नहीं कराता तो मैं कितने समय तक जीवित रहूँगा?"

उनका उत्तर स्पष्ट था, "शायद आठ महीने। अधिकतम एक साल।"

तो, मेरी किस्मत तय हो चुकी थी। "Alea iacta est" (नियति तय हो चुकी है), मैंने सोचा। मुझे तुरंत उपचार करवाना था।

*****

एक घंटे बाद, डॉ. श्रीकुमार ने हमें बुलाया। वे हमें स्कैनिंग रूम की ओर ले गए। उन्होंने और एक अन्य डॉक्टर ने मेरे पेट की जांच की। उन्होंने दूसरे डॉक्टर को निर्देश दिया, "इस हिस्से को देखो। बस इसे मार्क कर दो।" उन्होंने मेरे पेट और स्क्रीन पर कुछ क्षेत्रों को मार्क किया। मुझे एहसास हुआ कि वे प्रक्रिया के लिए एक योजना बना रहे थे। उन्होंने पहले ही अपने कार्यविधि का निर्णय ले लिया था। मैं सोचने लगा, "क्या अद्भुत डॉक्टर हैं।" उन्होंने मुझे

पूरी प्रक्रिया समझाई, जिसे "माइक्रोवेव एब्लेशन" कहा जाता है। उन्होंने कहा, "हम कैंसर से प्रभावित ऊतक क्षेत्र को माइक्रोवेव ऊर्जा के साथ गर्म करेंगे। हम यह सामान्य संज्ञाहरण के तहत करेंगे और एक विशेष सुई का उपयोग करेंगे जिसे एंटीना कहा जाता है। अल्ट्रासाउंड, CT[93], या MRI[94] मार्गदर्शन के तहत यह सुई स्किन के माध्यम से लिवर ट्यूमर में डाली जाएगी। हम आवश्यकता अनुसार अल्ट्रासाउंड या CT का उपयोग करने की योजना बना रहे हैं।" उन्होंने मुझे वह सुई (interstitial antenna) दिखायी।

सुई का आकार देखकर मैं चौंक गया। "हे ईश्वर", मैंने कहा। "मैं आप पर भरोसा करता हूँ, लेकिन वह सुई इतनी बड़ी है! मुझे डर लग रहा है कि यह मेरे अंदर जाएगी।" डॉक्टर ने जवाब दिया, "आपका ट्यूमर बहुत छोटा है, सिर्फ 3 मि.मी.। हमने इसे जल्दी पकड़ लिया। माइक्रोवेव एब्लेशन आपकी मदद कर सकता है।" मुझे पता था कि वह मुझे आश्वस्त करने की कोशिश कर रहा था, और मैं उनके धैर्य के लिए आभारी था।

मैरी भी मेरे बराबर चिंतित दिख रही थी। हम दोनों डॉक्टर पर भरोसा कर रहे थे, लेकिन 10 सेमी सुई का डरावना आकार हमें भयभीत कर रहा था। हमारी स्थिति को समझते हुए, उन्होंने प्रस्तावित किया, "ठीक है, ब्रिगेडियर, अगर आप ट्यूमर के स्थान की सटीकटता से पूरी तरह संतुष्ट नहीं है, तो मैं एस्टर अस्पताल के एक अन्य इंटरवेंशनल रेडियोलॉजिस्ट, डॉ. रोहित पी. वी. नायर की सिफारिश करता हूँ। मैं उन्हें सभी जानकारी दूंगा और सुनिश्चित करूंगा कि वह आपके ट्यूमर के सटीक स्थान से अवगत करायें। उनका दृष्टिकोण थोड़ा भिन्न हो सकता है, लेकिन मैं आपके लिए इस अस्पताल में मंगलवार, 24 सितंबर को माइक्रोवेव एब्लेशन का अपॉइंटमेंट बुक करूंगा। आगे की जानकारी के लिए, आप रिसेप्शन से संपर्क कर सकते हैं।" आभारी होकर मैंने कहा, "धन्यवाद, सर"। मैंने **मैरी** को सलाह दी, "हमें जाने से पहले बुकिंग कर लेनी चाहिए।"

अमृता अस्पताल के कैंटीन में कुछ खाने के बाद, हम थके-हारे अपने DLF अपार्टमेंट लौट आए। मैंने थोड़ी देर झपकी ली, तभी मेरे भाइयों, ओ

93 कंप्यूटेड टोमोग्राफी स्कैन एक कंप्यूटरीकृत एक्स-रे इमेजिंग प्रक्रिया है।

94 मैग्नेटिक रेजोनेंस इमेजिंग (MRI) एक चुंबकीय क्षेत्र और रेडियो तरंगों का उपयोग करके शरीर के आंतरिक भागों की तस्वीरें लेती है।

ए मैथ्यू और ओ ए थॉमस ने कॉल कर मुझसे बात चत की। मैंने उन्हें पूरी जानकारी दी और कहा कि मैं अगले सुबह घर आऊंगा।

15 सितंबर को, मैं सुबह 06:30 बजे अपनी कार में घर लौट रहा था। मैंने हाल ही में होंडा सिटी खरीदी थी, जिसने मुश्किल से 5800 किलोमीटर ही चलाया था। मैंने **मैरी** की ओर मुड़कर कहा, "मैरी, मुझे चिंता है कि जल्द ही मैं तुम्हें कार में ड्राइव करके ले जाने के योग्य नहीं रहूंगा। लेकिन ईश्वरीय कृपा से, हम निश्चित रूप से इस बीमारी पर काबू पा लेंगे।" वह चुप रही, उसकी आंखों से आँसू टपक रहे थे।

हमारे घर पहुंचते ही, मेरे भाई और अन्य परिवार के सदस्य भी आ गए। हमने स्थिति पर चर्चा की, और सभी ने प्रार्थना करने का वादा किया। थके हुए, हम जल्दी सो गए, लेकिन मेरी पीड़ा ने मुझे 01:30 बजे जगा दिया, और मैं सो नहीं सका। 04:30 बजे, मैंने ब्रिगेडियर (डॉ) अनंता नारायण को अपने असुविधा के बारे में टेक्स्ट किया। उन्होंने रिफैक्सिमिन 400 मिग्रा की सिफारिश की। इससे मदद मिली।

बातें तेजी से आगे बढ़ीं। मैंने एस्टर अस्पताल के इंटरवेंशनल रेडियोलॉजिस्ट, डॉ. रोहित नायर से मुलाकात निर्धारित की। उन्होंने मुझे ट्यूमर की सटीक स्थिति दिखाई और TACE (ट्रांस-आर्टेरियल कीमोएंबोलाइजेशन) [95]प्रक्रिया के बारे में विस्तार से समझाया। हमने प्रक्रिया के लिए 3 अक्टूबर, 2019 का दिन तय किया।

चांगनाचेरी में लौटकर, मैंने प्रशासनिक और वित्तीय मामलों पर ध्यान केंद्रित किया। मैंने इंटरनेट बैंकिंग की जटिलताओं के बारे में **मैरी** का मार्गदर्शन किया।

डॉ. एस के मैथ्यू की सलाह पर, मैंने बेलीवर्स अस्पताल के डॉ. सुजीत फिलिप से मुलाकात की, जिन्होंने मेरी HCC डायग्नोसिस की पुष्टि की। उन्होंने मुझे HCC उपचार के सात तरीकों के बारे में संक्षेप में बताया। मुख्य समाधान थेः रेसेक्शन, ट्रांसप्लांट, और माइक्रोवेव एब्लेशन। इसके बाद कुछ TACE जैसे अस्थायी विकल्प थे। अगले दिन, डॉ. यादव ने KIMS अस्पताल, त्रिवेंद्रम में माइक्रोवेव एब्लेशन के "हीट सिंक इफेक्ट" के बारे में समझाया। ट्यूमर की स्थिति 'कॉडेट लोब' में होने के कारण यह चुनौतीपूर्ण था। इस

95 यह जिगर के कैंसर के लिए एक न्यूनतम आक्रामक, इमेज-गाइडेड उपचार है।

"रक्त की घाटी" की स्थिति का मतलब था कि स्थायी समाधान जोखिम भरा था। इन जटिलताओं को देखते हुए, मैंने TACE प्रक्रिया को चुनने का निर्णय लिया, जो एक सुरक्षित लेकिन अस्थायी समाधान है, यह जानते हुए कि इसके कुछ कीमो से संबंधित साइड इफेक्ट हो सकते हैं।

इस बीच, मैंने अपने बेटे के लिए सीडी अमेरिका भेजी ताकि वह अपने डॉक्टर दोस्तों को दिखा सके। हम सभी सहमत थे कि इलाज तुरंत शुरू होना चाहिए। कुछ करीबी रिश्तेदार हमसे मिलने आए। मिलकर, हमने तय किया कि मुझे एस्टर में उपचार प्राप्त करना चाहिए। चूंकि वहाँ ECHS सुविधा उपलब्ध है, मुझे भुगतान करने की आवश्यकता नहीं होगी। लेकिन मुझे उपचार के लिए स्वीकृति की आवश्यकता होगी। यह स्वीकृति भारतीय नौसेना अस्पताल जहाज (INHS) संजीवनी[96] के कमोडोर नायडू, कमांडिंग ऑफिसर से आनी चाहिए। इसके अलावा, बैंगलोर के एयरफोर्स कमांड अस्पताल से एक "विशेषज्ञ" से स्वीकृति की भी आवश्यकता थी।

*****

21 सितंबर को, फादर नेबिन सुबह 07:30 बजे हमसे मिलने आए। नाश्ते के बाद, उन्होंने हमारे घर को आशीर्वाद दिया। फिर, उन्होंने मेरे लिए लगभग आधे घंटे तक जोरदार प्रार्थना की। जैसे-जैसे उन्होंने प्रार्थना की, मुझे एक अभूतपूर्व आराम और सुरक्षा का अनुभव हुआ। मेरी आँखों में आँसू भर आए जैसे मेरी बीमारी गायब हो रही हो। पहली बार, मुझे ऐसा महसूस हुआ कि मुझे बिल्कुल भी चिंता करने की जरूरत नहीं है। ईश्वर मेरे साथ थे; वह मुझे बचाएंगे। मैंने ईश्वर को साक्षी बना कर संकल्प लिया कि मैं एक धर्मात्मा का जीवन जीऊंगा और आवश्यकता के समय उनकी सहायता मांगूंगा।

24 सितंबर को, हम INHS संजीवनी गए, जहाँ हमने सर्जन कमोडोर सी. एस. नायडू VSM (जो बाद में रियर एडमिरल बने) से आवश्यक दस्तावेज़ प्राप्त करने के लिए मुलाकात की।

मिलनसार लिवर सर्जन ने मुझे आश्वस्त किया कि बेंगलुरु से "विशेषज्ञ स्वीकृति" की आवश्यकता नहीं है, लेकिन एस्टर अस्पताल ने यह कहकर, कि विशेषज्ञ की स्वीकृति आवश्यक है, मेरे दस्तावेज़ों को अस्वीकार कर दिया। परेशान होकर, मैंने बेंगलुरु जाने का विचार किया। रात के काफी देर बाद, मैं

96 कोच्चि, केरल में भारतीय नौसेना का एक बहु-विशेषज्ञता अस्पताल।

01:30 बजे जागा और एक संभावित समाधान के बारे में सोचा। मुझे याद आया कि ब्रिगेडियर अनिल गुप्ता, जो 29 डिवीजन में Col GS[97] थे, जब मैं ईएमई बटालियन का कमांडिंग ऑफिसर था, उन्होंने एक महीने पहले बिना योजना के हमारे घर का दौरा किया था। मुझे याद आया कि उन्होंने बताया था कि उस समय आर्मी स्टाफ के उप प्रमुख हमारे डिवीजन में जीएसओ1 थे। तुरंत, मैंने ब्रिगेडियर अनिल को एक व्हाट्सएप संदेश भेजा, जिसमें उनसे उप प्रमुख लेफ्टिनेंट जनरल सतींदर कुमार सैनी PVSM AVSM YSM, VSM ADC से बात करने का आग्रह किया और आधी रात का यह प्रयास कारगर सिद्ध हुआ। एस्टर अस्पताल ने मुझे सुबह 11:00 बजे फोन किया। मुझे कमोडोर नायडू द्वारा अनुमोदित दस्तावेज़ लाने की अनुमति थी; विशेषज्ञ स्वीकृति की कोई आवश्यकता नहीं थी। पाउलो कोएल्हो के शब्द मेरे मन में आए: “जब आप कुछ चाहते हैं, तो सारा ब्रह्मांड आपकी मदद करता है।” बिंदुओं को जोड़ना शुरू हो गया था। भले ही मैंने 23 साल पहले 29 डिवीजन छोड़ा था फिरभी Vice Chief of the Army staff के साथ सीधी व्हाट्सएप संपर्क के माध्यम से चिकित्सा उपचार की बाधाओं को पार करने की मेरी क्षमता **मेरे जीवन में दिव्य हस्तक्षेप द्वारा सृजित महत्वपूर्ण संबंधों का एक प्रमाण है।** इससे भी अद्भुत बात यह है कि मैंने जनरल सैनी से 29 डिवीजन छोड़ने के बाद से संपर्क नहीं किया है।

*****

मेरा अगला काम मेरी वसीयत तैयार करना था। मैंने एक स्थानीय विक्रेता और दस्तावेज़ लेखक से संपर्क किया और उन्हें अपनी संपत्तियों और इच्छित वितरण के सभी विवरण दिए। मैंने 30 सितंबर को वसीयत पंजीकृत की। मैंने अपनी मां से बात की, जो याददाश्त की समस्या से पीड़ित थीं, और उन्हें अपनी स्वास्थ्य स्थिति के बारे में बताया। उन्होंने मुझे चर्च जाने और प्रार्थना करने की सलाह दी। उस दिन, मैंने अपने डायरी में लिखा, “ईश्वर, मेरी मदद करो। मैं एक अच्छा ईसाई बना रहूँगा।”

मेरा बेटा, शेरॉन, 1 अक्टूबर को आया। हम चर्च गए और स्वास्थ्य के लिए एक पवित्र मास अर्पित किया। हमने कैथेड्रल के विकर और (दिवंगत) फादर मैथ्यू मैट्टम से भी बातचीत की। उन्हें अपनी बीमारी के बारे में बताया और प्रार्थनाएँ मांगी। उन्होंने तुरंत मेरे लिए प्रार्थना की।

97 जनरल स्टाफ DIV के संचालन और सैन्य खुफिया मामलों से संबंधित होता है।

मैंने चंगनाचेरी के कार्मेल माउंट रिट्रीट सेंटर की सिस्टर टेस्लिन से प्रार्थना की गुजारिश की। उन्होंने सुझाव दिया कि मैं एक बाइबल के पद "विज्डम 16:12-14" को कागज पर लिखूं, उसे अपने सीने पर रखूं, उसे याद करूँ, और जब मैं प्रक्रिया कक्ष में प्रवेश करूँ, तो उसे दोहराऊं।

उस दिन, मैंने वादा किया कि:

- सिस्टर टेस्लिन की सहायता से ईश्वर की आराधना करूंगा।
- रिट्रीट में शामिल होऊंगा और नियमित प्रार्थनाएँ करूंगा।
- कावुकट्टू संग्रहालय में योगदान दूंगा, जहाँ मैं परियोजना का प्रमुख समन्वयक था।

मैरी, शेरोन और मैं 2 अक्टूबर को एस्टर अस्पताल के लिए रवाना हुए; हमने अपनी सभी वित्तीय और प्रशासनिक मामलों को अंतिम रूप दिया और डॉ. रोहित नायर से व्हाट्सएप पर संपर्क किया। सुबह 9:30 बजे मैंने लिखा, "ईश्वर, कृपया आप मेरी रक्षा करें। मैं सब कुछ आपके अनुसार करूंगा" और इसे साइन किया। हम अस्पताल 4:30 बजे पहुँचे। अस्पताल में हमें एक आरामदायक डुप्लेक्स कमरा दिया गया। मेरे बेटे ने उसी परिसर में एक बड़ा सा अतिथि कमरा ले लिया। खुशमिजाज और कुशल नर्सिंग स्टाफ ने हमें सहज महसूस कराया।

D-Day[98] पर, मुझे बिस्तर में प्रतीक्षा क्षेत्र में ले जाया गया। मेरे भाई का परिवार और बहू शीतल के माता-पिता आए। यह सुबह 8:30 बजे का समय था। मुझे लगभग चार घंटे इंतजार करना पड़ा क्योंकि मेरी प्रक्रिया को दोपहर 1:30 बजे के लिए स्थगित कर दिया गया। फिर, इसे फिर से स्थगित कर दिया गया क्योंकि एक आपातकालीन मामला 5:15 बजे तक चला। मैंने उनसे कहा, "अब हम इसे कल करेंगे।" डॉक्टर ने कहा, "ठीक है, कल सुबह 08:15 बजे।" मेरे भाई ने रात भर रुकने का निर्णय लिया। हमने शाम और सुबह सभी ने मिलकर प्रार्थना की।

98 निर्णय का दिन। यह एक सैन्य शब्द के रूप में शुरू हुआ, जिसका उपयोग एक विशेष ऑपरेशन की शुरुआत को नामित करने के लिए किया जाता था। अब इसका व्यापक रूप से किसी भी परियोजना के महत्वपूर्ण पहलुओं की शुरुआत को दर्शाने के लिए उपयोग किया जाता है।

प्रक्रिया सुबह 8:30 बजे शुरू हुई। एक नर्सिंग सहायक, मेजो ने फेमोरल आर्टरी catheterisation के लिए जांघ क्षेत्र में पंक्चर किया। उसने दर्द को कम करने के लिए कुछ स्थानीय दवाएँ लगाई थी। डॉक्टर सुबह 8:45 बजे आए। डॉक्टर ने कंट्रास्ट डाई का इंजेक्शन दिया। 9:10 बजे तक, उसने कैथीटर को हेपेटिक आर्टरी में धकेल दिया। डॉक्टर रोहित और उनके सीनियर, डॉ. जयकृष्णन वहाँ थे। प्रक्रिया सफल नहीं हुई।

डिस्चार्ज सारांश का अंश इस प्रकार है: दाएं हेपेटिक आर्टरी की प्रमुख शाखा में पहुँचने के बाद, चयनित घाव शाखा में माइक्रो-केथीटर को आगे बढ़ाना संभव नहीं था। उपयोग की गई त्रि-अक्षीय प्रणाली सफल नहीं हुई। वायर 'स्टेनोसिस ओस्टियम' से गुजरने में असफल रहा। ओस्टियम के टिप पर माइक्रो-केथेटर लगाकर अस्थायी रूप से बैलूनिंग की गई, और फिर सघन कंट्रास्ट इंजेक्शन का प्रयास किया गया। फिर भी, डाई अन्य शाखाओं की ओर वरीयता से गई और वांछित इकाई में नहीं पहुँची। अब, डॉक्टर ने टेपर माइक्रो-केथेटर वायर संयोजनों का प्रयास किया, पर वह भी असफल रहा। इसलिए, प्रक्रिया को रोक दिया गया।

मुझे बस इतना पता है कि मैं एक छोटी मेज पर लगभग चार घंटे तक निष्क्रिय अवस्था में रहा। मुझे लगभग 25 मिनट तक अत्यधिक दर्द सहना पड़ा। उस दौरान, मैं लगातार प्रार्थना करता रहा। मेरे साथ बाइबल के वचन वाला कागज था। बीच में, मुझे थोड़ा पसीना आया। मेरा बीपी स्तर गिर गया। सच कहूँ तो, मुझे राहत महसूस हुई कि प्रक्रिया रुक गई। मैंने डॉ. रोहित नायर से आई आर (IR) एंजियो सूट में प्रवेश करने से पहले कहा था, "अगर आपको कोई जोखिम मिले, तो इसे मत कीजिए।" मैं खुश हूँ कि डॉक्टर ने अपना वादा निभाया। मैं उनकी सराहना करता हूँ। हम वापस घर में लौट आए।

*****

इस बीच, कैरोलिन ने डॉ. जयंत रेड्डी से बात की, जो एक लिवर ट्रांसप्लांट सर्जन और बेंगलुरु के फ्रैंक एंथनी पब्लिक स्कूल में उसके सहपाठी थे। उसने उनसे सबसे अच्छे डॉक्टर के बारे में पूछा जो प्रक्रिया कर सकें। उन्होंने बीजीएस ग्लेनियगिल्स ग्लोबल अस्पताल, कैंगेरी, बेंगलुरु के डॉ. एमसी उथप्पा का नाम सुझाया। उसने हमें तुरंत एस्टर से प्रक्रिया की सीडी उन्हें भेजने के लिए कहा। इसी दौरान, मेरे दामाद सिजो जोस ने अपने अरविंद

आई अस्पताल कोयंबटूर के दोस्त डॉ. जॉर्ज मनयाथ से बात की। उन्होंने भी डॉ. उथप्पा की सिफारिश की। मैंने गुरुग्राम में ब्रिगेडियर डीपी सिंह से भी बात की। मैंने उन्हें अपनी बीमारी के बारे में बताया और उनसे अनुरोध किया कि वे भारत के एक अन्य शीर्ष इंटरवेंशनल रेडियोलॉजिस्ट, डॉ. संजय सारन बैजल से संपर्क करें। ब्रिगेडियर डीपी ने मेरे लिए मेदांता अस्पताल गुरुग्राम में उनसे अपोइंटमेंट ले लिया।

शेरोन ने फिर से डॉ. जयंत रेड्डी से बात की। रेड्डी ने शेरोन को बताया कि हमें कहीं और नहीं जाना चाहिए। वह छुट्टी ले लेंगे और डॉ. उथप्पा की प्रक्रिया के दौरान शेरोन के साथ अस्पताल में रहेंगे। हमें एहसास हुआ कि इससे बेहतर कुछ नहीं हो सकता क्योंकि एक लिवर ट्रांसप्लांट सर्जन और मेरे बच्चों का सहपाठी किसी भी आपात स्थिति के लिए हमारे पास होगा। अब, मेरी सैन्य सोच ने समझौता कर लिया। हाँ, हम यह प्रकिया बेंगलुरु में करायेंगे। एकमात्र समस्या यह थी कि अस्पताल ईसीएचएस के पैनल में नहीं था और सभी बिल अग्रिम में चुकाने होंगे। लेकिन एक प्रावधान था जिसके अनुसार हम एमडी ECHS, नई दिल्ली से प्री-अप्रूवल ले सकते थे। इसके अनुसार, हमने एमडी, ECHS[99] के अनुमोदन के लिए आवेदन किया।

हम पहले ही डॉ. जयंत रेड्डी को सीडी भेज चुके थे। उन्होंने इसे डॉ. उथप्पा को दे दिया था। जब हम 9 अक्टूबर को सुबह 10:00 बजे बीजीएस अस्पताल, बेंगलुरु पहुँचे, तो डॉक्टर तैयार थे और उन्होंने मेरे मामले का विस्तार से अध्ययन किया।

डॉ. उथप्पा और उनकी मेडिकल टीम, जिसमें डॉ. रोहित मधुकर और डॉ. कलई शामिल थे, पहले से ही तैयार थे। डॉ. उथप्पा ने सीडी से मेरे सीटी स्कैन के परिणामों की एक आखिरी बार समीक्षा की। उन्होंने एब्लेशन के लिए क्षेत्र की पुष्टि करने के लिए एक अल्ट्रासाउंड किया। उन्होंने संयुक्त माइक्रोवेव एब्लेशन और टीएसीई प्रक्रिया करने की अपनी योजना स्पष्ट की। मैंने उन्हें हमारे पिछले असफल प्रयास के बारे में बताया। हालाँकि, उन्होंने मुझे आश्वासन दिया कि उन्होंने एस्टर अस्पताल में प्रक्रिया से मिली जानकारी के आधार पर जोखिम कम करने की रणनीति पहचान ली है। “मेरे पास कार्रवाई की स्पष्ट योजना है,” उन्होंने आत्मविश्वास से कहा। कुछ समय में पहली बार, मेरे पिछले डर की छायाएँ कम होने लगीं। मुझे साहसी महसूस हुआ।

99 पूर्व सैनिकों का योगदान स्वास्थ्य योजना।

उन्होंने आगे कहा, “अस्पताल आपसे लगभग पांच लाख रुपये चार्ज करेगा। लगभग दो लाख रुपये की अग्रिम भुगतान की आवश्यकता है।” मेरे बेटे शेरोन के पास पैसे तैयार थे। डॉक्टर ने हमें प्रक्रिया के लिए दो संभावित तिथियाँ दीं: शुक्रवार, 11 अक्टूबर, या सोमवार, 14 अक्टूबर, जिसके बाद वह चेन्नई जाने की योजना बना रहे थे। हमने संयुक्त प्रक्रिया के लिए 14 अक्टूबर पर सहमति व्यक्त की।

हम 515 आर्मी बेस वर्कशॉप के “कृष्ण” गेस्ट रूम में रहे। मैंने वहाँ 1993 से 1996 तक काम किया था। आगामी चिकित्सा प्रक्रिया की प्रतीक्षा करते हुए, मैंने आध्यात्मिक शांति के लिए प्रार्थना की और इंफैंट जीसस चर्च, सेंट मेरी कैथेड्रल, और सेंट पैट्रिक में पूजा की। मुझे थोड़ा ध्यान विकेन्द्रित करने की आवश्यकता महसूस हुई, इसलिए मेरे बेटे ने सुझाव दिया कि हम लिडो आईमैक्स थिएटर में “वार,” एक रोमांचक बॉलीवुड फिल्म देखें। उनकी सोच ने हमें वास्तविकता से एक आवश्यक पलायन प्रदान किया, हमारे मनोबल को ऊँचा उठाया और इस चुनौतीपूर्ण समय में हमें खुशी दी।

मेरा भतीजा, मैनू मैथ्यू, डॉ. जयंत को सीडी पहुँचाने में बहुत मददगार रहा। उन्होंने छुट्टी ली और सुबह हमारे पास आया ताकि अस्पताल में मेरे साथ रह सके। हम सब मिलकर बीजीएस अस्पताल गए। हम तीनों एक कमरे में रुके। शेरोन और मैनू पास के एक अन्य कमरे में रहे।

14 अक्टूबर को सुबह 08:00 बजे, तैयारियों के बाद, मैं Cath lab में जाने के लिए तैयार था। हमने प्रार्थना की। शेरोन, मैरी, मैनू और मैं फिर लैब में चले गए। डॉ. जयंत मुझसे मिले और आश्वासन दिया कि वह वहाँ हैं और चिंता करने की जरूरत नहीं है। मुझे बेहद आराम महसूस हुआ। डॉक्टर उथप्पा और डॉ. रोहित ने मेरा स्वागत किया। मैंने डॉ. उथप्पा से कहा कि मुझे खुशी है कि वह बेंगलुरु के मिलिट्री स्कूल (किंग जॉर्ज रॉयल मिलिट्री स्कूल) के पूर्व छात्र हैं। हम सब हँसे जब मैं अंदर गया। एनेस्थेसियोलॉजिस्ट ने मुझे एक इंजेक्शन दिया। पूरी प्रक्रिया लगभग चार घंटे तक चली। जब मैंने अपनी आँखें खोलीं, तो डॉ. जयंत ने मेरा स्वागत किया। मैंने शेरोन, **मैरी** और मैनू की ओर इशारा किया। वे सभी प्रार्थना कर रहे थे। हम 13:00 बजे तक रूम नंबर 428 में चले गए।

थोड़ी देर बाद, मुझे दर्द महसूस होने लगा। जैसे-जैसे समय बीतता गया, दर्द बढ़ने लगा। सभी ने मुझे दिलासा दिया कि यह जल्द ही कम हो जाएगा।

लेकिन यह वादे के अनुसार नहीं घटा। मुझे पता था कि डॉक्टर बहुत अनुभवी हैं। लेकिन उन्होंने "कॉडेट लोब" पर एब्लेशन करने की कोशिश की थी, जो एक बेहद कठिन स्थान है। मुझे याद आया कि त्रिवेंद्रम के किम्स अस्पताल के डॉक्टरों ने मुझे "*Heat Sink Effect*" के बारे में क्या बताया था। क्या उन्होंने "*Blood Valley*" में कोई गलती की? दर्द हर मिनट बढ़ रहा था, और मैं लगभग चिल्लाने लगा। मेरे होंठ सूखने लगे।

मेरी जीभ लड़खड़ाने लगी थी। शेरोन अपने सर्वोतम चेतन्य रूप में था। वह डॉ. जयंत, डॉक्टरों और नर्सों को बुला रहा था। उस क्षण मैंने अपने बेटे से कहा, "बेटा, मुझे लगता है कि मैं मरने वाला हूँ"। उसने कहा, "मैं ऐसा नहीं होने दूंगा"। उसने मुझे आईसीयू में शिफ्ट करा दिया। वह आईसीयू के सामने घुटने के बल बैठकर मेरे लिए प्रार्थना करने लगा। जब मैं ये शब्द लिख रहा हूँ, तो मेरे चेहरे पर आँसू बह रहे हैं, उसके प्यार और चिंता की गहराई से अभिभूत होकर। उसी समय, मेरी बेटी भी हर जानकारी की निगरानी कर रही थी और अपने प्यारे पप्पा के लिए तीव्रता से प्रार्थना कर रही थी। **मैरी** 13 सितंबर से लगातार प्रार्थना कर रही थी। दर्द कम करने के मुझे अफीम दी गई। मैं रात 2 बजे तक सो नहीं सका। इस दौरान, दर्द लगातार बना रहा। मैं सुबह 6 बजे सो पाया। शेरोन आईसीयू के डॉक्टर और स्टाफ से मेरे बारे में पूछता रहा। सुबह 11:00 बजे मुझे वार्ड में वापस ले जाया गया।

यह एक कड़वी, डरावनी रात थी, जो चिंता और दुख से भरी हुई थी। हर मिनट एक घंटे जैसा महसूस होता था, अनिश्चितता की छाया सिर पर मंडरा रही थी। कमरे की डरावनी चुप्पी केवल घड़ी की लगातार टिक-टिक से भंग हो रही थी, जो मेरी आशंकाओं को और बढ़ा रही थी।

प्रार्थनाओं का जीवन

जब मैंने आँखें खोलीं, तो मेरी पत्नी ने मुझे "Happy Corps Day" कहा। ओह, ईश्वर! उसकी उत्साह, वफादारी, और esprit de corps बहुत प्यारी थी। 15 अक्टूबर को EME Corps Day है। हम सेना में रहते हुए इस दिन का जश्न मनाते थे। उसने मुझे प्यार से चूमा, और मैंने उसे बताया कि मैं उससे कितना प्यार करता हूँ। शेरोन भी खुश नजर आया। हालांकि, मुझे भूख नहीं थी फिर भी मैंने कुछ कंजी (चावल का दलिया) खाने की कोशिश की।

दुर्भाग्यवश, जैसे ही मैंने एक कौर लिया, मुझे उल्टी हो गई। बाथरूम जाना काफी चुनौतीपूर्ण था, और मुझे बार-बार पेशाब करना पड़ रहा था। मुझे डायपर की आवश्यकता थी। इस समय सिस्टर अनु और भाई एंटनी बेहद मददगार रहे। एंटनी पूरी रात मेरे पास रहे, प्रार्थना करते रहे। मुझे हर छह घंटे में दर्द का इंजेक्शन मिलता थी और मेरे डायपर नियमित रूप से बदले जाते थे। उल्टी और गैस को नियंत्रित करने के लिए अतिरिक्त इंजेक्शन दिए गए। 15 की रात भी कठिन थी। शाम होते-होते, मेरा भतीजा मैनू चला गया। 16 की सुबह, शेरोन ने मुझे थोड़ी-थोड़ी चलने में मदद की। उसने मुझे एक नाजुक बच्चे की तरह संभाला, बिस्तर-पैन में मदद की और बाथरूम जाने के लिए सहारा दिया। मैं अपने बेटे पर गर्व महसूस करने से रोक नहीं सका। मौन कृतज्ञता में मैंने कहा, "ईश्वर उसे और उसके परिवार को रक्षा करें।" **मैरी**, शेरोन, और कैरोलिन की परवाह और प्यार भरी देखभाल ने मुझे तेजी से ठीक होने में मदद की।

धीरे-धीरे, मैंने अपनी ताकत वापस पाई और थोड़ा-थोड़ा खाने और चलने लगा। 17 तारीख को हमें अस्पताल से डिस्चार्ज कर दिया गया। उन्होंने हमें प्रक्रिया की CD[100] दी। करीब 3 बजे, हमने अस्पताल को अलविदा कहा और अस्पताल के पास जेपी नगर में एक होटल में चेक इन किया। रात के खाने के लिए, हमने राजस्थानी व्यंजन परोसने वाले एक रेस्तरां को आजमाने का फैसला किया।

19 अक्टूबर को, मैंने फलों, फास्ट फूड, और मटन रोगन जोश का आनंद लिया। इस संयोजन ने मुझे गंभीर असुविधा में डाल दिया। मेरा परिवार पूरे समय मेरे साथ था, और राहत के लिए प्रार्थना कर रहा था। 20 की दोपहर, हम घर के लिए उड़ान भरी। हम 2:45 बजे कोचि एयरपोर्ट पहुँचे और 5:30 बजे घर पहुंचे। रास्ते भर बारिश होती रही। मैंने अपने डायरी में लिखा, "**ईश्वर** ने इस पूरे दर्द में हमारी देखभाल की। मैं हमेशा उसके प्रति आज्ञाकारी, वफादार, और आभारी रहूँगा। जीवन भर अपने प्रभु हमारे ईश्वर यीशु मसीह की सेवा करूंगा।"

अब शेरोन को कोचि से मिल्वौकी वापस जाने के लिए 21 तारीख को सुबह की उड़ान पकड़नी थी। वह सुबह 4 बजे शिकागो के लिए निकल गया। मेरी रिकवरी धीमी और स्थिर थी। दिनों के साथ, दर्द धीरे-धीरे कम होता

100 कम्पैक्ट डिस्क।

गया। मैंने पेरासिटामोल की खुराक कम कर दी। मैंने दैवीय दया की Rosary प्रार्थना करना शुरू किया। एक बार फिर, मैंने अपनी डायरी में लिखा, "यीशु, कृपया मुझे प्रार्थना का जीवन जीने में मदद करें। मैं आपसे प्यार करता हूँ, आपकी पूजा करता हूँ, और आपके द्वारा मेरे परिवार और मुझे दी गई सभी अच्छी चीजों के लिए धन्यवाद करता हूँ।"

****

अब, मुझे ऐसा लगने लगा कि ईश्वर ने मुझे एक नई जिंदगी दी है, और मुझे **मैरी** का और भी बेहतर ख्याल रखना चाहिए और उसकी हर संभव मदद करनी चाहिए। वह हमेशा पक्षियों की शौकीन थी। इसलिए, हमने कुछ लवबर्ड्स लाने का फैसला किया। हमने उनके लिए एक सुंदर पिंजरा बनाया। **मैरी** उन्हें खाना देने और उनसे बात करने में खुश महसूस करती है। वे उसे समझते हैं। मुझे खुशी महसूस हुई।

17 नवंबर तक, मेरी बेटी ह्यूस्टन से आ गई थी। मैंने पास के अस्पताल में पेट का follow-up CECT[101] कराया था। जब परिणाम आया, तो उन्होंने कहा कि प्राइमरी घाव में कोई वृद्धि का प्रमाण नहीं था। हालाँकि, विकसित पोर्टल लिम्फ नोड पाया गया। संभावित मेटास्टैटिक। उन्होंने शॉर्ट-टर्म फॉलो-अप और LFT[102] का उल्लेख किया। "नहीं... यह मेटास्टैटिक नहीं हो सकता। ईश्वर हमारी देखभाल कर रहे हैं," मैंने अपनी बेटी से कहा।

19 नवंबर को, जब मैंने बाइबल खोली, तो दानिय्येल 12:12 और 13 के पद मेरे मन में आए। "*धन्य हैं वह जो धीरज धरे और 1335 दिन तक पहुँचे। जाओ, अपना विश्राम लो; तुम दिन के अंत में अपने पुरस्कार के लिए उठोगे।*" मैंने तुरंत निश्चय किया कि इन 1335 दिनों के अंत में अपने पड़ोस के एक सौ घरों से भिक्षा एकत्र करूंगा और इसे तमिलनाडु के वेलंकन्नी की स्वास्थ्य देवी को अर्पित करूंगा। यही मेरी विश्वास की घोषणा के रूप में मेरा इरादा था।

21 नवंबर शेरोन और कैरोलिन का जन्मदिन था। वे दोनों 40 साल के होने वाले थे। इसलिए, हम सेंट जॉर्ज चर्च, एदाथुआ गए। हमने चढ़ावे किए और चंगनाचेरी के मर्सी होम की सिस्टर सेलिन को बताया कि हम विशेष रूप

101 कॉन्ट्रास्ट सामग्री के साथ सीटी स्कैन।

102 जिगर कार्य परीक्षण।

से सक्षम (autistic) बच्चों के साथ दोपहर का भोजन करेंगे, जिनका देखभाल सिस्टर कर रही थीं। कैरोलिन ने उनके लिए एक विशेष लंच की व्यवस्था की थी। सिस्टर सेलिन वास्तव में मित्रवत थीं। उन्होंने हमसे मिलने के बाद से मेरे सभी परिवार के सदस्यों के लिए प्रार्थना की थी। उन्होंने सबने मिलकर "हैप्पी बर्थडे" गाया। हमने उनके साथ लगभग दो घंटे बिताए।

हमने अपने सामान्य जीवन की गति को जारी रखा। एक छोटे से दौरे के बाद, कैरोलिन वापस चली गई। मैंने बाइबल के साथ प्रार्थनापूर्ण जीवन के अपने नए चरण की शुरुआत की। मैंने बाइबल से एक सरल पद लिखने का फैसला किया। मैंने यह पद चुनाः "उसने अपने वचन भेजे और उन्हें ठीक किया; उसने उन्हें कब्र से बचा लिया।" मैं एक बच्चे की तरह इसे पूरी श्रद्धा के साथ एक हजार बार लिख रहा था। मुझे खुशी महसूस हुई।

मैंने सिस्टर टेस्लिन से अपनी बीमारी के बारे में बात की तो उन्होंने मुझे पांच दिनों तक कार्मेल रिट्रीट सेंटर में रहने, रिट्रीट में भाग लेने और प्रार्थना करने के लिए कहा। हमने रिट्रीट के लिए पंजीकरण कराया। यह हमारे लिए एक नया अनुभव था। मैंने रिट्रीट केंद्र में कई पाठ सीखे।

उनमें से कुछ हैं:

1. चिंता मत करो। ईश्वर सब कुछ जानता है।
2. विश्वास ही सब कुछ है। अपने ईश्वर पर भरोसा करें।
3. हमें अपने प्रभु की प्रशंसा जोर से और उत्साहपूर्वक करनी चाहिए।
4. पवित्र मास, Rosary, बाइबल पाठ, और दान हमारी दिनचर्या होनी चाहिए।
5. विनम्र और शुद्ध बनो।

यहाँ रिट्रीट केंद्र में, मैंने पांच दिनों के लिए सत्रह घंटे की प्रार्थना की दिनचर्या का पालन किया। मैंने अपनी ज़िंदगी में ऐसी सख्त दिनचर्या का पालन आखिरी बार तब किया था जब मैं अठारह साल का था और भारतीय सैन्य अकादमी में था।

पीछे मुड़कर देखता हूँ, तो मुझे खुशी होती है कि मैं अपने जीवन के तरीके को पुनः दिशा दे सका।

सिस्टर टेस्लिन ने मुझे दो बार जोर देकर कहा कि मेरे शरीर में अब कोई कैंसर की कोशिकाएँ नहीं हैं। ईश्वर की कृपा ने इसे ठीक कर दिया। जैसे-जैसे नया साल शुरू हुआ, मेरी प्रार्थनाओं का जीवन पवित्र मास, बाइबल पढ़ने और कई Rosary के माध्यम से और अधिक गहरा हो गया। अम्माची ने भी Rosary[103] में मेरा साथ दिया। वह ज्यादातर रिश्तेदारों के नाम भूल गई थी, लेकिन उसे Rosary बहुत अच्छे से याद थी और वह कुछ पुराने प्रार्थना गीत गा सकती थी। एक बार फिर, मैंने एस्टर अस्पताल में अपने फॉलो-अप के हिस्से के रूप में CT scan कराया। रिपोर्ट ठीक आई। डॉक्टर ने पुष्टि की कि कोई मेटास्टैटिक लिम्फ नोड नहीं था। ईश्वर का धन्यवाद।

ब्रिगेडियर डीपी सिंह ने मुझे अपने बेटे की शादी के लिए गोवा आमंत्रित किया। यह एक जीवंत हिंदू समारोह था, जो समुद्र तट के पास हुआ, जो मेरी हाल की 17-घंटे की दैनिक प्रार्थना दिनचर्या के बिल्कुल विपरीत था। सिंह परिवार के साथ खुशी से नाचते और समुद्र तट पर जश्न मनाते हुए, मैंने क्षणिक रूप से अपनी स्वास्थ्य चिंताओं को किनारे कर दिया।

मेरी वापसी के बाद, मैंने फादर डैनियल पूवान्नाथिल द्वारा आयोजित एक बाइबल सम्मेलन में भाग लिया। इस अनुभव ने मुझे “100 दिनों में संपूर्ण बाइबल पढ़ाई” शुरू करने के लिए प्रेरित किया।

*****

मार्च के मध्य के आसपास, COVID-19 की रिपोर्टें, जो महामारी बन गईं, पूरी दुनिया में फैल गईं और मीडिया में छा गईं। अधिकारियों ने यात्रा पर प्रतिबंध लगा दिए और आने वाले यात्रियों के लिए Quarantine उपाय लागू किए। वायरस के प्रकोप ने भारत को भी प्रभावित किया। “सोशल डिस्टेंसिंग” शब्द आम हो गया। बढ़ते हुई संकट के बीच, मैंने अपनी 67वीं जयंती खामोशी के बीच मनाई।

103 एक रोमन कैथोलिक चर्च में भक्ति का एक रूप, जिसमें पाँच/पंद्रह दहाइयों में "हैल मैरी" प्रार्थना दोहराई जाती है, प्रत्येक दहाई से पहले "आवर फादर" प्रार्थना होती है और "ग्लोरी बी" प्रार्थना के साथ समाप्त होती है। एक माला जिसमें मनकों की एक श्रृंखला होती है, प्रार्थनाओं की गिनती करने में उपयोग की जाती है।

महामारी के बीच आस्था और उपचार की यात्रा

COVID-19 महामारी के दौरान, मैंने अपने विश्वास को मजबूत करने का अवसर लिया और बाइबल का दो बार पूरा अध्ययन किया। यह एक अद्भुत अनुभव था। मैंने बाइबल और अपने विश्वास की गहराई को समझा। मैंने अपने प्रार्थनाओं पर ध्यान केंद्रित करने के लिए सोशल मीडिया से एक महीने की छुट्टी ली।

COVID-19 महामारी के इन कठिन समय में, मैंने ईसा मसीह और माता मरियम में अपने विश्वास में सांत्वना और शरण पाई। मैंने इस अवसर का उपयोग बाइबल में गहराई से जाने और ईश्वर पर अपने विश्वास को मजबूत करने के लिए किया। अपनी आध्यात्मिक यात्रा को बढ़ावा देने के लिए, मैंने अपने घर के अंदर, सामने के दरवाजे से लेकर बिस्तर के पिछले खिड़की तक, Rosary पकड़े, भारतीय मिशनरी सोसाइटी (IMS) और माउंट कार्मेल रिट्रीट सेंटर की प्रार्थना पुस्तकों में लिखीं प्रार्थनाएँ करते हुए, चलना शुरू किया।

इन अनुष्ठानों ने मुझे शांति, चैन और आराम की अनुभूति प्रदान की। मुझे एहसास हुआ कि ये लॉकडाउन और प्रतिबंधों के अपने सकारात्मक पहलू थे। उन्होंने मुझे बाहरी विकर्षणों के बिना अपनी प्रार्थनाओं और बाइबल के अध्ययन पर ध्यान केंद्रित करने का अवसर दिया। इसके अलावा, दयालु और सहानुभूतिशील फादर नेबिन, सिस्टर टेस्लिन, माता सिस्टर ए लोयशियस तथा कार्मेल माउंट रिट्रीट सेंटर की सभी अन्य सिस्टर्स और मर्सी होम की सिस्टर सेलिन ने इन कठिन समय में मुझे अपार सांत्वना और सहारा दिया।

अपने आध्यात्मिक विकास को आगे बढ़ाने के लिए, मैंने यूट्यूब पर फादर डैनियल पूवान्नाथिल की प्रेरणादायक शिक्षाएँ सुनना शुरू किया। मैंने लगभग 150 घंटे उनके भाषणों को सुना और लगभग सात सौ पृष्ठ के नोट्स लिखे। मैं कबूल करने के लिए गेथसेमनी कैपुचिन आश्रम जाने लगा। हमारे प्रिय दिवंगत परिवार के सदस्यों की याद में, हमने कैपुचिन आश्रम में ग्रेगोरियन मास के लिए चढ़ावा चढ़ाया।

आर्कबिशप मार जोसेफ पेरुंथोट्टम से मिलना मेरे लिए एक जीवन बदलने वाला अनुभव था। उन्होंने मेरे लिए प्रार्थना की और मुझे एक Rosary भेंट की। उनसे मिलने के बाद मेरे अंतःकरण में सकारात्मक ऊर्जा और आशा का

संचार हुआ। मैंने अन्नकारा के मैरियन रिट्रीट सेंटर के बारे में भी सीखा। मैंने फादर डॉमिनिक वलानमानल द्वारा पहले शनिवार के सम्मेलन में लगातार नौ महीने ऑनलाइन भाग लिया। यह सम्मेलन हर महीने के पहले शनिवार को होता था। यह मेरे लिए आध्यात्मिक ताजगी का गहरा स्रोत बना। मैंने इस दिनचर्या को अतिरिक्त नौ महीनों तक बनाये रखा और इसे अगले वर्ष भी जारी रखने का निश्चय किया।

इन सम्मेलनों के दौरान, मैंने दिव्य दया चापलेट और हमारी आँसुओं की देवी की Rosary सीखी। मैंने इसे अपने घर के अंदर चलते हुए प्रतिदिन पढ़ने की एक परंपरा बना लिया। इस अवधि में, मेरी प्रार्थना की संख्या शायद लाखों तक पहुँच गई। *इस निरंतर आध्यात्मिक प्रार्थना से मेरा घर भर गया और एक पवित्र आश्रम में बदल गया।* मैं इस प्रथा को एक उद्देश्य के साथ दस्तावेजित कर रहा हूँ। **मैं आने वाली पीढ़ियों को यह बताना चाहता हूँ कि मैं लगातार प्रार्थना और भक्ति के माध्यम से अपने घर में पवित्रता प्राप्त कर सका।**

मैंने एस्टर अस्पताल में 14 मई 2020 को अपने फॉलो-अप सीटी स्कैन की योजना बनाई। हालाँकि, जिला स्तर पर आवाजाही पर प्रतिबंध एक चुनौती थी। मुझे चंगनाचेरी पुलिस स्टेशन जाना पड़ा और वहां से पुलिस पास लेना पड़ा। हमारे पास मास्क नहीं थे, इसलिए हमने रास्ते में एक दुकान से मास्क खरीदे। सीटी स्कैन के बाद, मैंने डॉ. मैथ्यू जेकब से मुलाकात की। उन्होंने कहा, “अच्छी खबर यह है कि पिछले समय से कोई बदलाव नहीं हुआ है, लेकिन वहाँ कुछ घाव शेष है। हम तीन महीने तक इंतज़ार कर सकते हैं। लेकिन आप डॉ. रोहित नायर से अवश्य मिल लें।” डॉ. रोहित ने सलाह दी, “छह सप्ताह में समीक्षा के लिए लौटें।” जब मैंने सीटी रिपोर्ट प्राप्त की, तो उसमें लिखा था, “पहले उपचारित घाव के निकटत्ता में पुनरावृत्ति का एक छोटा फोकस है। लिवर का ट्रिपल फेज़ MRI किया जा सकता है। लेकिन मरीज को सेगमेंट 1 के पुनः एब्लेशन से लाभ होगा।” मैंने स्वयं और ईश्वर पर विश्वास के का विकल्प चुने।

हमारी 42वीं शादी की सालगिरह के दिन, मैंने और मेरी पत्नी ने फादर डॉमिनिक वलानमानल के ऑनलाइन रिट्रीट में भाग लिया। उन्होंने इसे सीमित संख्या में लोगों के लिए आयोजित किया। हमने प्रार्थना की और ईश्वर से मेरे रोग में दया और दिव्य हस्तक्षेप के लिए विनती की। यह एक

शक्तिशाली और परिवर्तनकारी अनुभव था। जब उन्होंने हमसे सीधे बात की, तो उन्होंने हमारे लिए प्रार्थना करने का वादा किया।

एक बार फिर, मैंने बाइबल का वह पद याद किया, जो सिस्टर टेस्लिन ने मुझे अपनी "सुलैमान की बुद्धिमानी 16:12" के साथ पहले फोन कॉल पर सुनाया था: **यह कोई जड़ी-बूटी या मलहम नहीं थे जिन्होंने उन्हें ठीक कर दिया, बल्कि, प्रभु, वे केवल आपके वचन थे, जो सब कुछ ठीक करते हैं।"**

13 सितंबर 2020 को, जब मेरी HCC का एक साल पूरा हुआ, मैंने अपने डायरी में लिखा, "ईश्वर, आप बेहद दयालु रहे हैं। मैंने आपसे वादा किया था कि मैं आपके कदमों पर चलूँगा। मैं वही करूँगा जो आप चाहते हैं।"

उपलब्धि हेतु अनुकंपा: 1335 दिन की कथा

COVID-19 का प्रभाव मेरी गतिशीलता को काफी बाधित कर रहा था, विशेष रूप से परीक्षण और उसके बाद के फॉलो-अप में। इसलिए, मुझे अपनी MRI को स्थगित करना पड़ा। सबसे अच्छे उपाय पर राय भिन्न थीं, डॉ. रोहित ने छह सप्ताह बाद समीक्षा की सिफारिश की, जबकि डॉ. मैथ्यू जेकब ने तीन महीने की प्रतीक्षा का सुझाव दिया। आखिरकार, मैंने 12 नवंबर को सात महीने की प्रतीक्षा के बाद MRI कराया।

इस लंबे इंतज़ार के दौरान, एक आश्चर्यजनक पक्षी ने हमारा ध्यान आकर्षित किया। यह एक खूबसूरत सुलताना बुलबुल (*Paradise Fly Catcher*) था जो हमारे कटहल के पेड़ पर बैठा था। इसकी नीली चोंच और लम्बी सफेद पूंछ एक आवश्यक ध्यान भंग और आशा का स्रोत बनी। यह दीप्तिमान अतिथि प्रकृति मां के संकेत की तरह था, जो मेरी लंबे समय से प्रतीक्षित MRI के लिए अस्पताल जाने से ठीक पहले आया था।

MRI में लगभग 90 मिनट लगे। इस दौरान मैं प्रार्थना करता रहा। MRI के बाद, हम किसी डॉक्टर से नहीं मिले और अपने अपार्टमेंट चले गए। शाम को, डॉ. मैथ्यू जेकब ने मुझे बताया कि MRI संतोषजनक थी। हमने राहत की सांस ली। मैंने उनसे पिछले सीटी स्कैन में देखे गए 1 सेमी पुनरावृत्ति के बारे में फिर से पूछा। उन्होंने कहा, "वह समस्या अब नहीं है।" हमने रिपोर्ट का इंतज़ार किया, जिसमें लिखा था, 'घाव अच्छी तरह से मिट गया है। घाव

के किनारों पर वृद्धि का कोई प्रमाण नहीं है। जांच परिणामों के आधार पर कहा जा सकता है कि उपचार से उत्तम लाभ हुआ हैं और पुनरावृत्ति का कोई प्रमाण नहीं है (LR TR[104] – गैर-जीवंत)।' इससे बेहतर कुछ पढ़ने की उम्मीद नहीं की जा सकती थी। ईश्वर, हम आपके आभारी हैं। "Totus Tuus Maria (माँ मरियम, मैं पूरी तरह से आपका हूँ)।" जैसा कि निर्देशित किया गया था, मैंने हर छह महीने में MRI स्कैन करवाए। कहीं भी कैंसर की कोशिकाएं नहीं थीं। अब, हम पांचवें वर्ष में हैं। "प्रभु, कृपया मुझे सुरक्षित रखें", मैंने प्रार्थना की। **"धन्य है वह व्यक्ति जो 1335 दिनों की प्रतीक्षा करता है और उस समय तक पहुँचता है।" (डैनियल 12:12)।**

104 जिगर इमेजिंग रिपोर्टिंग और डेटा सिस्टम उपचार प्रतिक्रियाएँ - गैर-जीवित का मतलब है कि कोई बची हुई कैंसर कोशिकाएँ नहीं हैं।

आभार

ईश्वर ने मुझे कैंसर की क्रूर पकड़ से छुड़ा लिया। यह अनुभव मुझे अपनी पत्नी की और भी अधिक सराहना करने के लिए मजबूर करता है। इस किताब को लिखने के क्रम में कई बार मैं दिन में दस घंटे से भी ज्यादा समय कंप्यूटर पर बिताने लगा। इन सबके दौरान, मेरी पत्नी **मैरी** चुपचाप लेकिन दृढ़ता से मेरे साथ खड़ी रहीं, मुझे कॉफी देती रहीं, मेरी दवाइयों की याद दिलाती रहीं, और मुझे जमीन से जोड़े रखने का प्रयास करती रहीं। अक्सर वह मजाक में कहतीं, "ऐसा लगता है जैसे तुम किसी परीक्षा की तैयारी कर रहे हो।" मेरे एक अमेरिकी मित्र ने मुझसे कहा कि आपके 45 साल के प्रेम और प्रतिबद्धता की यात्रा कई अमेरिकियों के दिल को छू सकती है। उन्होंने यह भी कहा कि **मैरी** की यात्रा शायद मेरी तुलना में और भी अधिक चित्ताकर्षक होगी। लेकिन सच यह है कि हमारी कहानियाँ जुड़ी हुई हैं, स्थायी प्रेम के एक साझा प्रमाण के रूप में। **मैरी** मेरा अवलम्बन हैं, जो मेरे कमजोरियों को देखती हैं, मुझे उठाती हैं, और इस किताब को एक वास्तविकता बनाने में मदद करती हैं। मैरी, तुम्हारे लिए, अपने सारे प्रेम और आभार के साथ।

मेरे बच्चे, शेरोन और कैरोलिन, इस पूरे समय मुझे प्रेरित करते रहे। मैं उनके सहयोग के लिए आभार प्रकट करता हूँ। मैं अपने दामाद, सिजो, और बहू, शीतल का भी धन्यवाद करता हूँ, जिन्होंने अपनी मूल्यवान सलाह दी। मैं अपने भतीजे, श्री मनोज थॉमस का धन्यवाद करता हूँ, जिन्होंने मुझे आंकिक विपणन नीति स्थापित करने में सहायता की।

मैं अपने पोते-पोतियों का भी धन्यवाद करता हूँ, जिन्होंने अमेरिका में मेरे साथ रहकर मेरी मदद की। उन्होंने मुझे एमएस वर्ड का कारगर उपयोग सिखाया और मेरे तकनीकी कौशल और कंप्यूटर दक्षता को बढ़ाने में मदद

की। जिमी, जो अब 13 साल का है, ने कई संशोधन किए। मैं उसके साथ बिताए खूबसूरत समय के लिए उसे विशेष रूप से धन्यवाद देता हूँ। मैं आइवान, रिया, इसाबेल, और रेशल का भी धन्यवाद करता हूँ जिन्होंने पुस्तक के शीर्षक, उपशीर्षक, कवर डिज़ाइन और अन्य विवरणों के बारे में गहन विवेचना की। जब भी मुझे संदेह होता, मैं उनसे राय ले लेता। कभी-कभी वे मेरा आशय समझ लेते थे तो कभी-कभी सही अनुमान लगा लेते थे। इसाबेल अब दस साल की है और अपनी पहली किताब, एक फैंटेसी उपन्यास, लिख रही है। मैंने अपने उद्देश्य को प्राप्त कर सका। मैं अपने सभी पोते-पोतियों का उनके उत्साही समर्थन के लिए धन्यवाद करता हूँ।

मैं अपने सहपाठी, श्री जोसेफ चेरियन को विशेष धन्यवाद देता हूँ, जिन्होंने मेरी पूरी किताब को प्रूफरीड किया और मुझे मूल्यवान सुझाव दिए। अपने व्यस्त कार्यक्रम के बावजूद, प्रो. गिगी जोसेफ ने एक अध्याय की समीक्षा का जिसने एक अंतर्दृष्टि कौशल मैंने आगे के अध्यायों में शामिल किया।

मैं फादर डोमिनिक वालानमनल, फादर डेनियल पूवन्नाथिल, फादर नेबिन और सिस्टर टेसलिन, सिस्टर अलॉयशियस, और सेलिन का धन्यवाद करता हूँ, जिन्होंने मेरे लिए प्रार्थना की। हमारे कैथेड्रल चर्च के वाईकर, वेरि रेव डॉ जोस कोचुपराम्पिल, द्वारा मेरे लिए की गई अपनी प्रार्थनाओं में मुझे शामिल किया।

मैं अपने सहपाठी, डॉ. एस के मैथ्यू, बिलीवर्स चर्च मेडिकल कॉलेज हॉस्पिटल, थिरुवल्ला, कर्नल जगजीव जी, तब के ओआईसी ईसीएचएस, मैनू मैथ्यू, मेरे भतीजे, और एस्टर हॉस्पिटल, कोच्चि, और बीजीएस ग्लेनियग्लिस ग्लोबल हॉस्पिटल, बैंगलोर की समर्पित चिकित्सा टीमों, विशेष रूप से डॉ. उथप्पा और डॉ. रोहित मधुकर का धन्यवाद करता हूँ। मैं अपने पारिवारिक मित्र, डॉ. जयंत रेड्डी को भी धन्यवाद देता हूँ, जिन्होंने महत्वपूर्ण चिकित्सा योजना बनाई। मैं एस्टर हॉस्पिटल की एकीकृत यकृत इकाई का दिल से धन्यवाद करता हूँ, विशेष रूप से डॉ. चार्ल्स पनक्कल और डॉ. मैथ्यू जेकब का, जिन्होंने कोविड-19 के चुनौतीपूर्ण समय के दौरान विशेष देखभाल की। मैं डॉ. बृजेश रे, रेडियोलॉजिस्ट की विशेष सराहना करता हूं, जिन्होंने नियमित रूप से मेरे मामले की समीक्षा की। इन सभी के सतत प्रयासों के फलस्वरूप मेरे जीवन की रक्षा हो सकी, जिससे मैं इस पुस्तक को लिखने के योग्य हो सका।

मेरी आत्मकथा लिखने की यात्रा एक अप्रत्याशित प्रयास है, जिसने मुझे अंतरात्मा में झांकने का अवसर प्रदान किया और मेरी यादों को जीवंत किया। हर मोड़ पर मुझे प्रेरणा मिली। दोस्तों और सहपाठियों ने मुझे इस अनजान क्षेत्र में साहस से आगे बढ़ने के लिए प्रोत्साहित किया। उनका विश्वास मेरे लिए एक प्रकाश की किरण सिद्ध हुआ और मैं इसके लिए उनका आभारी हूँ। सबसे महत्वपूर्ण बात यह है कि मेरा सर्वशक्तिमान ईश्वर में हमेशा दृढ़ विश्वास रहा है। वह मेरी आधारशिला है। उसका प्रेम और अनुकंपा मेरे सुरक्षा कवच हैं। वह मेरा संरक्षक है।

लेखक के बारे में

ब्रिगेडियर ओए जेम्स का संबंध ओट्टाथैंगल हाउस, पुजवथु, चंगनाचेरी केरल से है। उनकी प्रतिष्ठित सैन्य यात्रा 1971 में भारतीय सैन्य अकादमी, देहरादून में शुरू हुई।

उनकी सैन्य सेवा विभिन्न स्थानों पर फैली, जिनमें दिल्ली और भोपाल जैसे शहरों से लेकर कश्मीर की चुनौतीपूर्ण ऊँचाई वाले क्षेत्रों और पाकिस्तान और चीन के साथ की सीमाओं तक शामिल हैं। उन्होंने स्वीडन और नॉर्वे में इलेक्ट्रॉनिक उपकरणों पर विशेष प्रशिक्षण प्राप्त किया। वे सिकंदराबाद के मिलिट्री कॉलेज ऑफ इलेक्ट्रॉनिक्स एंड मैकेनिकल इंजीनियरिंग में संचार

अभियांत्रिकी विभाग के प्रमुख रहे। इसके अलावा, उन्होंने भोपाल में सर्विसेज सेलेक्शन बोर्ड में अधिकारियों के चयन में महत्वपूर्ण भूमिका निभाई।

एक कर्नल के रूप में, उन्होंने पंजाब में एक बटालियन का नेतृत्व किया। बाद में, एक ब्रिगेडियर के रूप में, वे इलाहाबाद के 508 आर्मी बेस वर्कशॉप में कमांडेंट और प्रबंध निदेशक रहे, जहाँ उनके साथ नौ सौ नागरिक और तीन सौ सैनिक थे।

उन्होंने केरल और लक्षद्वीप में NCC संगठन के प्रमुख के रूप में महत्वपूर्ण योगदान दिया। वे 2008 में सैन्य सेवा से सेवानिवृत्त हुए।

अपने पेशेवर जीवन के अलावा, ब्रिगेडियर जेम्स पारिवारिक के साथ समय बिताना को बहुत महत्व देते हैं। उनकी पत्नी, **मैरी** जेम्स, परिवार की नींव हैं। उनके बच्चे अब अमेरिका में रहते हैं। यह जीवनी ब्रिगेडियर जेम्स के जीवन की एक झलक प्रदान करती है, जो सेवा, नेतृत्व, समर्पण, धैर्य, विश्वास और भक्ति से भरा हुआ है। यह पुस्तक विश्व भर के पाठकों के लिए, विशेष रूप से उनके लिए जो जीवन में कैंसर जैसे गम्भीर रोगों से जूझ रहे हैं, मानव के संघर्षशीलता और दृढ़ता में अडिग विश्वास के सहारे जीवन की चुनौतियों पर विजय पाने का प्रमाण है।

अंतिम टिप्पणी

जब मैं अपनी आत्मकथा के हिंदी संस्करण के आखिरी कुछ पन्ने समाप्त कर रहा हूँ, तो मुझे "Ranks and Rosaries" की अपार सफलता पर अत्यधिक उल्लास का अनुभव हो रहा है और मैं पूरी तरह से आशान्वित हूँ कि पुस्तक "आशा, विश्वास और प्रत्याशा: ब्रिगेडियर की कैंसर से जंग" को भी उतनी ही अच्छी प्रतिक्रिया प्राप्त होगी।

मैंने इसमें एक उप अध्याय जोड़ा है जिसका शीर्षक है असम में आतंकवाद विरोधी अभियान में प्रमुख भूमिका (1991-1988) जो अंग्रेजी पुस्तक रैंक्स एंड रोज़रीज़ में शामिल नहीं था। इससे आत्मकथा और अधिक पूर्ण हो जाती है।

हमने कुछ साल पहले बर्चमन्स डिफेंस एकेडमी (Berchmans Defence Academy) शुरू की थी। आज मैं उसकी सफलता से हैरान हूँ । यह केरल भर में अकेली कोचिंग अकादमी है, जिसे एक स्वायत्त कॉलेज द्वारा उसके परिसर में बढ़ावा दिया गया है। इसमें एक पूर्ण रूप से सुसज्जित अवरोधक पाठ्यक्रम (obstacle course) और अन्य सभी सुविधाएँ हैं, जो UPSC कोचिंग के लिए रक्षा सेवाओं के प्रवेश परीक्षाओं जैसे NDA, AFCAT, CDSE और SSB के लिए कोचिंग प्रदान करती हैं। हमारे पास कई छात्र हैं जो नियमित NDA कोचिंग में भाग ले रहे हैं, जिनमें से कुछ का चयन हो चुका है और वे अब अकादमी में प्रशिक्षण के लिए इंतजार कर रहे हैं। सबसे महत्वपूर्ण बात यह है कि बेडा (BEDA) में छात्रों के व्यवहार और व्यक्तित्व में जो बदलाव हम देख रहे हैं, वह स्पष्ट रूप से अलग और सकारात्मक है।

मेरा एक मिशन केरल में कैंसर रोगियों की मदद करना है। मेरा प्रयास रहेगा कि कैंसर के बारे में जागरूकता फैलाऊं और इस मिशन को पूरा करने के लिए अस्पतालों, डॉक्टरों और संगठनों के साथ मिलकर काम करूँ। पुस्तक

की आय पूरी तरह से एक कैंसर फंड के निमित्त है। मेरे पास इस पुस्तक को लिखते समय एक उद्देश्य था कि मैं पाठकों के साथ तीन मुख्य विषय छोड़ जाऊं। ये विषय हैं:

1. **विश्वास** - यह समझें कि आप अपनी जीवन कथा के लेखक हैं। खुद पर विश्वास करें। शुरुआत में हो सकता है कि आप अपनी दूरस्थ मंजिल न देख पाएं, लेकिन पहला कदम उठाएं, आत्म-खोज की राह पर चलें, और अंत में आप सब कुछ जोड़ सकेंगे।

2. **आस्था** - जीवन हमेशा उतार-चढ़ाव से भरी यात्रा होगी। आस्था को अपनी दिशा सूचक यंत्र बनाकर आप कठिन से कठिन समस्याओं का सामना कर सकते हैं और अपने आप को स्थिर बनाए रख सकते हैं।

3. **संतुलन** - वैश्विक शांति का लक्ष्य रखना चाहिए। इसके लिए पहले खुद के अंदर शांति होनी चाहिए, अपने आस-पास के वातावरण में शांति होनी चाहिए। फिर धीरे-धीरे आप अपनी सीमाओं को बढ़ा पाएंगे और खुद को तथा दूसरों को शांति और संतुलन में डुबो सकेंगे।

मेरा सैन्य सेवा काल केवल रणनीतिक युद्धों के बारे में नहीं था। यह मानव संबंधों और अनुभवों की एक यात्रा थी, जिसने मुझे जीवन के ये मूल्यवान पाठ सिखाए।

कैंसर का सामना करना निस्संदेह मेरी सबसे व्यक्तिगत और कठिन लड़ाई थी। हालांकि कुछ क्षणों के लिए मैं हिल गया था, लेकिन मैंने आत्मविश्वास और ईश्वर में अडिग आस्था से ताकत प्राप्त की।

"आशा, विश्वास और प्रत्याशा" केवल एक आत्मकथा या मेरी मेहनत और संघर्ष का ही परिणाम नहीं है, बल्कि यह जीवन के पाठों का सच्चा प्रमाण और ईश्वर के प्रति एक श्रद्धांजलि है, जिन्होंने मुझ पर अपनी अनगिनत आशीर्वादों की वर्षा की है।

प्रिय पाठको, जब आप इस आखिरी पन्ने को पलटेंगे तो आप जान जाएंगे कि यह केवल मेरी यात्रा नहीं है अपितु यह दृढ़ता, आशा और प्रत्याशा की एक सार्वभौमिक कहानी है जिसे आप अपनी ही कहानी पाएंगे।

Book Launch Collage

Book Launch with Cardinal George

www.ingramcontent.com/pod-product-compliance
Lightning Source LLC
LaVergne TN
LVHW091320150826
845673LV00006B/1710

* 9 7 9 8 8 9 6 7 3 4 4 5 1 *